經義考新校

八

卷一九八～卷二三三

春秋　論語

孝經　孟子

[清]朱彝尊　撰

林慶彰　蔣秋華　楊晋龍　馮曉庭　主編

經義考卷一百九十八

春秋三十一

趙氏汸**春秋集傳**

十五卷。

存。

汸自序曰：「春秋，聖人經世之書也，書成而孔子卒，當時弟子蓋僅有得其傳者，歷戰國、秦、漢以及近代，説者殆數十百家，其深知聖人制作之原者，孟氏而已。孟氏之言曰：『王者之迹熄而詩亡，詩亡，然後春秋作。』『其事則齊桓、晉文，其文則史，孔子曰：「其義則丘竊取之矣。」』此孔門傳春秋學者之微言而制作之原也。自孟氏以來，鮮有能推是説以論春秋者。左氏有見於史，故常主史以釋經；公羊、穀梁有見於經，故據經以生義。後世舍三傳無所師承，故主左氏則非公穀，主公穀則非左氏，二者莫能相一。其有兼取三傳者，則臆決無據，流遁失中，其厭於尋繹者，則欲盡舍三傳，直究遺經，分異乖離，莫知統紀，使聖人經世之道闇而不明，鬱而不發，則其來久矣。至永嘉陳君舉始用二家之説，參之左氏，以其所不書實其所書，以其所書推見其所不書爲得，學春秋之要在三傳，後卓然名家；然其所蔽，則遂以左氏所録爲魯史舊文，而不知策書有體，夫子所據以加筆削者，左氏亦未之見也。左氏書首所載不書之例，皆史法也，非筆削之旨；公羊、穀梁每難疑以不書發義，實與左氏異師，陳氏合而求之，失其本矣。故於左氏所録而經不書者，皆以爲夫子所削，則其不合於聖人者亦多矣，由不考於孟氏而昧夫制作之原故也。蓋嘗論而列之，策書之例十有五：一曰君舉必書，非君命不書。二曰公即位，不行其禮，不書。三曰納幣逆夫人，夫人至、夫人歸皆書之。四曰君夫人薨，不成喪，不書；葬不用夫人禮則書卒，君見弑則諱而書薨。五曰適子生則書之，公子、夫人①在位書卒。六曰公嫁女爲諸侯夫人，納幣、來逆女、歸娣、歸來、媵致女卒葬來歸皆書，爲大夫妻書來逆而已。七曰時祀時田，苟過時越禮則書之；軍賦改作踰制，亦書於策；此史氏之録乎内者也。八曰諸侯有命，告則書；崩卒不赴，則不書；禍福不告，亦不書；雖及滅國，滅不告敗，勝不告克，不書於策。九曰雖霸主之役，令不及魯，亦不書。十曰凡諸侯之女行惟王后，書；適諸侯，雖告不書。十一曰諸侯之大夫奔，有玉帛之使則告，告則書，此史氏之録乎外者也。十二曰凡天子之命，無不書；王臣有事爲諸侯，則以内辭書之。十三曰大夫已命書名氏，未命書名；微者名氏不書，書其事而已；外微者書人。十四曰將尊師少稱將，將卑師衆稱師，將尊師衆稱某帥師，君將不言帥師。十五曰凡天災物異無不書，外災告則書之；此史氏之通

① 「夫人」，依補正、四庫薈要本、文淵閣四庫本、文津閣四庫本應作「大夫」。

録乎内外者也。筆削之義有八：一曰存策書之大體。凡策書之大體，曰天道，曰王事，曰土功，曰公即位，曰逆夫人、夫人至、世子生，曰公夫人外如，曰薨葬，曰孫，曰夫人歸，曰内女卒葬，曰來歸，曰大夫公子卒，曰公大夫出疆，曰盟會，曰出師，曰國受兵，曰祭祀蒐狩越禮、軍賦改作踰制、外諸侯卒葬，曰兩君之好，曰玉帛之使，凡此之類，其書於策者皆不削也。春秋，魯史也，策書之大體吾不與易焉，以爲猶魯春秋也。二曰假筆削以行權。春秋撥亂經世，而國史有恆體，無辭可以寄文，於是有書有不書，以互顯其義，書者筆之，不書者削之，其筆削大凡有五：或略同而①存異，公行不書致之類也；或略常以明變，釋不朝正、内女歸寧之類也；或略彼以見此，以來歸爲義則不書歸，以出奔爲義則殺之不書之類也；或略是以著非，諸侯有罪及勤王復辟不書之類也；或略輕而②明重，非有關於天下之故不悉書是也。三曰變文以示義。春秋雖有筆有削，而所書者皆從主人之辭，然有事同而文異者，有文同而事異者，則予奪無章而是非不著，於是有變文之法焉，將使學者即其文之異同、詳略以求之，則可別嫌疑、明是非矣。四曰辨名實之際，亦變文也。正必書王，諸侯稱爵，大夫稱名氏，四裔大者稱子，此春秋之名也。諸侯不王而霸者興，中國無霸而吴楚横，大夫專兵而諸侯散，此春秋之實也。春秋之名實如此，可無辨乎？於是有去名以全實者，征伐在諸侯，則大夫將不稱名氏，中國有霸，則楚君侵伐不稱君。又有去名以責實者，諸侯無王，則正不書王，中國無霸，則諸侯不序，君大夫將，略其恆稱，則稱人。五曰謹内外之辨，亦變文也。楚至東周，僭王猾夏，故霸者之興，以攘卻爲功；然則自晉霸中衰，楚益侵陵中

①② 「而」，文淵閣四庫本俱作「以」。

國，俄而入陳、圍鄭、平宋、盟於蜀、盟於宋、會於申，甚至伐吴、滅陳、滅蔡，假討賊之義，號於天下，天下知有楚而已，故春秋書楚事，無不一致其嚴者，而書吴越與徐，亦必與中國異辭，所以信大義於天下也。六曰特筆以正名。筆削不足以盡義，而後有變文，然禍亂既極，大分不明，事有非常，情有特異，雖變文猶不足以盡義，而後聖人特筆是正之，所以正其名分也。夫變文雖有損益，猶曰史氏恆辭，若特筆則辭旨卓異，非復史氏恆辭矣。七曰因日月以明類。上下内外之無別，天道人事之反常，六者尚不能盡見，則又假日月之法區而別之。大抵以日爲詳，則以不日爲略；以月爲詳，則以不月爲略；其以日爲恆，則以不日爲變；以不日爲恆，則以日爲變，甚則以不月爲異；其以月爲恆，則以不月爲變；以不月爲恆，則以月爲變，甚則以日爲異。將使屬辭比事以求之，則筆削變文特筆既各以類明，而日月又相爲經緯，無微不顯矣。八曰辭從主人。主人謂魯君也，春秋本魯史成書，夫子作經，唯以筆削見義，自非有所是正，皆從史氏舊文，而所是正亦不多見，故曰辭從主人。此八者，實制作之權衡也，然聖人議而弗辨，是非之心，人皆有之，善而見録則爲褒，惡而見録則爲貶，其褒貶以千萬世人心之公而已，聖人何容心哉？辭足以明義，斯已矣。故曰：『知我者，其惟春秋乎！罪我者，其惟春秋乎！』是故知春秋存策書之大體，而治乎内者恆異乎外也，則謂之夫子法書者，不足以言春秋矣。知春秋假筆削以行權，而治乎外者恆異乎内也，則謂之實録者，不足以言春秋矣。知一經之體要議而弗辨，則凡謂春秋賞人之功、罰人之過、去人之族、黜人之爵、褒而字之、貶而名之者，亦不足以論聖人矣。故學者必知策書之例，然後筆削之義可求，筆削之義既明，則凡以虚辭説經者，其刻深辨急之説皆不攻而自破；苟知虚辭説經之無益，而刻深辨急果不足以論聖人也，然後春秋經世之道可得而明矣。雖然，使非孟氏之遺言尚在，則亦安能追求聖人之意於千數百年之上也哉？汸自早歲獲聞資中黄楚望先生論五經旨要，於春秋以求書法爲先，謂有魯史書法、有聖人書法，而妙在學者自思而得之乃爲善也；於是思之者十有餘載，卒有得於孟氏之言，因其説以考三傳及諸家、陳氏之書，而具知其得失異同之故，反覆推明，又復數載，然後一經之義始完，屬辭比事，莫不燦然各有條理，洊①經離亂，深恐失墜，乃輯録爲書。以謂後世學春秋稍知本末者，賴有左氏而已，故取左氏傳爲之補注，欲學者必以考事爲先；其文與義，則三傳而後諸家之説苟得其本真者，皆傳以己意，暢而通之，名曰春秋集傳，凡十五卷。尚意學者溺於所聞，不能無惑，别撰屬辭八篇，發其隱蔽，傳諸同志，以俟君子，或有取焉。」

〔補正〕

自序内「夫人在位」，當作「大夫。」（卷八，頁十四）

倪尚誼後序曰：「春秋集傳有序，東山先生所著，初稿始於至正戊子，一再删削，迄丁酉歲成編；既而復著屬辭，義精例密，乃知集傳初稿更須討論，而序文中所列史法經義猶有未至，且謂屬辭時推筆削之權，而集傳大明經世之志，必二書相表裏而後春秋之旨方完。歲在壬寅，重著集傳，方草創至昭公二十七年，乃疾疢難危，閣筆未續，序文亦不及改，洪武己酉仲冬，先生遽謝世矣。尚誼受教門牆頗久，獲窺先生著述精思妙契之勤，嘗俾其校對編抄，間有千慮一得，先生不以其愚妄，或俯從是正者有之。竊惟先生於是經，所謂一生精力盡於此者，誠足以破聚訟未決之疑，而發千載不傳之祕，顧乃功虧一

① 「洊」，文津閣四庫本作「漸」。

簣，集傳未及成書，所幸初稿具全，其義例之精，有屬辭可據。尚誼愚暗，然執經有年，是以不避僭踰，始自昭公二十八年，訖於獲麟，并序中條陳義例一節輒加校定，其全書有訛誤疏遺者，就用考正，庶幾與屬辭歸一而前後詳略相因，其義例文辭悉據先生成説，特施櫽括而已。初未敢以臆見傅會其間也，謹遵治命，分爲一十五卷，既脱稿，藏之東山精舍，以俟君子修飾焉。」

汪元錫後序曰：「東山趙先生著春秋集傳、屬辭、左氏注解共若干卷。屬辭、左氏解①，汪②左丞刻之東山書院，惟集傳無聞；弘治間，篁墩先生嘗偏求不獲；正德戊辰，予偶知是書藏於程文富氏，屢借抄不獲；嘉靖戊子，提學御史東阿劉君按徽，下令求是書，予語有司就文富氏索之，而後是書始出。然則斯文之顯晦固有時耶！劉君以原本藏之學宫，休邑劉判簿時濟恐其抄録日久，不免魯魚亥豕之譌，屬夏司訓鏜重加校正，捐俸刻之，俾與屬辭並行於世。嗚呼！春秋者，聖人之刑書也。夫子生丁季世，有德無位，於是假魯史以修經，褒善貶惡，垂法萬世。東山先生，聖人之徒也，憤元之亂甚於春秋，築居東山，集傳諸書之作，固吾夫子修經之意也。先生一出，與左丞起兵保捍鄉井十有餘年，一郡晏然，此吾夫子相魯會齊、夾谷卻萊兵之時也。先生其善學夫子者乎？世人讀先生之書與先生之文者，知其問學不在宋濳溪諸公下，而不知先生平生慷慨大節亦且卓卓如是；予忝先生郡人，恨生也晚，不

---

① 「左氏解」，依文淵閣四庫本應作「左氏注解」。
② 「汪」，文淵閣四庫本脱漏。

得供灑埽之役，判簿君以刻書之故相諗，遂不辭而爲之序。①」

〔補正〕

汪元錫後序末當補云：「嘉靖十一年七月。」（卷八，頁十四）

春秋屬辭

十五卷。

存。

汸自序曰：「六經同出於聖人，易、詩、書、禮、樂之旨，近代説者皆得其宗，春秋獨未定於一，何也？學者知不足以知聖人，而又不由春秋之教也。昔者聖人既作六經，以成教於天下，而春秋教有其法，獨與五經不同，所謂『屬辭比事』是也。蓋詩、書、禮、樂者，帝王盛德成功已然之迹，易觀陰陽消息以見吉凶，聖人皆述而傳之而已；春秋斷截魯史，有筆有削，以寓其撥亂之權，與述而不作者事異，自高弟如游夏尚不能贊一辭，苟非聖人爲法以教人，使考其異同之故以求之，則筆削之意何由可見乎？此『屬辭比事』所以爲春秋之教，不得與五經同也。然而聖人之志則有未易知者，或屬焉而不精，比焉而不詳，則義類弗倫，而春秋之旨亂，故曰：『屬辭比事而不亂，深於春秋者也。』有志是經者，其可舍此而他求乎？左氏去七十子之徒未遠而不得聞此，故雖博覽遺文，略見本末，而於筆削之旨無所發明，此

---

① 「序。」下，依補正應補「嘉靖十一年七月」。

所謂知不足以知聖人而又不由春秋之教者也。公羊、穀梁以不書發義，啖趙二氏纂例以釋經，猶有屬辭遺意，而陳君舉得之爲多，庶幾知有春秋之教者，然皆泥於襃貶，不能推見始終，則聖人之志豈易知①乎？若夫程、張、邵、朱四君子者，可謂知足以知聖人矣，而於屬辭比事有未暇數數焉者，此五經微旨所以闇而復明，春秋獨鬱而不發也。自是以來，説者雖衆，而君子謂之虚辭。夫文義雖雋而不合於經，則謂之虚辭可也，而亦何疑於衆説之紛紛乎？善乎莊周氏之言曰：『春秋經世，先王之志，聖人議而弗辨。』此制作之本意也。微言既絶，教義弗彰，於是自議而爲譏刺，自譏刺而爲襃貶，自襃貶而爲賞罰，厭其深刻者又爲實録之説以矯之，而先王經世之志荒矣，此君子所謂虚辭者也。故曰：『春秋之義不明，學者知不足以知聖人，而又不由春秋之教也。』豈不然哉？間嘗竊用其法以求之，而得筆削之大凡有八，蓋制作之原也。春秋，魯史也，雖有筆有削，而一國之紀綱本末未嘗不具，蓋有有筆而無削者，以爲猶魯春秋也，故其一曰存策書之大體。聖人撥亂以經世，而國書有定體，非假筆削無以寄文，故其二曰假筆削以行權。然事有非常，情有特異，雖筆削有不足以盡其義者，於是有變文、有特筆，而變文之别爲類者曰辨名實、曰謹華裔，故其三曰變文以示義，其四曰辨名實之際，其五曰謹内外之辨，其六曰特筆以正名。上下内外之殊分，輕重淺深之弗齊，雖六者不能自見，則以日月之法區而别之，然後六義皆成，無微不顯，故其七曰因日月以明類。自非有所是正皆從史文，然特筆亦不過數簡，故其八曰辭從主人，是皆所謂『議而弗辨』者也。雖然，使非是經有孔門遺教，則亦何以得聖人之意於千載之上哉？

---

① 「知」，備要本誤作「如」。

乃離經辨類，析類爲凡，發其隱蔽，辨而釋之爲八篇，曰春秋屬辭。將使學者由春秋之教以求制作之原，制作之原既得，而後聖人經世之義可言矣，安得屬辭比事而不亂者相與訂其説哉？」

宋濂序曰：「春秋，古史記也，夏、商、周皆有焉，至吾孔子，則因魯國之史修之，遂爲萬代不刊之經，其名雖同，其實則異也。蓋在魯史則有史官一定之法，在聖經則有孔子筆削之旨，自魯史云亡，學者不復得見以驗聖經之所書，往往混爲一塗，莫能致辨，所幸左氏傳尚明①魯史遺法，公羊、穀梁二家多舉『書』、『不書』以見義，聖經筆削麤若可尋。然其所蔽者，左氏則以史法爲經文之書法，公穀雖詳於經義，而不知有史例之當言，是以兩失焉爾。左氏之學既盛行，杜預氏爲之注，其於史例推之頗詳。杜氏之後，惟陳傅良氏因公穀所舉之書法以考正左傳筆削大義最爲有徵，斯固讀春秋者之所當宗。而可憾者，二氏各滯夫一偏，未免如前之蔽，有能會而同之，區以別之，則春秋之義昭若日星矣。奈何習者多忽焉而弗之察，其有致力於此而發千古不傳之祕者，則趙君子常其人乎！子常蚤受春秋於九江黄先生楚望，先生之志，以六經明晦爲己任，其學以積思自悟、必得聖人之心爲本，嘗語子常曰：『有魯史之春秋，則自伯禽至於頃公是已；有孔子之春秋，則起隱公元年至於哀公十四年是已。必先考史法，然後聖人之筆削可得而求矣。』子常受其説以歸，晝夜以思，忽有所得，稽之左傳、杜注，備見魯史舊法，粲然可舉，亟往質諸先生，而先生歿已久矣。子常益竭精畢慮，幾廢寢食，如是者二十年，一旦豁然有所悟入，且謂春秋之法在乎屬辭比事而已。於是離析部居，分别義例，立

①「明」，依補正、四庫薈要本、文淵閣四庫本應作「存」。

爲八體，以布列之，集杜陳二氏之所長而棄其所短，有未及者，辨而補之，何者爲史策舊文，何者是聖人之筆削，悉有所附麗，凡暗昧難通歷數百年而弗決者，亦皆迎刃而解矣，遂勒成一十五卷，而名之曰春秋屬辭云。嗚呼！世之説春秋者，至是亦可以定矣。濂頗觀簡策，所載説春秋者多至數十百家，求其大概，凡五變焉。其始變也，三家競爲專門，各守師説，故有墨守、膏肓、廢疾之論；至其後也，或覺其膠固已深而不能行遠，乃倣周官調人之義而和解之，是再變也；又其後也，有惡其是非淆亂而不本諸經，擇其可者存之，其不可者舍之，是三變也；又其後也，解者衆多，實有溢於三家之外，有志之士會萃成編，而集傳、集義之書愈盛焉，是四變也；又其後也，患恆説不足聳人視聽，争以立異相雄，破碎書法，牽合條類，譁然自以爲高，甚者分配易象，逐事而實之，是五變也。五變之紛擾①不定者，蓋無他焉，由不知經文史法之殊，此其説愈滋而其旨愈晦也歟？子常生於五變之後，獨能别白二者，直探聖人之心於千載之上，自非出類之才、絶倫之識不足以與於斯。嗚呼！世之説春秋者至是亦可以定矣。如濂不敏，竊嘗從事是經，辛勤鑽摩，不爲不久，卒眩衆説，不得其門而入；近獲締交於子常，子常不我鄙夷，俾題其書之首簡，濂何足以知春秋？間與一二友生啓而誦之，見其義精例密，咸有據依，多發前賢之所未發，子常可謂深有功於聖經者矣。濂何足以知春秋？輒忘僭踰而序其作者之意如此。子常姓趙氏，名汸，歙休寧人，隱居東山，雖疾病不忘著書，四方學子尊之爲東山先生。」

---

① 「紛擾」，文津閣四庫本作「分擾」。

〔補正〕

宋濂條内「左氏傳尚明」，「明」當作「存」。（卷八，頁十四）

卓爾康曰：「子常集傳、屬辭，文贍事核，體大思精，真可謂集春秋之大成，成一經之鉅製矣。中間亦有穿鑿稍過、瑣屑難名，而日月諸義尤無是理，然白璧微瑕，不足玷也。」

春秋左氏傳補注

十卷。

存。

汸自序曰：「黄先生論春秋學以左邱明、杜元凱爲主，所謂魯史遺法既於左氏傳注中得之，而筆削微旨殊未能潛窺其罅隙，後思禮記經解，始悟春秋之學只是屬辭比事，法公穀所發書不書之義，陳止齋因之以考左傳，正是暗合此法，故其筆削義例獨有根據，所可惜者偏於公穀，與杜元凱正是合得一邊，乃以陳合杜，舉經正史，以章指附入左傳集解中，屬辭比事以考之。今屬辭書中八體由此得其六七，後考日月之法，傳中事實鉅細往往脗合，爲益甚多，其他傅會處與凡例之謬爲先儒所攻者并論之。然前輩知左氏義例之背謬，而不知其事實之可據；知後傳論世變之可取，而不知其以書法解經在三傳後獨能發筆削之權，此補注所以不能已也。」

春秋師説

三卷。

存。

汸序曰：「黄先生所著經説，曰六經辨釋補注、曰翼經罪言、曰經學復古樞要等凡十餘書，所舉六經疑義共千有餘條，其篇目雖殊，而反覆辨難，使人致思以求失傳之旨，則一而已。蓋先生中歲嘗爲易、春秋二經作傳，既又以去古益遠，典籍殘闕，傳注家率多傅會，故必積誠研精，有所契悟，而後可以窺見聖人本真；若所得未完而亟爲成書，恐蹈前人故轍，遂閣筆不續，務爲覃思，久之，乃稍出諸經説以示學者，欲其各以所示疑義反求諸經，因已成之功而益致其力，塗轍既正，户庭不差，而學者日衆，則何患乎經旨之不大明也。嗚呼！先生於經學所以待天下後世之士者如此，吾黨小子其可勿勉乎？汸自弱冠即往拜先生於九江，時先生年已七十有九，口授學易、春秋致思之要，具有端緒，而顓愚不敏，往來館下數歲，無千慮之一得焉。既而於春秋大旨一旦若發蒙蔽，急往請益，比至，則先生捐館矣。乃即前諸書中取凡爲春秋説者，參以平日耳聞，去其重複，類次爲十有一篇，分三卷，題曰春秋師説。汸誠愚不敏，其敢自畫於斯，慨思微言蓋將没身而已。歲至正戊子八月。」又自述曰：「黄先生於春秋只令熟讀三傳，於三傳内自有向上工夫，謂二百四十二年之外，自伯禽至魯國亡之春秋，史官相承之法也；二百四十二年之中，隱公元年至獲麟之春秋，聖人之法也。先生既捐館，春秋微言頗有可思，乃摭取諸書中説春秋處，參以所聞，輯爲春秋師説三卷。」

李騰鵬曰：「子常受業於黄楚望，作春秋集傳以明聖人經世之志，左氏補注、春秋師説以爲學者用力之階。」

金居敬總序曰：「春秋趙氏集傳十五卷、屬辭十五卷、左氏傳補注十卷、師説三卷，皆居敬所校定。始資中黄先生以六經復古之説設教九江，嘗謂近代大儒繼出，而後朱子四書之教大行，然周易、春秋二經實夫子手筆，聖人精神、心術所存①，必盡得其不傳之旨，然後孔門之教乃備。每患二經學者各以才識所及求之，苟非其人，雖問弗答，其所告語亦皆引而不發，姑使自思，是以及門之士鮮能信從領會者，而當世君子亦莫克知之，惟臨川吴文正公獨敬異焉。趙先生始就外傅受四書，即多疑問，師答以初學毋過求意，殊不釋，夜歸别室，取朱子大全集、語類等書讀之，如②是者數年，覺所疑漸解，慨然有負笈四方之意，乃往九江見黄先生稟學焉，盡得其所舉六經疑意③千餘條以歸，所輯春秋師説蓋始於此。嘗往淳安質諸教授夏公，夏公殊不謂然，乃爲言其先君子安正先生爲學本末甚悉。久之，先生復念黄先生高年，平生精力所到，一旦不傳，可惜也，復如九江，黄公乃授以學春秋之要。居二歲，請受易，得口授六十四卦卦辭大義。後夏公教授洪都，先生再往見焉，夏公問易象、春秋書法何如，先生以所聞對，夏公猶以枉用心力爲戒，特出其夏氏先天易書曰：『此羲易一大象也。』又曰：『吾先人遺書當悉付子

---

① 「存」，文淵閣四庫本作「序」。
② 「如」，備要本誤作「知」。
③ 「疑意」，依補正、四庫薈要本、文淵閣四庫本、文津閣四庫本應作「疑義」。

矣。』先生敬起謝之，然於二經舊説訪求索考未嘗少後也。遂如臨川，見學士雍郡虞公，公與黄先生有世契，一見首問黄公起居，先生間日爲言黄先生著書大意與夏公所以不然者。時江西憲私試請題，虞公即擬策問『江右先賢名節文章經學及朱陸二子立教所以異同』；先生識其意，即具對，卒言劉侍讀有功聖經，及舉朱子去①短集長之説；虞公大善之，授館於家，以所藏書資其玩索。袁公誠夫，吴文正公高第弟子也，集其師説爲四書日録，義多與朱子異，求先生校正其書，先生悉摘②其新意，極論得失，袁公多所更定，至論春秋，則確守師説不變，先生亦以所得未完，非口舌可辨，自是絶不與人談。嘗以爲春秋名家數十，求其論筆削有據依，無出陳氏右者，遂合杜氏考之，悉悟傳注得失之由，而後筆削義例觸類貫通，縱横錯綜，各有條理，此左氏傳補注所由作也。既歸故山，始集諸家説有合於經者，爲春秋傳，又恐學者梏於舊聞，因陋就簡，於交互之義未能遽悉，乃離經析義，分爲八類，辨而釋之，名曰春秋屬辭。蓋集傳以明聖人經世之志，屬辭乃詳著筆削之權，二書相爲表裏，而春秋本旨焕然復明，然後知六經失傳之旨未嘗不可更通。黄先生有志而未就者，庶可以無憾，惜乎書成而黄先生與諸公皆謝世久矣。雖然，習實③生常，雖賢者不能自免，黄先生力排衆説，創爲復古之論，使人思而得之，其見卓矣，使非先生蚤有立志，公聽並觀，潛思默識，自任不回，則亦豈能卒就其業也哉？當先生避地古朗山時，居

① 「去」，文淵閣四庫本作「棄」。
② 「摘」，文津閣四庫本作「摘」。
③ 「實」，文津閣四庫本作「則」。

敬與妻姪倪尚誼實從，山在星谿上游，高寒深阻，人跡幾絶，故雖疾病隱約，而覃思之功日益超詣，有不自知其所以然者，因得竊聞纂述之意與先難後獲之由，乃備述其説於末簡，庶有志是經者毋忽焉。其夏氏先天易説，先生嘗以質諸虞公，虞公復以得於前輩者授之，於是遂契先天内外之旨，而後天上、下經卦序未易知也。嘗得廬陵蕭漢中氏易説，以八卦分體論上、下經所由分與序卦之意，如示諸掌，然上無徵於羲皇成卦之序，下無考於三聖彖象之辭，則猶有未然者，及春秋本旨既明，乃悟文王據羲皇之圖以爲後天卦序，采夏商之易以成一代之經，蓋與孔子因魯史作春秋無異，然後知黄先生所謂周易、春秋經旨廢失之由有相似者蓋如此，故以思古吟等篇及行狀附於師説之後，庶幾方來學者有所感發云爾。」

〔補正〕

金居敬總序内「六經疑意」，「意」當作「義」。（卷八，頁十四）

錢謙益①曰：「子常於春秋發明師説，本經會傳，度越漢宋諸儒，當爲本朝儒林第一。」②

〔四庫總目〕

汸常師九江黄澤，……與學春秋之要，故題曰師説，明不忘所自也。汸作左傳補注，序曰：「黄先生論春秋學，以左丘明、杜元凱爲主。」又作澤行狀，述澤之言曰：「説春秋須先識聖人氣象，則一切刻削煩碎之説，自然退聽。」又稱：「嘗考古今禮俗之不同，爲文十餘通，以見虚辭説經之無益。」蓋其學

---

① 「錢謙益」，四庫薈要本作「錢陸燦」，文淵閣四庫本作「陳子龍」。

② 「錢謙益曰」至「本朝儒林第一」三十一字，文淵閣四庫本脱漏。

有原本，而其論則持以和平，多深得聖人之旨。……行狀載澤説春秋之書有……朱彝尊經義考又載有三傳義例考，今皆不傳，惟賴汸此書尚可識黄氏之宗旨，是亦讀孫覺之書得見胡瑗之義者矣。（卷二八，頁十四，春秋師説三卷提要）

春秋金鎖匙

一卷。

存。

經義考卷一百九十九

春秋三十二

汪氏克寬春秋胡傳附録纂疏

三十卷。

存。

虞集序曰：「昔之傳春秋者有五家，而鄒、夾先亡；學春秋者據左氏以記事，以觀聖筆之所斷，而或議其浮華，與經意遠者多矣，是以公、穀據經以立義，專門之家是以尚焉。唐啖、趙師友之間始知求聖人之意於聖人手筆之書，宋之大儒以爲可與三傳兼治者，明其能專求於經也，然傳亡，存者惟纂例等書，意其傳之所發明，無出於所存之書者。清江劉氏權衡三傳，得之爲多，而其所爲傳用意奧深，非博洽於典禮舊文者，不足以盡明之，是以知者鮮矣。蓋嘗竊求於先儒之言，以爲直書其事而其義自見，斯言也，學春秋者始有以求聖人之意，而無傅會糾纏之失矣。程叔子所謂：『時措之宜爲難知者，始可以求其端焉。』胡文定公之學實本於程氏，然其生也當宋人南渡之時，奸佞用事，大義不立，苟存偏安，智勇扼腕，内修之未備，外攘之無策，君臣、父子之間，君子思有以正其本焉，胡氏作傳之意，大抵本法於此。蓋其學問之有源①，是以義理貫串而辭旨無不通，類例無不合，想其發憤忘食，知天下之事必可以有爲，聖人之道必可以有立。上以感發人君天職之所當行，下以啓天下人心之所久蔽，區區之志，庶幾夫子處定哀之間者乎？東南之人，賴有此書，雖不能盡如其志、誦其言，而凜然猶百十年，至其國亡，志士仁人之可書，未必不出於此也。然其爲學博極群書，文義之所引，不察者多矣，國家設進士科以取人，治春秋者，三傳之外，獨以胡氏爲説，豈非以三綱九法赫然具見於其書者乎？而治舉子業者掇拾緒餘，以應有司之格，既無以得據事直書之旨，又無以得命德討罪之嚴，無以答聖朝取士明經之意。新安汪克寬德輔以是經舉於浙省，其歸養也，能以胡氏之説考其援引之所自出，原類例之始發而盡究其終，謂之胡氏傳纂疏，其同郡同氏前進士澤民叔志父詳叙之。夫讀一家之書，則必盡一家之意，所以爲善學也。推傳以達乎經，因賢者之言以盡聖人之志，則吾於德輔猶有望也。」

汪澤民序曰：「仲尼假魯史，寓王法，春秋之義立矣；然聖人之志有非賢者所能盡知，是以三家之傳有時而戾。夫二百四十二年行事亦多矣，非聖人從而筆削，則綱常之道或幾乎熄，託之空言可乎？游夏深知夫子之志而未嘗措一辭；孟子發明宗旨，辭簡而要；左氏考事雖精，闇於大義；公穀疏於考事，義則甚精；胡氏摭三家之長而斷之以理，漢唐諸儒奥論蓋深有取，間若有未底於盡善者，豈猶俟於

① 「源」，文津閣四庫本作「原」。

後之人與？吾宗德輔年妙而志强，學優而識敏，潛心經傳，嘗名薦書，於是徧取諸説之可以發明胡氏者，疏以成編，觀其取舍之嚴，根究之極，亦精於治經者歟？予嘗病世之學者勦塵腐，矜新奇，竊附於作者之列，奚可哉？德輔學有原委，而纂集之志欲羽翼乎經傳，可尚也。」

克寛自序曰：「謹按春秋傳注無慮數十百家，至於程子，始求天理於遺經，作傳以明聖人之志，俾大義炳如日星，微辭奥旨瞭然若眎諸掌；胡文定公又推廣程子之説，著書十餘萬言，然後聖人存天理、遏人欲之本意遂昭焯於後世。愚嘗佩服過庭之訓，自幼誦習，至治壬戌，從先師可堂吴先生受業於浮梁之學宫，朝夕玩繹，若有得焉；顧每自病謏見寡聞，而於類例之始終、證據之本末，莫能融貫而旁通之，乃元統甲戌，教授郡齋，講劘之暇，因閲諸家傳注，採摭精語，疏於其下，日積月羡，會萃成編，非敢以示同志，蓋以私備遺忘云爾。至元丁丑，嘗求訂定於宗公叔志先生，以爲足以羽翼乎經傳，畀之序引；明年，值鬱攸之變，斷簡煨燼，漫不復存；越三年辛巳，搜輯舊聞，往正是於邵庵虞先生，頗加奬勵，并題卷端。克寛自揆淺陋，奚敢管窺聖經賢傳之萬一？然詳註諸國紀年謚號而可究事實之悉，備列經文同異而可求聖筆之真，益以諸家之説而裨胡氏之闕遺，附以辨疑、權衡而知三傳之得失，庶幾初學者得之，不待徧考群書，而辭義燦然，亦不爲無助也。」

吴國英序曰：「國英曩從環谷先生受讀春秋於郡齋，先生手編胡氏傳纂疏，雖一以胡氏爲主，而凡三傳註疏之要語暨諸儒傳注之精義，悉附著之；且胡傳博極群經子史，非博洽者不能知其援據之所自與音讀之所當。先生詳究精考，一一附注，於是讀是經者，不惟足以知胡氏作傳之意，而且溯流尋源，亦可識聖人作經之大旨矣。書甫成編，國英宦遊四方，越十五年，始睹同志鈔謄善本，而建安劉君叔簡將鋟諸梓以廣其傳，則不惟諸生獲春秋經學之階梯，而凡學者開卷之餘，不待旁通遠證，事義咸在，是則先生纂疏之述，有功於遺經而有助於後學，豈曰小補之哉？」

楊士奇曰：「春秋胡傳纂疏三十卷，元新安汪克寬輯。蓋左氏、公、穀之外，漢以下儒者説春秋甚多，惟伊川程子爲得聖人之旨，惟胡文定公實傳程子之學。朱子曰：『文定春秋，明天理、正人心，體用該貫，有剛大正直之氣。』故近世治春秋者兼主左氏、公、穀、文定四家，三傳舊有注疏，此書專主胡傳云。」

陳霆曰：「環谷汪氏專門春秋之學，所著有春秋纂疏、左傳分紀等書，然其説春秋頗亦可議。魯君卜郊，其言曰：『考之春秋，宣、成、定、哀之改卜牛，皆在春正月，僖之卜在四月，則是魯之郊止於祈穀，而非大報之禮亦明矣。』愚按：郊祀之禮，冬至爲大報天，孟春爲祈穀，春秋用周正，先儒具有成説，今考之經傳，所紀顯然，可証春秋之正月，夏之十一月也，其四月乃夏之二月也。以是而論，則宣、成、定、哀之郊，正爲冬至之報天，而僖之用四月，乃爲入春而祈穀，借曰春秋行夏之時，謂正月、四月之郊爲祈穀，似也。然魯獨有祈而無報，於理安乎？是雖苟欲爲魯避大報之僭，然爲説窒碍矣。桓十四年八月，乙亥嘗。其説曰：『嘗以物成而薦新，周之八月，乃夏之六月，物未大成，嘗非時也。』至論桓八年春夏二烝，則謂春秋常祭不書，書必有譏；如桓公八年春夏兩以烝書者，譏其不時而且黷；如桓十四年嘗本得時矣，然因御廩災，越四日乙亥而嘗，譏以災餘而祭，爲不敬也。夫桓一嘗也，既以爲非時①，郊之

① 「時」下，依補正似應補「又以爲得時」五字。

正月、四月，則認爲夏時，嘗之八月，又目爲周正，跡其先後，不自悖矣乎？然則雖以自信，吾未見其可也。」

〔補正〕

陳霆條内「既以爲非時」，下似脱「又以爲得時」一句。（卷八，頁十四）

春秋諸傳提要

佚。

左傳分紀

佚。

春秋作義要決①

〔補正〕

「決」當作「訣」。（卷八，頁十四）

一卷。

① 「決」，依補正、四庫薈要本應作「訣」。

未見。

梁氏寅**春秋攷義**

十卷。

未見。

寅自述曰：「於讀春秋也，病傳之言異，求褒貶或過。乃因朱子之言，惟論事之得失，謂之春秋攷義。」

戴氏良**春秋三傳纂玄**誌作「春秋經傳攷」。

三十二卷。

未見。

趙友同作志曰：「先生諱良，字叔能，其先杜陵，遷婺之浦江。爲月泉書院山長，至正辛丑，以薦擢淮南、江北等處行中書省儒學提舉。洪武壬戌，以禮幣徵至京師，召見，留會同館，上欲用，先生以老病固辭，頗忤旨，待罪，久之，卒於寓舍。有春秋經傳考三十二卷藏於家。」

良自序曰：「錯薪刈楚，披沙揀金，微事尚然，而況於學乎？況於聖人之經有所蕪没於傳注者乎？然則春秋之文昭揭千古，學士大夫往往童而習之，白首不知其統緒之會歸者，無他，亦惟傳家之言有以混淆其間故耳。嗚呼！春秋辭尚簡嚴，游夏之徒已不能贊以一辭，而吾聖人之微言奥旨果有待於支離繁碎而後見邪？傳春秋者有三，曰左氏、公羊氏、穀梁氏，然公穀主釋經，左氏主載事，能令百代之下頗見本末而因以求意者，左氏之功爲多，然而義例宗旨交出於筮祝卜夢之間，讜言善訓不多於委巷浮戲之語，而公穀之説又復互相彈射，不可强通，遂令經意分裂而學者迷宗也。良自蚤歲受讀，即嘗有病於斯，尋繹之次，因取三家之言稍加裁剪，以掇其要，疏之經文之下。其於一事之傳，首尾異處者，既得以類而從；而文意俱異，各有可存者，亦皆並立其語；然後隨文覿義，若綱在綱，雖行有刊句，句有刊字，非復本文之舊，方之刈楚、揀金之細，不又有間乎？雖然，亦將藏之篋笥，以自備遺忘而已。若夫優柔厭飫，自博而反約，則三君子之成書在也，予亦安敢有所取舍其間，以爲是經之蠹哉？」

佚。

劉氏永之**春秋本旨**

永之自述曰：「春秋時，列國之史，亦莫不有人焉，其立辭也，亦莫不有法焉。趙穿之弑逆也，而書曰：『趙盾弑其君。』則晉史之良也。崔杼之弑逆也，太史死者三人，而卒書曰：『崔杼弑其君。』則齊史之良也。之二國者，有二良焉，而况於魯有周公之遺制，爲秉禮之臣者乎？是故法之謹嚴，莫過於魯史；其屬辭比事可以爲訓，莫過於魯史；其①當世之治亂盛衰，可以上接乎詩書之迹，莫過於魯史，是以聖人有取焉，謹録而傳焉，以寓其傷周之志焉。其知者曰：『是不得已焉耳。』其不知者曰：『是匹夫

① 「其」，依補正、四庫薈要本應作「具」。

也。』而暴其君大夫之惡於天下後世，故曰：『知我者在是，罪我者在是。』亦聖人之謙詞云耳。夫豈曰改周制、寓王法，而託二百四十二年南面之權之謂哉？大較說春秋者，其失有三：尊經之過也，信傳之篤也，不以詩書視春秋也。其尊之也過，則曰聖人之作也；其信之也篤，則曰其必有所受也；其視之異乎詩書也，則曰此見諸行事也，此刑書也。夫以爲聖人之作而傳者有所受，則宜其求之益詳而傅合之益鑿也；以爲見諸行事、以爲刑書，則宜其言之益刻而鍛鍊之益深也。己以爲美，則強求諸辭①：『此予也，此奪②也，聖人之微辭也。』或曰：『聖人之變文也。』一說弗通焉，又爲一說以護之；一論少窒焉，又爲一論以飾之；使聖人者若後世之法吏，深文而巧詆，蔑乎寬厚之意，此其失非細故也。今僕之愚曰：『其文則魯史，其義則彰善而癉惡，冀述而傳於後，則以删詩、定書、贊易同其狂僭；而其爲傳也，則直釋其義，其善者曰如是而善，其惡者曰如是而惡，無褒譏予奪之說。其區別凡例，則主程子；其綱領大意，則主朱子；其三傳，則主左氏，以杜預說而時覈其謬③妄；其諸家則無適主，取其合者，去其弗合者，如是而已。』」

〔補正〕

自述内「其當世之治辭④」，「其」當作「具」；「則強求諸辭」，下脱「曰」字；「此奪也」，「奪」當作「褒」。

①「辭」，依補正、四庫薈要本應作「辭曰」。
②「奪」，依補正、四庫薈要本應作「褒」。
③「謬」，文淵閣四庫本作「繆」。
④「辭」，依上文應作「亂」。

（卷八，頁十四）

邵遠平曰：「清江劉永之仲修治春秋學，洪武中以戍卒。其與梁孟敬講春秋一書，可謂持平之論。」

佚。

朱氏右春秋傳類編

右自序曰：「愚讀春秋三傳、國語，愛其文煥然有倫，理該而事核，秦漢以下無加焉，因采摭其尤粹者，得若干卷，題曰春秋傳類編，而爲之序曰：圖書出而人文宣，光嶽分而人材降，是人材者，人文之所寄也。孔子曰：『天之未喪斯文也，匡人其如予何？』其亦謂是也。夫自周室既東，聖賢道否，孔孟之教不行於天下，春秋、戰國之際，功利日興，權謀是尚，固不足以上窺天人之奥而布其致君澤民之心矣。幸而天理不泯，斯文未墜，經生學士器識卓絶，不無人焉，求其能輔翼聖經、垂刑世範者，愚於左氏、公羊、穀梁氏而深有望也。雖然，三傳、國語之文不能無辨。左氏則無間然矣，國語之書，前輩亦未定爲何人，詳其詞氣，要非左氏之筆，蓋亦倣左氏而自爲一家者，世以爲春秋外傳，得無意乎？公羊、穀梁爲經而作，典禮詳實，詞旨簡嚴，有非他能言之士可及也。愚試評之：譬之良工之繪水與木也，藝有專精，則所就有深淺，然自心巧發之，則各得其一端之妙，左氏之文煥然有章，小大成紋，猶水之波瀾也；蘖蘤敷腴，英華暢發，猶木之滋榮也。公穀之文，源委有自，派脈分明，猶水之淵泉也；根據得實，柯條森挺，猶木之支幹也。要之，繪者雖意匠所得不同，然其心術之微，神巧之妙，變化無窮，皆工之良而無迹之可指也。若國語則未免有迹矣，既未足以翼春秋之經，不過戰國間能言之士，太史公頗采其説，因附於編，俾學者知作文立言之有法也。語云：『文勝質則史。』是編也，亦史氏之宗匠，文章之筌蹄歟！」

謝鐸曰：「春秋類編，朱右著，今亡。」

徐氏尊生**春秋論**

一卷。

未見。

嚴州府志：「徐尊生，字大年，淳安人。洪武初，召議禮與修元史日歷，授以官，辭，後爲翰林應奉。」

王氏廉**春秋左氏鈎玄**

未見。

張氏宣**春秋胡氏傳標注**

未見。

黄虞稷曰：「宣，字藻仲，江陰人。其書明初與四書點本並刊於江陰縣學。」

胡氏翰**春秋集義**

佚。

陸元輔曰：「仲申及登許文懿公之門，其文見稱於黃文獻、柳文肅，有勸之仕者輒辭，避地南□山①中，著書自樂。高皇聘授衢州教授，尋纂修元史，賜白金文綺以歸，著有春秋集義。」

〔補正〕

陸元輔條内「避地南□山中」，「南」下是「華」字。（卷八，頁十五）

熊氏釗**春秋啓鑰**

佚。

黃虞稷曰：「釗，字伯昭，進賢人。領元鄉薦，洪武中，薦入校書會同館。」

滕氏克恭**春秋要旨**

佚。

開封府志：「滕克恭，字安卿，祥符人。登元進士第，累官集賢館學士。洪武初，兩聘爲河南鄉試

① 「南□山」，依補正、四庫薈要本應作「南華山」，文津閣四庫本作「南山」，備要本作「南雄山」。

考官，壽百餘歲。」

王氏受益**春秋集説**

佚。

王鈍志墓曰：「先生諱受益，字子謙，紹興山陰人，受春秋於楊先生澄原①。元至正壬寅中，浙江鄉試省臣，版授仁和縣學教諭，病春秋傳註多而局於事例，聖人作經之旨因以不明，乃取汪克寬纂疏、李廉會通、程端學本義三書，折衷其是非，務在明經，不爲科舉道地，名之曰春秋集説，凡五十餘萬言。復病其言之多，而學者不能悉記，欲定從簡，未竟，故不及行於世。洪武八年，舉本縣學教諭，歷冀、滁、陜三州學正，官止國子助教。」

傅氏藻等**春秋本末**

三十卷。

存。

實録：「洪武十一年五月癸酉，命東閣文學傅藻等編纂春秋本末，閏月乙酉，書成。上以春秋本諸魯史，而列國之事錯見間出，欲究其終始，則艱於考索，乃命藻等纂録，分列國而類聚之，附以左氏傳。

---

① 「澄原」，文淵閣四庫本作「澄源」。

首周王之世，以尊正統；次魯公之年，以仍舊文，事之終始，秩然有序，賜名曰春秋本末。」

宋濂序曰：「洪武十一年夏五月，皇太子御文華殿，命侍臣講讀春秋左氏傳，既而曰：『諸國之事雜見於二百四十二年之中，其本末未易見，曷若取春秋分記而類入之？』分記，眉人程公説所述，有年表、世譜、名譜、世本、附録等類，頗失之繁，但依世本次第成書。先周，尊天王也；次魯，内望國也，次齊晉，主盟中夏，故列之魯後，而齊復後於晉，以晉於周魯爲親，其霸視齊爲長也；自齊而下，次宋、衛、蔡、陳，地醜德齊，而宋以公爵列於三國之首，衛、蔡、陳之爵皆侯也，鄭、曹、燕、秦皆伯也，陳秦獨後，異姓也；若楚、若吴、若越，以僭號見抑於春秋，並居其後，而小國戎狄①附焉。於是文學臣傅藻等承命纂輯，編年一主乎魯，雖曰無事，一年各具四時，諸國依前次序，各繫以事，其有一事再見及三見者，通繫於主霸者之下，若重複者則削之；訓詁以杜預爲之主，凡例所及，一一取旨而後定，繕寫爲三十卷。自春和門投進，皇上聞而嘉之，賜名曰春秋本末，敕内官刊梓禁中，以傳示四方。臣濂聞諸師云：『五經之有春秋，猶法律之有斷例也。』法律則用刑禁暴，以爲之範防；斷例則斟酌物情是非，而定罪之重輕也。是故古之君臣無不習乎春秋；使君而知春秋，方能盡代天理物之道；使臣而知春秋，方能盡事君如事天之誠；天衷以之而昭，民彝以之而正，何莫非春秋之教也？然其書法實嚴，必當曲暢以觀其同，參互以察其變，所謂屬辭比事者，始可言也。不然，如涉彼大海，渺無津涯，豈一蠡之可測哉？敬惟皇太子殿下潛心聖學，其於六經之文，循環讀之，而尤惓惓於春秋，今命宫臣纂輯成書，一覽之頃，其本末

①「戎狄」，文津閣四庫本作「戎荒」。

瞭然，斯殆以人文化成天下也歟？皇上以大舜之資，善與人同，亟命流布於四海，是心也，天地之心也。臣幸生盛時，遭逢兩宫之聖，不勝慶忭之至，輒忘疏賤，著其述作大意於篇首。其校正無訛者，翰林典籍臣劉仲質、國子助教臣儲惟德；正書入梓者，中書舍人臣朱孟辨、臣宋璲、臣桂慎，鑄印局副使臣詹希元云。」

楊士奇曰：「春秋，仲尼因魯史之舊筆削之，以著法戒。春秋本末，我太祖高皇帝命儒臣因仲尼之舊彙萃之，以便覽觀，義例甚精，皆聖制也。刻板在太學，余家所藏二十册，得於廬陵晏彦文。」

高氏允憲**楊氏**磐**春秋書法大旨**

一卷。

未見。

張萱曰：「洪武中，國子博士高允憲、助教楊磐奉旨編修。因聖經以考三傳，依啖趙纂例分類，删繁節要，凡二十三則。」

劉氏基**春秋明經**

四卷。

佚。

錢謙益曰①：「基，字伯温，青田人。元至順癸酉明經，登進士第，累仕，皆投劾去。太祖定婺州，規取處州，石抹②宜孫總制處州，爲其院經歷。宜孫敗走，歸青田山中。孫炎奉上命鈎致之，乃詣金陵，後以佐命功，官至御史中丞，封誠意伯。正德中，追謚文成。」

張氏以寧**春秋胡傳辨疑**或作「論斷」。

三卷。

〔補正〕

案：明史藝文志作「一卷」。（卷八，頁十五）

佚。

錢謙益③曰：「以寧少以春秋登第，作春秋胡氏傳辨疑，最爲辨博，而春王正月考未就。洪武二年夏，卒業於安南之寓館，書成，逾月而卒。」

〔補正〕

此條下云：「以甯少以春秋登第，作春秋胡氏傳辨疑，最爲辨博，而春王正月考未就。洪武二年夏，

---

① 「錢謙益曰」，四庫薈要本、文淵閣四庫本俱作「錢陸燦曰」，文津閣四庫本作「處州府志」。
② 「石抹」，四庫薈要本、文津閣四庫本俱作「舒穆嚕」。
③ 「錢謙益」，四庫薈要本、文淵閣四庫本俱作「錢陸燦」，文津閣四庫本作「黄虞稷」。

卒業於安南之寓館，書成，逾月而卒。」按：明史本紀、文苑傳、外國傳及張隆春王正月考跋參考之，以甯奉使在洪武二年六月，其留安南則在秋冬及明年之春，此云「二年夏」，似誤。（卷八，頁十五）

楊氏昇**春秋正義**

佚。

楊士奇志墓曰：「杭有君子曰楊孟潛，諱昇，洪武丙子以春秋選鄉試，明年，會試中副榜，授教諭星子縣，陞邵武府學教授，調徽州，以子寧貴，累贈至嘉議大夫刑部右侍郎。」

李氏衡**春秋集説**

萬曆重編內閣書目：「三册。」

未見。

江西通志：「李衡，字元成，崇仁人。洪武初，本學訓導。」

張萱曰：「洪武中，臨川李衡著。其説宗吴艸廬，參以李廉會通、汪德輔纂疏，凡五十餘家。」

包氏文舉**春秋微意發端**

佚。

括蒼彙紀：「文舉，字仕登，松陽人。洪武中，聘授國子助教，歷齊府長史。」

石氏光霽春秋書法鈎玄

四卷。

〔四庫總目〕

朱彝尊經義考作四卷，此本不分卷數，疑傳寫者所合併，今從彝尊之説，仍析爲四卷著録焉。（卷二八，頁二一，春秋鉤元四卷提要）

存。

光霽發凡云：「是編書法，大抵分屬五禮。蓋以春秋一經往往因失禮而書，以示褒貶，出乎禮則入乎春秋也。五禮括未盡者，別爲雜書法以冠乎首，餘則皆以吉、凶、軍、賓、嘉別其類，庶幾屬辭比事，是非易知也。猶慮初學未悉五禮條目，復載周禮經注，使知其概云。」

亡名子序曰：「春秋，魯史之名也。寓褒貶於筆削，則聖人也。鳳不至，圖不出，聖人知其道終不行於當時，以誅賞之大權託之魯史，立萬世之常經，其慮遠，其志深，而旨則微矣。今去聖人遠矣，自邱明而下，傳者衆矣，傳者衆，則見有是非，言有得失，而筆削之旨益晦矣，此鈎玄之所以作也。鈎玄者，石氏仲濂之所輯也。仲濂以啖氏、趙氏之纂例詳於經，而於傳意則或略；以纂疏、會通之書備於傳，而於屬辭比事之意或未盡，乃損益其所未備者，類書而朱書，以紀其數，復表程朱之格言，或間附以己意，以補其不足，筆削之大旨可得矣。記曰『屬辭比事，春秋之教』者，或事同而書不同，或書同而事不同，或因事直書，或婉詞以見，筆則筆，削則削，游夏不能贊一辭，而出於聖筆也。噫！褒貶豈聖人之私哉？天下之公也。欲萬世之下人皆知之，則亂賊懼，是春秋非魯史之舊文，而皆寓乎聖人之筆削；鈎玄又所以發筆削之遺旨，使後之人易知者也。仲濂之用功亦勤，而志亦切矣，予見其書成之不易，故亟歎賞而述其纂輯之意。於乎！後世必有好之者矣。」

張氏洪**春秋説約**

黄虞稷曰：「光霽，字仲濂，泰州人，張以寧弟子。洪武十三年，以薦爲國子監學正，陞春秋博士。」

十二卷。

佚。

瞿氏佑**春秋貫珠**

佚。

李騰鵬曰：「佑，字宗吉，錢塘人。洪武中爲宜陽臨安儒學教諭，遷國子助教，擢周府長史，致仕。」

金氏居敬**春秋五論**

佚。

黄虞稷曰：「字元忠，休寧人，從朱升、趙汸學，凡二家著述多其校正。」

張氏復**春秋中的**

一卷。

佚。

嚴州府志：「張復，字明善，淳安人。司訓郡庠，學者稱爲書隱先生。」

方氏孝孺**春秋諸君子贊**

一卷。

存。

孝孺自序曰：「余取友於當世而未得，則於古人乎求之。讀春秋左氏傳，得數十人，心慕焉，聖賢所稱較著者不敢論，少戾乎聖賢之道者不敢取，自石碏以下十有五人，取其事，贊其美，以爲法云。」

按：正學先生所贊一十五人：石碏、季梁、臧僖伯、公子友、叔肸、劉康公、范文子、子臧、臧文仲、祁奚、魏絳、孟獻子、季札子、皮子、家羈。

經義考卷二百

春秋三十三

胡氏廣等**春秋集傳大全**

三十七卷。

〔校記〕

四庫本七十卷。（春秋，頁五一）

存。

吳任臣曰：「永樂中，勅修春秋大全，纂修官四十二人。翰林院學士兼左春坊大學士奉政大夫胡廣，奉政大夫右春坊右庶子兼翰林院侍講楊榮，奉直大夫右春坊右諭德兼翰林院侍講金幼孜，翰林院修撰承務郎蕭時中、陳循，翰林院編修文林郎周述、陳全、林誌，翰林院編修承事郎李貞、陳景著，翰林院檢討從仕郎余學夔、劉永清、黄壽生、陳用、陳璲，翰林院五經博士迪功郎王進，翰林院典籍修職佐郎黄約仲，翰林院庶吉士涂順，奉議大夫禮部郎中王羽，奉議大夫兵部郎中童謨，奉訓大夫禮部員外郎吴福，奉直大夫北京刑部員外郎吴嘉静，承直郎禮部主事黄裳，承德郎刑部主事段民、章敞、楊勉、周忱、吾紳，承直郎刑部主事洪順、沈升，文林郎廣東道監察御史陳道潛，承事郎大理寺評事王選，文林郎太常寺博士黄福，修職郎太醫院御醫趙友同，迪功佐郎北京國子監博士王復原，泉州府儒學教授曾振，常州府儒學教授廖思敬、蘄州儒學學正傅舟，濟陽縣儒學教諭杜觀，善化縣儒學教諭顔敬守，常州府儒學訓導彭子斐，鎮江府儒學訓導留季安。其發凡云：『紀年依汪氏纂疏，地名依李氏會通，經文以胡氏爲據，例依林氏。』其實全襲纂疏成書，雖奉勅纂修，而實未纂修也。朝廷可罔，月給可糜，賜予可要，天下後世詎可欺乎？」

〔四庫總目〕

朱彝尊經義考引吴任臣之言曰：「永樂中，勑修春秋大全，纂修官四十二人。其發凡云：『紀年依汪氏纂疏，地名依李氏會通，經文以胡氏爲據，例依林氏。』實則全襲纂疏成書，雖奉勅纂修，實未纂修也。朝廷可罔，月給可糜，賜予可邀，天下後世詎可欺乎？」云云。於廣等之敗闕，可爲發其覆矣。其書所採諸説，惟憑胡氏定去取，而不復考論是非。有明二百餘年，雖以經文命題，實以傳文立義。至於元代合題之制，尚考經文之異同，明代則割傳中一字一句，牽連比附，亦謂之合題，使春秋大義日就榛蕪，皆廣等導其波也。（卷二八，頁二二，春秋大全七十卷提要）

金氏幼孜**春秋直指**

三十卷。

佚。

春秋要旨

三卷。

佚。

黄虞稷曰：「幼孜爲翰林侍講，侍仁宗於東宫，令纂十二公事，爲要旨以進。」

胡氏直**春秋提綱**

佚。

黄虞稷曰：「直，字敬方，吉水人。由貢入太學，中永樂元年甲申鄉試，六館多師之，稱西澗先生。」

李氏萱**春秋啓蒙**

佚。

高層雲曰：「萱，字存愛，華亭人。永樂間鄉進士，錢學士溥師事之。」

陳氏嵩**春秋名例**

佚。

黄虞稷曰：「嵩，字伯高，寧海人。年十五，縣辟爲吏，嵩上書縣令，請爲生員。永樂中，以國子監生纂修文淵閣。」

郭氏恕**春秋宗傳**

佚。

廣平府志：「郭恕，字安仁，雞澤人。永樂甲午舉人，歷官山西布政使參議。」

馮氏厚**春秋皐論**

佚。

黄虞稷曰：「厚，字良載，慈谿人。舉明經，官淮府長史。與李伯璵同編文翰類選大成，學者稱坦庵先生。」

馬氏駢**春秋探微**

十四卷。

存。

按：是書抄本無序，其首卷書名曰揚州府學生員馬駢，未詳時代。

李氏奈**春秋管闚**

佚。

春秋王霸總論

佚。

黄虞稷曰：「蒙陰人，宣德丁未進士，陝西右參議。」

劉氏祥**春秋口義**

佚。

黄虞稷曰：「清江人，宣德己酉舉人，翰林院檢討。」

劉氏實**春秋集録**

十五卷。

存。

實自序曰：「古者帝王治天下，其道皆本諸天，故惇典庸禮，命德討罪，不過奉若天道而已，非有所爲也；霸者則假此以行其私，雖不能謂無功於時，然皆有所爲而爲，而非本諸天者也。蓋至是時，天理民彝或幾乎熄矣，孔子假魯史而筆削之，以寓王法，以抑霸功，以存中國之體，復先王①之治，如斯焉耳，故曰：『春秋，天子之事也。』迹其二百四十二年之間，自日用彝倫之外，大而天地四時，微而昆蟲草木，靡所不及。噫！非聖人，其孰能修之？故君子謂是書爲百王之法度，萬世之準繩，有志者誠不可以不學也。自有是經以來，釋之者衆，其間諸説亦云備矣，但未有會而一之者，胡氏之宏綱大領非不正也，惜乎其爲有宋高宗告，而非爲學者設，則其於聖經筆削之旨豈能一一而盡之哉？實不自揆，輒取諸儒之説會輯成篇，因名之曰集録，以便初學，而非敢謂有所發明也。」

陸元輔曰：「實，安福人，宣德庚戌進士，改庶吉士，歷南雄知府。」

饒氏秉鑑**春秋會傳**

十五卷。提要一卷。

存。

秉鑑自序曰：「春秋説者不一，然得其事實之詳，莫若左氏，得其筆削之旨，莫若胡氏。左氏，事之案也，所紀多出舊史，雖序事或泛，然本末詳略，夫豈無所據哉？胡氏，經之斷也，所論多主公穀，雖立例不一，然論據於理，亦豈無所見哉？是以我太宗文皇帝命集儒臣纂修春秋大全，必以胡氏爲主，而引用諸儒傳注，必以左氏爲先，蓋有由矣。第左氏或先經以起事，或後經以終義，而泛切之有不同；胡氏

---

①「先王」，四庫薈要本誤作「先生」。

或引其事而斷其義，或斷其義而不書其事，而詳略之有不一；矧二傳各爲一書，似不相合，故學者未易得其旨也。予讀是經有年，乃忘其固陋，竊取二傳，合而編之，於其詞泛而易重者，則依廬陵李氏會通，以少裁之；詞略而未備者，則取公羊、穀梁傳義，以少補之，然後案與斷相合，事與理俱明，而一經之旨不待他求而得於此矣。因目之曰春秋會傳，雖曰沿經引注，非有所補益，然初學之者得少便於講習，不亦淺之爲助者與？」

何喬新志墓曰：「先生諱秉鑑，字憲章，世家廣昌麟角里。初從監察御史聶宗尹受春秋，又從教諭羅濬受尚書。正統甲子，領江西鄉薦，兩試禮部，俱名在乙榜；景泰三年，除肇慶府同知，遷知廉州府；歸，建雯峰書院，與修撰羅應魁講學其間，著有春秋提要、春秋會傳傳於世。」

〔四庫總目〕

朱彝尊經義考載秉鑑春秋會通十五卷、提要一卷。今按：此書實四卷，與春秋會通另爲一書，彝尊蓋未見其本，故傳聞訛異。（卷三十，頁八，春秋提要四卷提要）

〔校記〕

四庫存目春秋提要四卷，館臣謂與春秋會傳另爲一書。（春秋，頁五一）

葉氏萱春秋義

佚。

陸元輔曰：「葉萱，字廷懋，華亭人。景泰甲戌進士，歷官布政使。」

郭氏登**春秋左傳直解**

十二卷。

未見。

錢謙益曰①：「登，字元登，武定侯英諸孫。土木之難，以都督僉事守大同，也先部擁上皇至城下，登陴謝卻之。景泰間，進封定襄伯；上皇②復辟，謫戍甘肅；成化初，復爵。卒，贈侯，謚忠武。」

陸元輔曰：「定襄以名將解左傳，遠與杜武庫争衡。」

黄氏仲昭**讀春秋**

一篇。

存。

袁氏顥**春秋傳**

三十卷。

---

①「錢謙益曰」，四庫薈要本作「錢陸燦曰」，文津閣四庫本作「黄虞稷曰」，文淵閣四庫本脱漏。

②「上皇」，文津閣四庫本作「英宗」。

未見。

包氏瑜**春秋左傳**

四十卷。

未見。

黄虞稷曰："字希賢，青田人。成化中，浮梁教諭。"

王氏鏊**春秋詞命**

三卷。

存。

鏊自序曰："予讀左傳，愛其文而尤愛其詞命，當春秋時，諸侯大夫朝聘宴饗、征伐盟會，類以微言相感觸，其詞命往來，亦皆婉而切，簡而莊，巽而直，雖或發於感憤，然猶壯而不激，屈而不撓；詞窮矣，然且文焉，遁而飾，僞而恭，証①而近正。於戲！何其善於詞也，其猶有先王之遺風乎？予生謇吶，甚思所以變其氣質而無由，因彙萃其詞而日諷焉，庶有益乎！孔子曰：『不學詩，無以言。』讀此編者，亦可以有言矣。"

① "証"，文淵閣四庫本作"誣"。

錢謙益曰①：「鏊，字濟之，吴縣人。成化十一年進士及第，自編修歷官吏部右侍郎；正德元年入内閣，進户部尚書、文淵閣大學士，加少傅，改武英殿，致仕。嘉靖初，卒，謚文恪。」

宋氏佳**春秋膚説**

未見。

黄虞稷曰②：「佳，字子美，奉化人。成化癸卯舉人，徽府長史。」

羅氏昕**春秋摭要**

未見。

廣東通志：「羅昕，字公旦，番禺人。成化乙酉舉鄉薦，弘治間累遷貴州②按察僉事。」

楊氏循吉**春秋經解摘録**

一卷。

佚。

① 「錢謙益曰」，四庫薈要本作「錢陸燦曰」，文津閣四庫本作「黄虞稷曰」，文淵閣四庫本脱漏。
② 「貴州」二字，文津閣四庫本脱漏。

錢謙益曰①：「循吉，字君謙，吴縣人。成化甲辰進士，除禮部主事，善病，年三十有二②致仕，八十九自爲壙志而卒。」

吴氏廷舉**春秋繁露節解**

四卷。

未見。

廣西通志：「吴廷舉，字獻臣，梧州人。成化丁未進士，累官南京兵部③尚書，贈太子少保，謚清惠。」

〔補正〕

廣西通志條内「兵部尚書」，「兵」當作「工」。（卷八，頁十五）

邵氏寶**左觿**

一卷。

---

① 「錢謙益曰」，四庫薈要本作「錢陸燦曰」，文津閣四庫本作「黄虞稷曰」，文淵閣四庫本脱漏。

② 「三十有二」，四庫薈要本作「三十有一」。

③ 「兵部」，依補正、四庫薈要本應作「工部」。

存。

寶自序曰：「予昔讀左傳，蓋志於求經，故於其辭不求甚解，非不欲解也，思之不得，故遂已之，嘗歎杜子美所謂『讀書難字過』者之不誣。壬午夏仲，暑雨連月，齋居無事，乃屬塾師高子明取而讀焉，予隱几聽之，遇難解處，則稽之疏義而參諸他書，縱横推度，往往有得，得輒呼筆，記之於簡。是秋讀畢，叙録成帙①，凡若干條，疏陋之見，不知與邱明之意果有得與否也？名之曰左觿，俾里塾藏之。觿，解結之具也。」

桑氏悦**春秋集傳**

未見。

悦序略曰：「傳春秋者不一家，近世多宗胡氏，發明聖人襃貶之旨不爲不多，但病其議論翻覆，文致成章，又當宋高宗南渡之時，欲輸忠藎於章句之間，故於復讎處言之微有過當，有非萬世之通論。悦不自揣量，因取胡傳删之，擇取諸家之平順者補其闕略，間有一得之愚，亦附見其中，名曰春秋集傳。薄宦代耕，奔走南北，凡十易寒暑，始克成編，傳總若干言，爲之序，以俟後之君子。弘治四年三月。」

---

①「帙」，文津閣四庫本誤作「帖」。

劉氏續**春秋左傳類解**

二十卷。

存。

曹溶曰："劉氏左傳類解，莆田洪珠爲之序，晉藩刻之於寶賢堂。"

畢氏濟川**春秋會同**

佚。

廣信府志："濟川，貴谿人。弘治壬戌進士，官翰林編修。"

席氏書**元山春秋論**

一卷。

未見。

姓譜："書，字文同，遂寧人。弘治庚戌進士，由剡城①知縣累遷兵部右侍郎，以議大禮陞禮部尚書，加少保、武英殿大學士。卒，贈太傅，謚文襄。"

---

① "剡城"，文淵閣四庫本作"郯城"。

胡氏世寧**春秋志疑**

十八卷。

未見。

童氏品**春秋經傳辨疑**

一卷。

未見。

〔四庫總目〕

朱彝尊經義考稱其官至兵部員外郎，朱國楨湧幢小品則稱其登第後爲兵部主事，僅兩考，引年致仕，家居十九年，以讀書喪明而卒，其學問行誼不後於章懋，而以有傳、有不傳爲惜。所述本末甚詳，知經義考以傳聞誤也。……刻本久佚，故朱彝尊經義考註云：「未見。」此蓋傳鈔舊本幸未佚亡者，固宜亟録而存之矣。（卷二八，頁二三—二四，春秋經傳辨疑一卷提要）

〔校記〕

此書四庫著録。（春秋，頁五一）

蔡氏芳**春秋訓義**

十一卷。

未見。

黄虞稷曰：「芳，字茂之，浙江平陽人。弘治戊午舉人，歷官福建鹽運司副使，折衷諸傳而爲是書。」

許氏誥**春秋意見**

一卷。

未見。

金氏賢**春秋記愚**①

十卷。

〔補正〕

案：「記」當作「紀」。（卷八，頁十五）

---

①「春秋記愚」，依下文、補正、四庫薈要本、文淵閣四庫本、文津閣四庫本應作「春秋紀愚」。

存。

顧璘曰：「金子潛心春秋幾二十年，凡先儒傳注，無不考證而討論者，故比事甚廣，析義甚精。其發凡指意，或執經以闡義，或反傳以補編，或稽實以明疑，或裁道以正謬，陳之則皦然易見，舉之則坦然可行，杜氏所謂『優柔厭飫，怡然理順』者也。其子大車所叙新義數十，尤發前傳之所未發。」

賢自序曰：「昔壺遂問於司馬遷曰：『孔子何爲而作春秋哉？』遷曰：『周道廢①，孔子知時②之不用，道之不行也，是非二百四十二年之中，以爲天下儀表，達王事而已矣。』孟子曰：『春秋，天子之事也。』遷之言蓋本諸此。夫平王東遷，周室雖微，而遺法尚存，是以禮樂征伐猶或有自天子出者；及齊桓主霸，天下宗齊，而禮樂征伐自諸侯出矣；溴梁之會，群臣主盟，而禮樂征伐自大夫出矣；陽貨作亂，季斯見囚，而禮樂征伐自陪臣出矣；此春秋之大勢，夫子之深憂而經不容以不作矣。若夫誅亂臣，討賊子，嚴内外，崇仁義，黜詐力，尊君卑臣，貴王賤霸，程子所謂『大義數十，炳如日星』者，此類是也。至若有功者或不録，有罪者或見原；如齊桓違王志而會世子，反或許之；鄭文承王命而背首止，乃致譏焉；晉厲弑于臣而書國，蔡昭弑于臣而書殺；晉昭徵會，欲示威也，而或取其功；吴師從蔡，欲謀楚也，而或進其爵；桓公無王，定公無正，權衡獨裁於聖心，是非不徇乎衆見，程子所謂『微辭奥義，時措從宜』者，此類是也。夫其炳如日星者，衆人可得而知矣；其時措從宜者，非深於道者，孰能識之哉？

① 「周道廢」，依補正、四庫薈要本應作「周道廢衰」。
② 「時」，依補正、四庫薈要本應作「言」。

夫春秋感麟而作，曷託始於隱公元年邪？蓋以隱攝之初，正雅亡之時也，雅亡，則王法弛矣，故作春秋以寓王法，使爲善者於焉而取則，爲惡者於焉而知懼，誠經世之大典，百王之大法也，故曰：『撥亂世而反諸正，莫近諸春秋。』孟子曰：『王者之迹熄而詩亡，詩亡，然後春秋作。』正謂此耳。或曰：『仲尼之意發於傳，左氏詳於事，公穀深於理，而又發揮於諸儒，大備於文定，春秋有傳矣，紀愚何爲而作也？』曰：『今夫山，草木生之，而樵者不能以盡採；今夫水，魚鼈生焉，而漁者不能以盡取；聖言淵微，義理弘博，是以傳者雖多，而各有所得，採之益深，推之益廣，譬之飲河者，各充其腹而源不竭，此紀愚之所以作也。』其有未盡者，别爲或問於後。愚也固陋淺薄，安敢擬於諸傳，亦以識其所得而已矣。」

〔補正〕

自序内「遷曰：『周道廢，孔子知時之不用。』」，「道」下脱「衰」字；「時」當作「言」。（卷八，頁十五）

黄虞稷曰：「金賢，字士希，江寧人。弘治壬戌進士，官給事中，以忤劉瑾，出爲大名知府，徙延平，請老，歸。嘗曰：『聖人精藴盡於易，而妙用見諸行事，則在春秋，學者不通春秋，終不達聖人之用。』遂取三傳及諸家之説，研究異同，發所未發，成紀愚十卷。」

徐氏泰**春秋鄙見**

佚。

俞汝言曰：「豐崖徐氏，海鹽人，弘治甲子舉人，光澤知縣。」

湛氏若水**春秋正傳**

三十七卷①。

存。

若水自序曰：「春秋者，聖人之心也。聖人之心存乎義，聖心之義存乎事，春秋之事存乎傳。經，識其大者也；傳，識其小者也。夫經竊取乎得失之義，則孔子之事也；夫傳明載乎得失之迹，則左氏之事也。夫春秋者，魯史之文也，謂聖人某字褒、某字貶，非聖人之心也。知春秋者莫如孟子，孟子曰：『其事則齊桓、晉文，其文則史，孔子曰：「其義則丘竊取之矣。」』夫其文則史，經之謂也；其事則齊桓、晉文，傳之謂也；合文與事，而義存乎其中矣，竊取之謂也。義取於聖人之心，事詳乎魯史之文，後世之言春秋者，謂字字而筆之，字字而削之，若然，烏在其爲魯史之文哉？惟觀經以知聖人之取義，觀傳以知聖人所以取義之指，夫然後聖人之心可得也。惜也魯史之文，世遠而久湮，左氏之傳事，實而未純，其餘多相沿襲於義例之文，而不知義例非聖人立，公穀之厲階也。是故治春秋者，不必泥之於經而考之於事，不必鑿之於文而求之於心，事得而後聖人之心、春秋之義可得矣。予生千載之下，痛斯經之無傳，諸儒又從而紛紛，各以己見臆説而汩之，聖人竊取之心、之義遂隱而不可見。於是取諸家之説而釐正焉，去其穿鑿而反諸渾淪，芟其繁蕪以不汩其本根，不泥夫經之舊文，而一證諸傳之實事，聖人

---

① 「三十七卷」，文淵閣四庫本作「二十七卷」。

竊取之心，似若洞然復明，如披雲霧而覩青天也。名曰春秋正傳，夫『正傳』云者，正諸傳之謬，而歸之正也。」

高簡序曰：「春秋正傳之作，其有憂乎？昔者仲尼慨道不行於天下而文武之法廢，是故援魯史而直書，使後之覩之者得考其善惡是非，以爲永鑒，其爲心固渾乎其天，而皎乎其日月也。乃義例興而諸傳出焉，春秋之學殆若法家者流，鍛鍊刻深而莫知所紀極也。間有明焉者，則又通諸此，而彼或窒焉；至於所謂進退予奪之類，以爲盡由孔子，害義尤甚，故眉山蘇氏不得其説而强歸諸魯，其亦覺乎此矣。甘泉先生憂聖人之心之弗明也，乃即其書法而表章之，一本諸孟子，正諸傳之誤，兼采其長，以其灑然平易之心而契之，故聖人取義之志躍如於前而不可掩。諸儒非不有其心也，而義例拘焉，或有非聖人之義者矣。簡得先生所述而讀之，始覺吾心豁然開朗，絶無瑕翳，爰與同門江都沈汝淵氏參詳讎校，而卞萊者，亦先生門人，遂捐貲刻之以傳。」

劉氏節春秋列傳

五卷。

存。

邱九仞序曰：「春秋二百四十二年之間，人臣之賢否得失詳矣，然事以附年，年以附國，未及夫人爲之傳也，至子長史記，則稍爲之傳矣，未之能詳也。自是古史諸書亦踵爲之，大率子長之緒餘耳。獨鄭樵氏通志始爲加詳，然亦未盡也。況繁蕪冗穢，紀載無倫；或主魯史，以例列國；或雜寓言，以淆真實；甚者齊宋大國闊略無徵，柳下、百里之賢特以附見，其繆陋可見矣。今觀梅國劉公之爲是書，本之左氏，參之國語，兼采夫先秦、兩漢諸書，互相考訂，該括不遺，凡其善可師，其惡可鑒，與夫一言一行之微，苟可以風天下、示來世者，莫不昭然可指。其事核，其文蔚，千載之下，使人企跡先民，若將物色髣髴而歆畏存焉，其著述之功，真足以補史氏所未及矣。」

潘榛序曰：「列傳之體，創自太史氏，然春秋大夫自管、晏、伍胥而外無與焉，他亡論矣。如柳下惠、臧文仲、子產、子文、百里、狐趙諸人，豈即減於管晏者，而概不爲傳，得無疏乎？或曰：『左氏傳之已詳。』然左氏編年爲例，杜元凱以爲必原始要終，優游①饜飫，然後爲得，則亦安能使學之者盡如彼其癖也？余弱冠受左氏，逮強仕，猶未得其要領，守廬之暇，得劉君所爲②春秋列傳，讀而心好之；顧是書歲久譌③亂，於是更爲繕寫，梓既成，進諸生而語之，曰：『古者稱謂或以名，或以字，或以爵，或以封邑，讀者不悉心考之，茫然莫解，讀此傳而諸人履歷可不爽也。又諸人事錯見於傳，左氏每一事輒附以君子之評，褒貶未歸於一，讀此傳則生平畢備，以定褒貶，可無失也。又諸國散亂無統，興亡之故漫焉難考，讀此傳則國之興以若而人、廢以若而人，其間政治得失、風俗好尚，可統觀也。』諸生唯唯，遂書之簡端。」

① 「游」，依補正、四庫薈要本應作「柔」。
② 「爲」，四庫薈要本作「謂」。
③ 「譌」，文津閣四庫本作「訛」。

〔補正〕

潘榛序内「優游饜飫」，「游」當作「柔」。（卷八，頁十五）

魏氏挍春秋經世書

二卷。

〔校記〕

「挍」當作「校」，四庫存目作春秋經世一卷。（春秋，頁五一）

存。

挍①自序曰：「春秋，魯之策書也，其法受之周公，自伯禽撫封於魯，迄於頃公而魯亡者，國史舊文也；斷自隱公爲始，絶筆於獲麟，此則孔子所修，後世尊而爲經者也。孔子所爲修春秋者，明王不興，三綱五常大墜於地，是故撥亂世而反之正，垂百王，其名曰史，其實固夫子之政經也。」

張氏邦奇春秋説

一卷。

存。

---

①「挍」，依校記應作「校」。

經義考卷二百一

春秋三十四

呂氏枏**春秋說志**

五卷。

存。

江氏曉**春秋補傳**

五卷。

〔補正〕

明史志作「十五卷」。（卷八，頁十六）

未見。

杭州府志：「曉，仁和人，正德戊辰進士，歷官工部右侍郎，贈尚書。」

鍾氏芳**春秋集要**

二卷。

未見。

〔補正〕

今傳鍾芳春秋集要十二卷，此作二卷，與明史藝文志同。（卷八，頁十六）

〔校記〕

四庫存目著録作十二卷。（春秋，頁五一）

胡氏纘宗**春秋本義**

十二卷。

未見。

王氏崇慶**春秋斷義**

一卷。

存。

〔補正〕

明史志「斷義」作「析義」，「一卷」作「二卷」。（卷八，頁十六）

崇慶自序曰：「昔者吾聞諸夫子曰：『吾行在孝經，志在春秋。』而孟子推廣仲尼，則又曰：『其事則齊桓、晉文，其文則史，其義則丘竊取之。』吾是以知春秋聖人之心經也，因史而寓吾義焉爾也。然而聖人之義存乎取舍，聖人之取舍存乎是非，是故是非之來無恆，而後吾之取舍應焉，而何嘗有心於其間也？如此，則聖人可窺，後人之鑿可惡也矣。今夫人倫莫大乎君臣、父子、夫婦、長幼、朋友，始終莫大乎冠、昏、喪、祭、弔、賻、殯、葬，交際莫大乎朝覲、會同、盟誓、聘問，內外莫大乎中國、四裔①，潤色戡定莫大乎禮樂、征伐，省咎反躬莫大乎時之災祥、民之向背，巡行莫大乎省方、田狩，然而莫不有先王之法在焉。夫法，天之理也，人之紀也，不可亂也。理悖而紀亂，人之心滅矣，吾乃今然後知仲尼之悲周也。夫悲周因之於魯，探其原也，是故言魯所以正列國也，舉列國所以例魯也，又從而參之周，所以互見也，爲無窮防也。仲尼取舍之義微矣；然而經者，綱也，史之文也，有筆削焉；傳者目也，列國之事也，聖人取舍之心行乎其中矣。而謂字字而褒、字字而貶，豈所以論聖人也哉？故善觀春秋者必以傳，善觀傳者必以理，必自平心易氣始，平心易氣者必自無欲始。仲尼復起，必從吾言矣，作春秋斷義。嘉靖戊戌。」

---

①「裔」，文津閣四庫本誤作「方」。

楊氏慎**春秋地名考**

一卷。

未見。

〔校記〕

丁氏八千卷樓書目著録。（春秋，頁五一）

余氏本**春秋傳疑**

一卷。

未見。

王氏道**春秋億**

四卷。

未見。

霍氏韜**春秋解**

未見。

馬氏理**春秋備義**

未見。

鄭氏佐**春秋傳義**

未見。

黄虞稷曰：「佐，字時夫，正德甲戌進士，福建右參議。」

舒氏芬**春秋疑義**

未見。

姜氏綱**春秋曲言**

〔補正〕

明史志作「姜絅」。（卷八，頁十六）

十卷。

存。

黄虞稷曰：「綱，字幼章，金華人。正德丁丑進士，工部郎中。」

王氏漸逵**春秋集傳**

未見。

漸逵自序曰：「春秋者，大聖人所作之經，爲天下古今禮義不易之公案也。而論春秋者，乃有千載不決之疑二焉，曰凡例也、周正也。凡例見於三傳，漢、唐、宋之儒者皆從而附會之，雖以胡氏猶不免焉；惟朱子始破其說，以爲非聖人之意，而猶未明言以闢之也。近得甘泉湛氏作春秋正傳乃深斥之，然後凡例之說始弗信於天下。周正亦起於左氏，而漢、唐、宋之儒亦從而附會之，雖以朱子，猶不免焉，唯唐子西僅及之，而亦未得其詳也；近得周文安作辨疑集，始析而正之，而三正之說猶或遺焉。予謂三正之說，古無是制，亦無是言也；求之詩書，考之周禮，皆曰班朔事於諸侯，自此始耳，非謂改元也。自是而改時改月之言漸興，而天地陰陽之道乖矣。故予斷以周王無建子之制，夏歷爲百王之書，而春秋無冠月之訓，自以謂足以破千載不決之疑，不知博古君子以爲何如也？雖然，得聖人之意，而出於凡例時月之間，猶相千里之馬，而出於牝牡驪黄之外，此又讀春秋者之所宜知也。予既爲春秋古經義，以其辭簡奥，恐讀者晦焉，暇日偏觀諸儒之論，亦有精確得聖人之意者，裒爲集傳，俾學者一開卷而知之，無事乎揣測牽強之勞，庶幾明白簡易，而聖人正大之情見矣。」

林氏希元**春秋質疑**

未見。

季氏本春秋私考

三十六卷。

〔補正〕

明史志作「三十卷」。（卷八，頁十六）

存。

唐順之序曰：「春秋之難明也，其孰從而求之？曰：『求之聖人之心。』聖人之心又孰從而求之？曰：『求之愚夫愚婦之心。』或曰：『然則游夏何以不能贊也？』曰：『高與赤者，世傳以爲游夏之徒也，師說固宜有在焉者，其猶未免於說之過詳，與其諸家之紛紛者，又可知矣，可謂蔽於聖經而不以愚夫愚婦之心求春秋者也。』余爲是說久矣，儒者皆牽於舊聞，迂焉而莫余信也。間以語彭山季君，君欣然是之，於是出其所著春秋私考視①余，則公穀之義例、左氏之事實、諸家紛紛之說，一切摧破，而獨身處其地，以推見當時事情而定其是非。雖其千載之上不可億知，然以斯人直道而行之心準之，要無甚遠者，余是以益自信余之說有合於君也。君嘗師陽明王先生，聞致知之說，爲能信斯人直道之心，與聖人無毀譽之心同，其春秋大旨亦多本之師說，故其所見直截如此，至於地理古今之沿革、姓名氏族之流派、星歷之數度、禘郊嘗社、禮樂兵賦之纖悉，古今之所聚訟，皆辨析毫釐，務極核實，昔人所稱經師，莫之

---

① 「視」，依四庫薈要本、文淵閣四庫本應作「示」。

及也。」

錢謙益曰①：「近代之經學，鑿空杜撰，紕繆不經，未有甚於季本者也。本著春秋私考，於惠公仲子則曰：『隱公之母。』盜殺鄭三卿，則曰：『戍虎牢之諸侯使刺客殺之。』此何異於中風病鬼，而世儒猶傳道之，不亦悲乎？傳春秋者三家，杜預出而左氏幾孤行於世，自韓愈之稱盧仝以爲『春秋三傳束高閣，獨抱遺經究終始』，世遠言②湮，譌以承譌，而季氏之徒出焉。孟子曰：『始作俑者，其無後乎？』太和添丁之禍，其殆高閣三傳之報與？季於詩經、三禮皆有書，其鄙倍略同，有志於經學者，見即當焚棄之，勿令繆種流傳，貽禍後生也。」

周氏臣**春秋心傳**

佚。

陸氏釴**春秋輯略**

未見。

黄虞稷曰：「鄞縣人，正德辛巳第二人及第。」

---

① 「錢謙益曰」，四庫薈要本作「錢陸燦曰」，文淵閣四庫本作「私考駁正」，文津閣四庫本作「黄虞稷曰」。
② 「言」，文津閣四庫本作「年」。

黃氏佐**續春秋明經**

〔補正〕

明史志「續」作「纘」。（卷八，頁十六）

十二卷。

未見。

湯氏灺**春秋易簡發明**

二十卷。

未見。

黃虞稷曰：「潼川州人，正德十四年進士，除溧陽知縣，父没，廬墓次，遂不仕。」

梅氏鶩**春秋指要**一曰：「讀經律。」

一卷。

存。

胡氏居仁**春秋通解**

未見。

袁氏祥**春秋或問**一作「疑問」。

四卷。

〔補正〕

明史志作「袁詳」，「四卷」作「八卷」。（卷八，頁十六）

未見。

子仁狀曰：「吾父諱祥，字文瑞，怡杏其别號也。以大父菊泉所著春秋傳有獨得其奥，而人不易明者，因著春秋疑問四卷，以發其微旨。」

李氏舜臣**春秋左傳考例**

未見。

舜臣自序曰：「孔子作春秋至矣，而何説者索其言于例乎？蓋方之於天，苟求其故，寸短則尺長，此善則彼惡，春秋所以有例爾；然又有非左氏所及，至杜氏而始見者，亦通曰例，能不失其指，不必親出之左氏可矣。」

左氏讀

未見。

舜臣自序曰：「孟子曰：『詩亡，然後春秋作。』詩亡者，雅亡也，若風自邶①以下作者尚多，隱公以來，風實未亡爾。吾往讀詩，因考之左傳，遂讀左氏傳，四歲而畢，所得凡若干條。」

穀梁三例

未見。

舜臣自序曰：「三例者，時月日也。穀梁與公羊氏説春秋皆以時月日起例，然譬之組織，穀梁氏爲益精爾。夫日詳于月，月詳于時，今考之經，其或日者，果非無以是，故或例時而月，或例月而日，毫髮之察，非穀梁氏其孰能與於此乎？」

豐氏坊**春秋世學**

三十八卷。

〔補正〕

按：今傳豐坊春秋世學三十二卷。（卷八，頁十六）

〔校記〕

四庫存目作三十二卷。（春秋，頁五一）

---

① 「邶」，各本皆誤，應作「邶」。

未見。

黃氏乾行**春秋日録**

未見。

徐氏獻忠**春秋稽傳録**

未見。

獻忠自序曰："庚申冬，予自吴興抵還浦南村舍，計浹月無自遣也，假籍於叔皮氏，得春秋諸傳。往予見其精義，讀之三四過，至是再卒業，始見其説有所未安者數條；又左氏微瑣不入傳者，弗檃括則弗著，遂以臆説輔論之，名稽傳録。夫傳春秋，其大者三家，至胡氏始折其衷，故胡氏傳獨立於學官，博士弟子無不諷誦焉；至科士帖括，則有陳同父屬辭，發其義甚備，然則又何待予言也？然師友相問辨，雖仲尼睿聖，不能無望①於游夏之徒。至於傳義雜出，左氏綜其迹，公穀申其辭，後來諸所撰論亦甚廣，公穀自以輔左氏所不及，旨意盡矣；胡氏折衷其説，亦多所罷黜；然則春秋之義，辭簡而意深，其有窮盡邪？敢以是説併質之何子。"

---

① 「望」，文淵閣四庫本作「待」。

陳氏深春秋然疑

未見。

唐氏樞春秋讀意

一卷。

存。

潘季馴跋曰：「春秋讀意者何？一菴唐夫子讀春秋而得其意也。孔子曰：『吾志在春秋。』孔子之志，遏人欲，存天理，教天下興起其久汩之良心，觸動其暫萌之天覺，由此而察識之，由此而擴充之，則欲可遏、理可存矣。或者不察，乃曰：『春秋意在褒貶。』夫竊褒貶之權以賞罰天下，是僭也，正孔子所謂『罪我者，其惟春秋』也，此春秋讀意所由作也。知其意，則會盟征伐之迹、創霸紹霸之由、託始絶筆之故，皆可指掌而得之矣。馴於是經，童而習之，白首而未得其旨，瞶瞶然者逾三十年，讀此，重有省焉，若濯熱之清風，蘇蟄之迅霆也。隆慶庚午。」

陸氏粲左傳附注

五卷。

存。

春秋左氏鐫①

〔校記〕

四庫存目著録作「左氏春秋鐫」。（春秋，頁五二）

二卷。

未見。

粲自序曰：「太史遷言仲尼成春秋，魯君子左邱明受之，爲著傳，余以爲非也。左氏之文閎麗鉅衍，爲百代取則，然其指意所存，乃往往卑賤，不中於道，或爲奇言怪説，頗騖乎末流矣。蓋戰國之初，有私淑於七十子之徒者，不得與仲尼並時，又其書遭秦伏隱，及漢世，晚立於學官，自劉歆始定其章句，吾疑歆輩以意附益之者多也，作左氏春秋鐫以曉初學者，令觀擇焉。」

春秋胡傳辨疑

四卷。

〔補正〕

明史志作「二卷」。（卷八，頁十六）

---

① 「春秋左氏鐫」，各本同，陸粲自序及四庫存目作「左氏春秋鐫」。

〔四庫總目〕

朱彝尊經義考作四卷，注云：「未見。」此本祇上下二卷，實無所闕佚，殆彝尊考之未審歟？（卷二八，頁二八，春秋胡氏傳辨疑二卷提要）

〔校記〕

四庫著録作二卷。（春秋，頁五二）

未見。

粲自序曰：「昔仲尼作春秋，旨微而顯，至胡氏説經，庶幾得之。惜其或失之過，求辭不厭繁委，而聖人之意愈晦矣。余嘗欲著之論辨，而未能也，今謫居多暇，復披誦其傳，遇有疑處輒書焉，久而①成帙，以示從遊之士。多有駭而問者，余語之曰：『吾爲此，非敢異於胡氏也，實不敢異於孔子耳。』雖然，余敢遽以爲是哉？當質諸深於春秋者，儻取二三策乎否，則無惑乎諸君病吾言也。嘉靖辛卯春二月朔日。」

馮氏良亨**春秋解**

未見。

台州府志：「馮良亨，字子通，臨海人。嘉靖戊子舉人，慶遠府同知。」

① 「而」，備要本誤作「則」。

施氏仁**左粹類纂**

十二卷。

存。

黄省曾序略曰：「近世好左氏者，若吴郡守溪王公、無錫二泉邵公、河南空同李公，皆游涉二傳，樂而忘疲。予友施宏濟，博古敦行，潛心下帷，以春秋舉，乃析别二傳之文，自制命至於夢卜，定爲十有五目，以轄萃其言，凡十二卷，命曰類纂。於其隱而難通者，務酌諸家而曲暢其義，使學者不勞披觀，可以因類而求，沿文以討，若八音殊奏，聽之者易入而領也，其心可謂勤矣。」

陸元輔曰：「施仁，字宏濟，長洲人，嘉靖戊子舉人。」

廖氏暹**春秋測**

未見。

瑞州府志：「廖暹，字曰佳，高安人。嘉靖戊子舉人，除知武康縣，調詔安，歸與鄒東郭①講學，著春秋、四書測。」

〔補正〕

瑞州府志條内「鄒東郭」，「郭」當作「廓」。（卷八，頁十七）

① 「鄒東郭」，依補正、四庫薈要本、文津閣四庫本應作「鄒東廓」。

經義考卷二百二

春秋三十五

唐氏順之**春秋論**

一卷。

存。

左氏始末

十二卷。

存。

徐鑒序曰：「左氏始末者，毘陵荆川①唐先生所手編也。起自后妃，終乎禮樂方技，人繫其事，事歸

①「荆川」，備要本誤作「荆州」。

其彙，蓋取左氏所傳春秋二百四十二年行事與夫國語、史記、外傳。所錯出者，悉連屬而比合之，凡十四目，爲卷十二。嗚呼！前事之不忘，後事之師也。尼父裁其義，左氏核其事，先生輯其全，善雖小不遺，言無微不采，周之所以王、周之所以衰，華袞之所由榮，斧鉞之所由辱，上下千載，洞若觀火，是左氏羽翼乎聖經，而先生又羽翼乎左氏也，功顧不偉與？余既探先生之大旨，而校讎以廣其傳，間出管見，用資揚扢，庶幾不失先生編次之意云爾。萬曆甲寅。」

〔補正〕

徐鑒序内「外傳」上似脱「韓詩」二字。（卷八，頁十七）

族孫一麐序曰：「族大父荆川先生治春秋，謂聖人有是非，無毁譽，一本之人心，直道之自然。其於左氏，務使學者反覆參究，融會聯絡，以得乎所以見乎行事之實。且夫先經以起義與後經以終事，是左氏之所以善於考證也。而事或錯出，文或别見，則執經以求其斷案者，每病於條理之難尋，而屬辭比事之旨，因以不白於世。於是乃合其始末而次序之，以爲一書，然後事歸其類，人繫其事，首尾血脈通貫若一，而聖人善善惡惡之大法，所以榮黼袞而威斧鉞者，不待考之；義例之紛然，一開卷而瞭然，如在目中矣，豈非讀春秋者之一大快也哉！始末以左氏内傳爲主，而纖悉委曲有逸出於外傳、史記者，亦入焉。君子之於經籍之遺文，與其過而廢也，寧過而存之，在讀者愼取之而已。先生之弟應禮甫嘗預聞纂輯之大意，而謂是書不可以無傳也，故刻之家塾，而命一麐序其首。嘉靖壬戌。」

黄氏光昇**春秋本義**

未見。

熊氏過**春秋明志録**

十二卷。

存。

卓爾康曰："南沙熊過春秋明志録一書頗出新裁，時多微中，亦春秋之警策者，然於左氏牴牾，實有未安。"

俞汝言曰："南沙熊氏明志録，自爲之序，未免冗長。"

許氏應元**春秋内傳列國語**

未見。

杭州府志："應元，字子仁，錢唐①人，嘉靖壬辰進士。"

---

① "钱唐"，備要本作"钱塘"。

皇甫氏涍**春秋書法紀原**

未見。

錢謙益曰①：「涍，字子安，長洲人，順慶太守録之第二子也。嘉靖壬辰進士，除工部虞衡主事，改主客，歷儀制郎中；以貴溪薦，補右春坊司直兼翰林檢討；左遷廣平府通判，量移南刑部主事，進員外，陞浙江按察僉事。」

石氏琚**左傳叙略**

〔補正〕

明史志作「章略」。（卷八，頁十七）

三卷。

未見。

黄虞稷曰：「琚，字仲芳，益都人，嘉靖甲午舉人。」

---

①「錢謙益曰」，四庫薈要本作「錢陸燦曰」，文淵閣四庫本作「江南通志」，文津閣四庫本作「黄虞稷曰」。

馬氏森**春秋伸義**

二十九卷。

未見。

蔣垣曰：「森，字孔養，懷安人。與歐陽德、鄒守益、羅洪先講學相質正。」

春秋辨疑

〔補正〕

明史志作「辨類」。（卷八，頁十七）

二卷。

存。

森自序曰：「春秋之學，雖因諸傳以明；春秋之義，亦因諸傳以晦。胡氏之說，愚竊惑之，九江黄楚望氏固極其辨析之詳矣，新安趙子常氏又師其説而分爲屬辭八體，自謂能得聖人之旨，愚亦不敢以爲盡然也。愚本淺陋，上不能遡聖人之淵源，下不能究諸儒之詳說，疑之闕也久矣。近獲乞身養痾林下，因日記所見異同而録之，積有歲月，彙萃凡二十有九卷，竊不自量而存之，名曰春秋伸義。復撮其大相牴牾於胡傳者，録爲辨説，以證其必非改魯史之舊文，以求正於四方之賢，冀一參駁之，俾有所考訂而不陷於妄誕之罪，則庶幾可存，以備①一家之言，而所以説經者，於此未必無少補云爾。」

楊氏時秀**春秋集傳**

三十卷。

存。

時秀自序曰：「今世之業春秋者，皆宗胡氏，蓋遵明制也。窮鄉下邑之士，讀胡傳矣，而鮮能復讀左傳，一或詰之，則茫然不知事之本末，謂之通經可乎哉？予録是編，先之以經，繼之以左傳，俾欲通經者得以見事之本末，然必與經相發明者録之，否則不録也。至於左氏不備者，然後公穀得兼録，左傳難訓者，亦參用杜解於下，而胡傳前後屬比及旁引諸經，初學或未遽通者，亦略注之，庶一開卷間，大義曉然於誦習之餘矣。嘉靖乙巳，司農留都諸寮寀見之，輒手録焉，且勸之以共諸四方同志者，因鏤板行之。」

李騰鵬曰：「時秀，懷遠人，號禹峰。嘉靖乙未進士，歷官按察僉事。」

陳氏言**春秋疑**

未見。

---

①「備」，文淵閣四庫本誤作「補」。

言自序曰：「春秋，聖人之史也，而曰經者，文史而義經也。經之爲義，原於聖心，將以賞罰之衡寄之筆削，禮樂之典代乎天王，吾無疑焉爾。吾獨疑乎聖人之言如日星，而何其文之隱，迄於今而猶莫之裁也？吾又疑乎孔氏一私書耳，例不得與魯之史並行於時，安在其爲見諸行事而明周公之志於天下也？吾又疑乎非其位而託之乎南面，以誅奪之，不少讓也。彼謂左氏受經作傳者，吾無據焉，而吾又疑乎其言之實相表裏也。公穀之義例非經也，然而經亦自有義例也，而吾又疑其何所祖也。不寧惟是，其他以字以事以日以月參錯而互異焉者，吾又不能無疑也。嗚呼！聖典之湮，傳疏爲之也，專門者固名家者，鑿同異，駁糅説者徒欲取調人之義以平之，此不然，吾信吾是而已，吾所是者經而已。聖人之經，紫陽所云『直書其事而美惡自見』是已，吾惟據經以説經而已。經者，經也，不得已而救世立法者，其權也，權而不失其爲經也。尼父曰：『斯民也，三代之所以直道而行也。』由是觀之，謂春秋爲聖人直道之書可也，作春秋疑。」

趙氏恒**春秋録疑**

十七卷。

〔補正〕

按：今所行趙恒春秋録疑十二卷。（卷八，頁十七）

〔校記〕

四庫存目著録作十六卷。（春秋，頁五二）

未見。

黄虞稷曰：「恆，字志貞，晉江人。嘉靖戊戌進士，官姚安知府，著書時，以纊塞耳者三年，書成去纊，而耳已聾，其專心如是。」

魏氏謙吉**春秋大旨**

十卷。

未見。

春秋備覽

二卷。

存。

謙吉自序曰：「春秋以左傳爲案，經爲斷，而諸家注疏，大全斯備焉。予初讀是經，茫無旨趣，及取左傳、大全與文定注解互相考訂，始喟然歎曰：『緣是而求聖人之心，思過半矣。』復懼久而遺忘也，乃手録其有關於經要且切者，積久成帖，命兒輩藏之巾笥，總名之曰春秋備覽，蓋恐經未易窺，俾覽是編而有得也。及督學，曹君紀山請梓春秋大旨，予曰：『大旨既不敢私，是編宜並付諸梓，以翼大旨。』因引諸簡端，以見是編之所以梓云。」

黄虞稷曰：「柏鄉人，嘉靖戊戌進士，歷官兵部右侍郎，贈都察院右都御史。」

高氏拱春秋正旨

一卷。

存。

拱自序曰：「莫大乎君臣之義，而天子，天下之大君也；莫大乎聖人之道，而孔子，天下之至聖也。則尊王之義無或如孔子者，是故懼亂賊之有作而春秋作焉，以植天經，以扶人紀，正所以尊王也。而後儒不察，以爲孔子託南面之權，以賞罰天下，其説既成，乃沿襲至今，無復能辨之者。然此何所始哉？孟子云：『春秋，天子之事也。』孔子曰：『知我者，其惟春秋乎！罪我者，其惟春秋乎！』夫天子之事云者，謂其明文武之憲章，率諸侯以尊王室，非謂其假天子之權也。知我者，謂我尊周也，罪我者，文武之法明，則僭亂之罪著，諸侯惡其害己也。如此夫而後亂臣賊子懼也，其言固在，其理自明，而乃謂孔子自爲天子，命德討罪，以是知之，亦以是罪之，其亦誤矣。予昔也讀諸家之説，實有不安於心者，既乃以君臣之義而逆孟子稱述之旨，遂有以得其大意，顧方從宦，莫能筆之書也。歲壬申，歸田之暇，乃稍爲之叙其理，以正君臣之義，以明聖人之道。嗟呼！春秋果假天子之權，即孔子之書，吾不敢謂然也，而況出於後人之誤乎？謂春秋假天子之權，即孟子之言，吾不敢謂然也，而況出於後人之誤乎？尊王也，而與竊柄同，則竊柄者何誅？明法也，而與干紀同，則干紀者何責？茲實萬古綱常攸繫，予豈好辨哉？予不得已也。」

嚴氏訥春秋國華

十八卷。

〔補正〕

明史志作十七卷。（卷八，頁十七）

〔校記〕

四庫存目作十七卷。（春秋，頁五二）

存。

陸元輔曰：「嘗熟嚴公訥，中嘉靖辛丑進士，累官太子太保、吏部尚書、武英殿大學士，贈少保，謚文靖，其書分國，凡十八卷。」

黄虞稷曰：「萬曆乙亥徐栻、陳瓚爲序。」

王氏崇儉春秋筆意

未見。

陸元輔曰：「崇儉，山東曹縣人，嘉靖辛丑進士。」

李氏攀龍**春秋孔義**

十二卷。

未見。

錢謙益曰①：「攀龍，字于鱗②，歷城人。嘉靖甲辰進士，官至河南按察使。」

〔補正〕

按：本書卷二百五載高攀龍春秋孔義，書名、卷數與此皆同，高書見存，其兄子世泰序曰：「我伯父忠憲公有春秋孔義之書。」此署李攀龍名，疑即高書訛爲李也；但明史藝文志有李攀龍孔義，無高攀龍孔義，今姑仍之。（卷八，頁十七）

王氏樵**春秋輯傳**

十五卷。

存。

〔補正〕

---

①「錢謙益曰」，四庫薈要本作「錢陸燦曰」，文淵閣四庫本作「山東通志」，文津閣四庫本作「黃虞稷曰」。

②「于鱗」，文淵閣四庫本誤作「子鱗」，備要本誤作「子麟」。

按：今傳王樵春秋輯傳二十三卷，此云輯傳十五卷、凡例二卷，誤與千頃堂書目同。（卷八，頁十八）

〔四庫總目〕

是編朱彝尊經義考作十五卷，又別出凡例二卷，注曰：「未見。」此本凡輯傳十三卷，前有宗旨三篇、附論一篇，共爲一卷，與十五卷之數不符，蓋彝尊偶誤。（卷二八，頁三十，春秋輯傳十三卷、春秋凡例二卷提要）

〔校記〕

四庫本春秋輯傳十三卷、宗旨一卷。（春秋，頁五二）

春秋凡例

二卷。

未見。

〔補正〕

明史志作三卷。（卷八，頁十八）

〔四庫總目〕

又凡例二卷，今實附刻書中，彝尊亦偶未檢也。（卷二八，頁三十，春秋輯傳十三卷、春秋凡例二卷提要）

樵自序曰：「孔子因魯史而作春秋，孔子未之言也，而孟子言之，春秋之要，非孟子不能知也。傳之者三家：左氏見國史，多得其事；公穀經生講授，多得其義，雖各紀其近聞，時有舛駁，要皆去孔門未遠。今居千載之下，謂三傳可束高閣，欲以己意立説者，非通見也。三傳之後，惟啖氏、趙氏、陸氏可謂通經，不泥於專門之陋，爲輯傳①、辨疑、纂例各若干卷，條理燦然，其有功於春秋多矣。程子嘗作傳而未成，朱子以此經未易言，故未暇爲書，而其平日講論所及，皆闡春秋大義，至其因通鑑而修綱目，綱倣春秋，目依左氏，綱以著道法，目以備事辭，其書法之義，固皆春秋之旨也，然則朱子雖未爲書，而於聖人竊取之義，可謂繼程子而得其心者矣。其未爲書之意，亦以胡文定公作傳，謂事按左氏，義采公羊、穀梁之精者，大綱本孟子，而微辭多取徵程氏，其言當矣。雖然，理明義精如程子，固猶謂其微辭隱義，時措從宜者爲難，知其間多所闕，而未言與夫言而尚略者，蓋難之也，則文定其肯自謂皆已得聖人之意乎？此非一家之學也。故愚自三傳以下，采輯異同，以資研討，頗不主一家，其有未合，不敢臆決，大概皆本朱子之意，朱子之意固即程子之意也。夫不繆於程朱而有裨於文定，則愚區區私録之意乎？又因文定綱領七家之説而廣爲之宗旨三篇、附論一篇，因陸氏纂例而修之，爲凡例二十篇，雖於聖人筆削之意、先王經世之法不敢妄議，然程子曰：『善者求言必自近，易於近，非知言者也。』今言則備矣，誠不以其近而忽之，豈無有因言而得之者乎？雖非所及，願與同志者共之。」

---

①「輯傳」，各本皆誤，依補正應作「集傳」。

〔補正〕

自序内爲「輯傳、辨疑」，「輯」當作「集」。（卷八，頁十八）

李氏先芳**春秋辨疑**

未見。

王氏世貞**春秋論**

四篇。

存。

錢謙益曰①：「世貞，字元美，太倉人。嘉靖丁未進士，除刑部主事，歷郎中，出爲青州兵備副使，歷山西按察使，入爲太僕卿，以右副都御史撫治鄖陽，遷南大理卿、應天府尹。乞歸，起南刑兵兩部侍郎，拜刑部尚書。」

汪氏道昆**春秋左傳節文**

十五卷。

---

①「錢謙益曰」，四庫薈要本作「錢陸燦曰」，文淵閣四庫本作「江南通志」，文津閣四庫本作「黄虞稷曰」。

存。

錢謙益曰①：「道昆，字伯玉，歙縣人。嘉靖丁未進士，仕至兵部左侍郎。」

吳氏國倫**春秋世譜**

十卷。

未見。

錢謙益②曰：「國倫，字明卿，興國人。嘉靖庚戌進士，授中書舍人，遷兵科給事中，左遷南康府推官，調歸德，起知建寧、邵武二府，又調高州，擢貴州提學副使、河南參政。」

陸元輔曰：「其書以春秋列國事實見於史記及他書者，分國爲諸侯、世家，予得其手寫本，尚未刊行。」

徐氏學謨**春秋億**

六卷。

存。

---

① 「錢謙益曰」，四庫薈要本作「錢陸燦曰」，文淵閣四庫本作「江南通志」，文津閣四庫本作「黄虞稷曰」。

② 「錢謙益」，四庫薈要本作「錢陸燦」，文淵閣四庫本作「谷應泰」。

學謨自序曰：「説經者宜莫難於春秋，非説之難，能明聖人之意之難也。今之説春秋者，類以左氏爲之證，而參以公穀二家，彼其因事以屬辭，緣辭以命例，事同則辭同，辭同則命例宜無不同，然而正變相錯，權衡互異；若繼弒①，一也，或書即位，或不書即位；紀元，一也，或書王正月，或不書王正月，或單書春王而不書正月；伐國，一也，或名或不名，或爵或不爵；專將帥師，一也，或去其公子，或不去公子；弒君，一也，或明其爲弒，或不明其爲弒。乃三家各就其詞而爲之説，求之春秋之本文，而其説皆無有也。以春秋之本文獨行於世，千載之下，雖聖人復起，不能指其詞之所之也，故學者不得不據傳以求經。夫經之爲言常也，簡易明達之謂也，聖人作之，將以垂憲於無窮，而乃故②爲微曖難明之詞，若置覆焉，而須傳以爲之射，則何異於日月之借光於皭③火乎？必不然矣。按班固藝文志云：『仲尼傷杞宋之亡，徵以魯周公之國，禮文備物，與左邱明共觀史記而修春秋。當其時，秖以口授弟子，左氏懼其異言失真，乃因本事以作傳。』信斯言也，則經與傳有輔車之倚焉，不當獨推尊孔氏矣；即令附春秋而作，其事詞已無不可信，而又何有於公穀？二家乃漢初鼎列於學宫④，而尹氏君氏、盟蔑盟昧、築郿築微、厥憖屈銀之文，又輒與左氏相齟齬者，不可勝紀。夫經文一也，然且彼亦一是非，此亦一是非，况其有無疑似，微曖難明者乎？故知三家各受師承，以口説流行，即左氏亦孔子以後之書，自漢以來，經從

① 「弒」，備要本誤作「世」。
② 「故」，文淵閣四庫本作「欲」。
③ 「皭」，依補正、四庫薈要本、文淵閣四庫本應作「爝」。
④ 「學宫」，四庫薈要本、文津閣四庫本俱作「學官」。

傳出，馬端臨以意增損之疑不爲無謂，而南宋大儒顧復取其以意增損之詞爲之懸想臆度，斷以聖人之特筆在是，以其可解者謂之正例，而以其不可解者強名之曰變例，至謂仲尼見諸行事之實，以天自處，削天於王，奪位於國，去氏族於卿大夫，略無顧忌，雖一時進御之言，意在納約，然謂之説傳則可，謂之説經則不可，亦何怪乎求之愈深而失之愈遠也。聖人之意其尚可得而見邪？聖人之意簡易明達，要以仍人道、正王法、善善惡惡、是是非非、刪繁舉要、據事直書，如斯而已，故繫王於天，則文武之威靈猶在，託筆於史，則周公之袞鉞具存，即有褒諱貶損，皆天子之事、史官之職也，而舉不以己與焉。夫是以二百四十二年諸侯、卿大夫之功罪，不必屑屑焉衡較於爵氏名族之予奪，而其情固莫之遁矣，故曰：『其事則齊桓、晉文，其文則史，其義則丘竊取之。』説春秋者，孰有深切著明於孟氏者哉？愚不自揆，填鄖之隙，因感杜征南在襄陽時箋釋左氏，乃重掇三傳，併范、楊、何、孔諸家疏解與胡氏之傳，猥加裒輯，稍略其正變之例，缺其有無疑似之文，秖采其説之不詭於理者，以符會孔子竊取之義，而彙爲一書，名之曰春秋億，凡如干卷，亦知其不可以幸中第，無敢狥傳蔑經，隨人射覆，以坐失聖人之意云爾。萬曆丁丑夏。」

〔補正〕

自序内「於曥火乎」，「曥」當作「爝」。（卷八，頁十八）

經義考卷二百三

春秋三十六

姜氏寶春秋事義考

二十卷。

存。

〔補正〕

按：明史藝文志作「事義全考」。又按：今傳事義全考十二卷。（卷八，頁十八）

〔四庫總目〕

寶有周易傳義補疑，已著録明史藝文志，朱彝尊經義考俱載。是書二十卷，而此少四卷，然檢其篇帙，未見所缺佚，或别有附録而佚之歟？（卷二八，頁三二，春秋事義考十六卷提要）

〔校記〕

四庫本十六卷。（春秋，頁五二）

春秋讀傳解略

二十卷。

〔補正〕

明史志作十二卷。（卷八，頁十八）

未見。

寶自序曰：「春秋爲聖人傳心之要典，百王不易之大法皆在此書，而胡氏傳乃本朝所主以課士，予①何敢有可否於其閒哉？聞之程子云：『以傳考經之事迹，以經別傳之真僞。』朱子云：『左氏，史學也，記事者取焉；公穀，經學也，窮理者取焉。予嘗據是以求之，以爲學是經者不當於一句一字求聖人之褒貶，第觀其所書之實，以求是非善惡之至當，考之詩所由亡。』由成周政治之衰而爲春秋之所由作，考之左之所以史，公穀之所以經；又考之經於以別傳之真僞，於以求聖人所謂知我罪我者，在因筆削以寓褒貶，嫌於天子之賞善而罰惡爲聖人所不敢當，故自於其義爲竊取，而非胡氏所謂託二百四十二年南面之權，聖人自以其褒貶敢於代天子賞善而罰惡也。如是以求，庶可以得聖人之心乎？胡氏自成

---

①「予」，文淵閣四庫本誤作「子」。

襄而後多無傳，今悉纂著之，庶幾未明者明，未備者備，因名之曰事義全考云。萬曆乙酉冬。」

黃虞稷曰：「疏胡傳之義以便學者。」

孫氏應鰲**春秋節要**

未見。

林氏命**春秋訂疑**

十二卷。

未見。

黃虞稷曰：「命，字子順，建安人。嘉靖二十三年進士，廣東按察司副使。」

方氏一木**春秋要旨**

未見。

休寧名族志：「一木，字近仁，嘉靖乙卯舉人，官台州府同知。」

顏氏鯨**春秋貫玉**

六卷。

〔補正〕

明史志作四卷。（卷八，頁十八）

存。

鯨自序曰：「嘉靖己酉冬，讀禮山中，檢閱遺經，至春秋左氏，患其博記錯陳，得劉蘆泉左傳類解，深有契於衷，又取公羊、穀梁、胡氏，采其文古而義美者，又取諸家注疏，得其事核而意明者手抄之，凡三閱寒暑始就，名之曰春秋貫玉，藏之巾笥。」

陳氏錫**春秋辨疑**

一卷。

存。

錫自序曰：「春秋有三道焉，曰天道：則歷法也，災異也，化氣也，於是乎考；曰地道：則分野也，設險也，則壤也，於是乎寓；曰人道：則禮樂也，刑政也，防微杜漸也，於是乎正。嘗自言曰：『吾志在春秋。』又曰：『義則丘竊取之。』又曰『知我者，其惟春秋乎』，知其志也；『罪我者，其惟春秋乎』，罪其立義也。其不得已之故，略可想矣。後世傳者，務以己意説理於筆削二字，妄以改時易歲、黜周王魯與貶爵削地，自操無位之權，反使孔子冒不韙之罪焉，如知①之謂何？若陳傅良氏爲之推原聖意，獨

① 「如知」，文淵閣四庫本作「知我」。

爲有見，然世未通知，而胡氏之傳遂用以取士，舉世莫敢不遵焉。但古今一理，聖愚一心，於心有未釋、理有未定，即如朱子，蓋嘗言之，愚亦置其喙焉，謹訂天地人三道，以俟觀者。」

王氏錫爵**春秋日録**

三十卷。

存。

左氏釋義評苑

二十卷。

存。

許氏孚遠**春秋詳節**

〔補正〕

明史志作左氏詳節。（卷八，頁十八）

八卷。

未見。

穆氏文熙春秋左傳評林測義

三十卷。

存。

任氏桂春秋質疑

四卷。

存。

桂自序曰：「春秋一經，斟酌萬變而不離乎常也，曷意擅改正月，則曰夫子行夏之時？貶斥侯王，則曰『春秋，天子之事』？兄後其弟，則曰爲人後者爲之子？殊不知書王正月，以遵一王之制，示萬世臣子以分也，分也者，所以訓實者也；楚子、吴子正以示班爵之則，示萬世臣子以名也，名也者，以臣覿君之謂，實非君臣，文將安施？天親不可以人爲實，非父子，名奚而取？虚時之例，大義數十，正以示時政之缺，經世之略，實在於是，乃曰爲天地備四時，四時果賴是而後備乎？天下固無擇母之子，經於風氏所以不屑夫人之稱；母以子貴也，則謂其爲背禮，豈不陷人於不孝？君臣之義，無所逃於天地之閒，經於衛鱄，所以直攻其奔晉，晉乃保逆賊甯喜者也，則謂其合乎春秋，寧不陷人於不忠？予桓文之霸，特取尊王，則譏侵楚爲專兵，圍衛爲報怨，是昧安周之義矣，何以勸後世之功？討趙盾、許止之罪，實誅邪謀，則但責盾以不越境、止以不嘗藥，是昧故殺之獄矣，何以訓後世之刑？外性以言道，是謂非道，外性以言學，是謂非學，宏綱大旨，是非失實，家傳人誦，趨向同風，本欲經正而庶民興，豈意道微而橫議起，此愚之所以恐恐於懷而未之能釋然者也。使疑而妄焉，何損於人？使疑而是焉，寧不大可懼哉？吾爲此懼，憤日月之蝕，抱嫠婦之憂，肆芻蕘之言，就有道之正。竊謂彝倫倒置，不可以不慎，失則相從於昏，人心陷溺矣；賢否混淆，不可以不明，失則相從於僞，小人得志矣。儻承好學君子察采於萬分之一，獲涓埃之益，補斯文之缺，則末學何幸。若夫莊公去年娶婦，今年嫁女，叔服今年卒，他年又有星孛之占，差錯小疵，無關於世教者，豈愚所屑屑哉？嘉靖乙巳。」

陸元輔曰：「桂，寶安人，從學湛若水，其書首爲總義十六條，而後隨經文解之，一曰書法、二曰時月、三曰天王、四曰諸侯大夫、五曰君臣父子、六曰適妾、七曰妾母、八曰五霸、九曰鑒衡、十曰慎獨、十一曰正朔、十二曰閏月、十三曰等第、十四曰朝聘、十五曰經傳考、十六曰復讎論，其說多有可采。序中『天親不可以人爲實，非父子，名奚而取』，未免趨合世宗，尊興獻之意矣。」

袁氏仁**春秋鍼胡編**

〔校記〕

四庫本作春秋胡傳考誤。（春秋，頁五二）

一卷。

存。

仁自序曰：「左氏、公羊氏、穀梁氏皆傳春秋者也，傳未必盡合乎經，故昔人詩云：『春秋三傳束高閣，獨抱遺經究終始。』卓哉！宋胡安國憤王氏之不立春秋也，承君命而作傳，志在匡時，多借經以申其説，其意則忠矣，於經未必盡合也；況自昭定而後，疏闕尤多，歲中不啻十餘事止一傳或二傳焉，其閒公如晉、公如齊、公會吴於鄫之類，皆匪細事，皆棄而不傳，則非全書也明矣。吾祖菊泉先生以春秋爲仲尼實見諸行事之書，不可闕略也，潛心十載，别爲袁氏傳三十卷，校之胡氏傳幾五倍之，吾父怡杏府君復作或問八卷①以闡其幽，釋春秋者，於是乎有完書矣。虚心觀理，靡恃己長，故不爲訶斥之論；折衷群説，理長則從，亦未嘗有意擊胡。予謂世業春秋者，所尊惟胡，而胡多燕説，不可不闡發以正學者之趨。夫春秋大一統，吴楚僭王，孽庶奪嫡，皆其所深誅也，主傳而奴經，信傳而疑經，是僭王也，是奪嫡也，烏乎可？作鍼胡編。」

〔補正〕

自序内「作或問八卷」，「八」或作「四」，明史志作八卷。（卷八，頁十九）

傅氏遜春秋左傳屬事

〔校記〕

四庫著録作左傳屬事。（春秋，頁五二）

二十卷。

---

①「八卷」，四庫薈要本作「四卷」。

未見。

王世貞序曰：「昔者夫子春秋成而三氏翼之，左氏嘗及事，夫子其好惡與之同，而又身掌國史典故，其事最詳而辭甚麗，公穀二氏私淑之子夏，而以能創義例，有所裨益於經學，士大夫習之。左氏初不得與二氏並重，其後獲立於學官，而晉征南大將軍杜預深究其學，杜預之傳行而公穀不得與並矣。宋有胡安國者，以爲獨能得夫子褒貶之微意，衷三氏而去取之，自胡氏之傳行而三氏俱絀。獨爲古文辭者，尚好左氏，不能盡廢之，而所謂好者，好其語而已，於是稱左史者，舍經而言史，大抵史之體有二：左氏則編年，而司馬氏又紀傳、世家。編年者貴在事，而紀傳、世家貴在人；貴在事，則人或略而尚可徵，貴在人，則事易詳，而於天下之大計不可以次第得。然自司馬氏之紀傳行，而後世之爲史者，亡所不沿襲，雖有荀悦、袁宏編年書出，然不甚爲世稱説，而能法左氏之編年者，司馬光所著資治通鑑可以繼之，而上下千餘年，其事爲年隔，於是建安袁樞取而類分之，名之曰紀事本末。吾鄉傅遜氏少爲胡氏春秋，而心獨儀左氏，乃用袁樞法而整齊之，其大體先王室、次盟主、次列國、次外國，取事之大者與國之大者比，而小者附見焉，不必如訓詁家之所謂張本爲伏爲應，一舉始而終遂瞭然若指掌，其他句爲之故，字爲之考，雖不能不資之杜氏，舛僻者亦掊而正之，必使無負乎左氏而後已。故執杜氏以治左氏，十而得八，執傅氏以治左氏，十不失一，故夫傅氏者，左氏之慈孫，而杜氏之諍臣也。」

潘志伊後序曰：「往歲予與諸同籍聚晤京師，有謂袁機仲通鑑紀事本末便於覽讀，而前有左傳，恨無有如其法而輯之者。予以授同門友傅遜士凱氏，士凱因更張附益之，國以次叙，事以國分，先後相續，巨細相維，傳事既無漏矣；又將杜氏集解變其體裁而革其訛謬，辨誤精核，必傳無疑，此足以列紀事本末之前矣。去歲秋杪，士凱適補建昌學諭，遂諷令建昌陳令板行之。予每慨近世科舉之習日趨簡便，蘇子瞻所謂束書不觀、遊談無根者，殆尤甚矣。今臺省諸公思挽其弊，屢建白，欲得窮經讀史、博古通今之士，以當科目之選，則斯編也，其可幽伏而不使之播揚邪？第人情忽於近見而慕於遠聞，誦古人遺書，追憶其人，或不免有隔世之歎，設遇其人而與之處，則安爲故常而不見其殊異，使見其異，則又爲衆所嫉而不容於世，此古今賢豪所以多坎壈之悲也。吾於士凱而深有感焉。既訖工，鳳洲先生序其前，遂紀其本末以繫之後。萬曆乙酉秋九月。」

遜自序曰：「古史之存寡矣，惟左氏釋經以著傳，故魯二百五十五年之史獨完，而諸國事亦往往可以概見，其閒英臣偉士、名言懿行，猶足爲世規準；至戰陳、射御、燕享、辭命、卜筮，皆非後世之所能及，蓋以去古未遠①，而先聖之法尚有存焉故也。然體本編年，而紀載繁博，或一簡而幾事錯陳，或累卷而一事乃竟，或以片言而張本至巨，或以微事而古典攸徵，茲欲遡流窮委，尋要領而繹旨歸，蓋亦難矣。自司馬子長變古法爲紀傳、世家，而後之作史者卒不能易名；編年者，荀悦以後無慮四十家，而書多不存，事無通會，至宋司馬文正始萃一千三百六十二年之事以爲通鑑，而趙與智減，實以上接左氏襄子甚智伯事。建安袁氏復因之，以纂紀事本末，使每事成敗始終之迹一覽而得，讀史者咸便之。遜嘗欲祖其法以纂左傳事，而先師歸熙甫謂當難於通鑑數倍，遜頗悟其旨，取王敬文藏本而成焉。懼其事繁紊且遺也，故於諸國事各以其國分屬，而仍次第之。於時王道既衰，霸圖是賴，

① 「未遠」，文津閣四庫本誤作「求遠」。

故以霸繼周，而凡中外盛衰、離合大故，皆使自爲承續而不列於諸國之中，以其文古，須注可讀，而元凱集解乃多紕繆疎略，或傳文未斷而裂其句以爲之注，意義難於會解，故竟其篇章而總用訓詁於後，并參衆説，酌鄙意，僭爲之釐正焉，名曰春秋左傳屬事，頗自謂得古人讀史之遺意，有助於考古者之便云。然袁氏書爲世所好，而事多遺脱，稍有錯誤，若得爲之補其遺、正其誤而更益之，以宋與元，使數千百年成敗興衰之故，皆得並論而詳列之，豈非生平之一快也哉？而未敢必其能與否也。噫！理難至當，人莫自知，以古人之賢猶不能無失，矧遜於古人，無能爲役，寧不百其失乎？惟祈知言之君子不鄙而教之。萬曆乙酉。」

春秋左傳注解辨誤

〔校記〕

四庫存目作左傳注解辨誤。（春秋，頁五二）

二卷。

存。

遜自序曰：「遜編左傳屬事，以不可無注雅愛杜注，舉筆録之，既得吾郡先達陸貞山附注，皆正杜誤，與鄙意多合，又會衆説而折衷之，創以己意而爲之釐正焉，實於心有不安，敢爲忠臣於千載之下耳。萬曆癸未。」

左傳奇字古字音釋

一卷。

存。

春秋古器圖

一卷。

存。

嘉定縣志：「傅遜，字士凱，師事歸有光，其文長於論今古成敗。倭寇圍崑山，請縋城出，詣軍府告急，乞師得解圍，人服其才，略好春秋左氏，更爲之注，參互以訂杜氏之訛，具論事之得失，悉中肌理。」

王氏升**讀左氏贅言**

未見。

黄虞稷曰：「升，字士新，宜興人，嘉靖中，歲貢生。」

丁氏鈇**春秋疏義**

未見。

黄虞稷曰：「鈇，字君武，南直隸通州人，貢士，官平谷知縣。」

謝氏理**春秋解**

未見。

陳氏林**春秋筆削發微圖**

一卷。

未見。

李氏景元**春秋左氏經傳別行**

六卷。經一卷，傳五卷。

未見。

顧氏起經**春秋三傳鼂乙集**

佚。

素臣翼

佚。

竈觚餘談

佚。

薛氏虞畿春秋別典

十五卷。

存。

虞畿自序曰：「昔孔子將作春秋，與左邱明乘如周，觀書於周史，歸而作經，邱明作傳，其於二百四十年之蹟，蓋目睹而備言之也，惡有所謂別典哉？然舊史遺文無關聖筆，左氏捐而不録者衆，劉知幾謂邱明紀載當世得十之四，豈非深慨乎記事之未周與？予嘗閲往牒，見春秋君臣舊事散著百家，皆三傳所弗録，閒或微掇其端而未究其緒，存其半而不撮其全，心輒觖然，不自揆度，略仿左氏例，仍分十二公以統其世，稽三傳之人以繫其事，年不盡攷而附諸人，人不盡知而援諸事，參稽互證，纖鉅兼收，庶幾哉舊史遺文如在焉。僭謂言略成乎一家，功可裨於三傳，題曰春秋別典，別於三傳也，書凡一十五卷。」

弟虞賓曰：「先仲氏輯春秋別典未脱稾，不幸下世，郭郡公棐用、唐祠部伯元言亟取而序之，臚其目於郡乘藝文志中，走復參互攷訂，删其繁複者什一，補其闕略者什三，仲氏列章縫治博士家言，出其餘力從事於此，志未信而年促，責在後人，走愧纘承，殫精極慮，聊以自塞其責云爾。」

經義考卷二百四

春秋三十七

姚氏洛**春秋名臣傳**①

十三卷。

存。

皇甫汸序曰：「春秋國異政，官殊制，未嘗人人具列其事也。司馬遷所取若魯之柳下惠、吴之季札、晉之叔向、鄭之子産、齊之管晏、越之范蠡、文種，僅數十子耳；厥後王當撰列國諸臣傳，效法遷史，凡一百三十四人，系以贊辭；近司寇大庾劉公撰春秋列傳，其善惡賢不肖、得失治亂昭焉。錫山邵文莊公晚取春秋諸名臣言行録，纂述成編，彌留之日，寢堂弗戢，燎原爲災，藏山毁草，惜哉！皇山姚隱

① 「春秋名臣傳」，文淵閣四庫本誤作「春秋名世傳」。

君取文莊之意，補輯其書，傳始於周辛伯，迄於虞宫之奇，凡一百四十八人，勒爲一十三卷，挍①王生所撰，文簡而事精矣，門人安茂卿取而梓之。」

咨自序曰：「邑先達邵文莊公嘗讀春秋左氏傳，凡其人之嘉言善行，與其隱顯聞望、生榮死哀，可以昭旂常、炳緗素者，始於周之辛伯，以迄虞宫之奇，得一百四十八人，爲書一十三卷，以準一年十二月之數，餘其一以象閏，亦例春秋也。書未梓行，公遽捐館，遺目録并小論於世，或謂公時不逮志，或謂將脱稾罹鬱攸之變，豈斯文未喪，天不俾一人專之，而欲分其美於後人邪？余生也晚，未由趨公之門牆，忝交於郡博萃君明伯，明伯②乃公門人補庵比部冢嗣也，曩示茲目，要予纂補；且故友施子羽、陸一之僉慫慂之，曰：『非汝，誰與任者？』予久食貧，餬口四方者五十餘年，遘疾齋居，三易裘葛，僅勒成編，門人安茂卿請授剞劂，遂許之。」

黄虞稷曰：「咨，字舜咨，無錫人。先是邑人邵寶爲是書，未竟，咨因續成之。」

凌氏稚隆**春秋左傳注評測義**

七十卷。

〔四庫總目〕

朱彝尊經義考作七十卷，浙江通志作三十卷，此本與彝尊所記合，知通志爲傳寫誤矣。（卷三十，頁

① 「挍」，文津閣四庫本作「較」。

② 「明伯」二字，文津閣四庫本脱漏。

二八，春秋左傳評註測義七十卷提要）

〔校記〕

四庫存目「注評」作「評注」。（春秋，頁五二）

存。

王世貞曰：「以棟少習春秋而於左氏尤稱精詣，中年以來，乃盡采諸家之合者薈蕞之，發杜預之所不合者而鍼砭之，諸評騭左氏而熾者皆臚列之，左氏之所錯出而不易考者，或名、或字、或謚、或封號，咸置之編首，一開卷而可得，以棟其忠於左氏、杜氏者哉！」

錢氏應奎**左紀**

〔補正〕

明史志作左記。（卷八，頁十九）

十一卷。

存。

邵氏弁**春秋通義略**

二卷。

〔補正〕

明史志作春秋尊王發微十卷。（卷八，頁十九）

存。

弁自序曰：「昔仲尼因魯史修春秋，傳其學者三家，師説相承，褒貶爲義，愚竊以爲不然。春秋有是非而無褒貶，褒貶，一人之私也；是非，天下之公也。因天下之公是公非而無所毁譽，此春秋之志也。要之，春秋之教不越二端而已，故或同辭而同事，或異辭而同事，或異事而同辭。同辭同事者，正例也；異事異辭者，變例也。例以通其凡，辭以體其變，而經教立矣，奚取於褒貶哉？故正例之是非統於事，比事而天下之大勢可明也；變例之是非顯於辭，循辭而每事之得失可考也。不通乎例者，不可以語常；不達乎辭者，不可以盡變。説者繫日月於褒貶，析予奪於名稱，謂夷夏①皆由聖人之進退，亂臣賊子皆由仲尼之誅討。夫日月本乎天運，何心於褒貶？名爵定於王朝，何柄而予奪？夷夏②盛衰，天下大勢也，豈空言所能進退？亂賊誅討，列國政刑也，豈後世可以虚加？若進退由於仲尼，則進吴楚而退齊晉，聖人乃無意於安攘；誅討可以虚加，則刺公子買而奔慶父，孔子爲失刑矣；又其甚者，魯桓有弑君之惡，反歸罪於天王，至於桓無貶焉，則是罪坐於鄰之人而庇匿其主也；季氏有逐君之惡而先正乎定昭，季氏乃無譏焉，則是畏彊禦而弱其君也。故以褒貶爲例，其例不可通也；以褒貶命辭，其辭不可訓也。膏肓廢疾，深痼學者之見聞；邪説詖辭，汩没聖經之宗旨，使春秋之大義不明而體統不立，

①② 「夷夏」，文津閣四庫本作「王霸」。

何由定天下之邪正哉？殊不知分之通於天下者，周爲主；事之通於列國者，魯爲主。春秋書王，所以通其分於天下也，故列五等，序王爵也；不列於五等，吴楚之君，非王爵也。凡登名於策書，有王命者也；不登名於策書，無王命者也。禮樂征伐以達王事於天下，故曰：分之通於天下者，周爲主。春秋書公，所以統其事於國内也，故本國之君大夫出入，必書本國之政事，廢舉必書；他國之事，接我則書，來告則書，詳内事，略外事也，故曰：事之通於列國者，魯爲主。主周，則周之名分仲尼何敢紊焉？主魯，則魯之典禮仲尼何敢變焉？故策書所載，有其事，不敢隱也；無其事，不敢加也。事與詞，皆從實録而已。事之所比爲正例，正例者，通論之勢也；詞之所之爲變例，變例者，即事之教也。爲例之體二：謂大事必書之體，謂常事特書之體。大事必書，或書而變常者，變例也；常事不書，以非常故書者，正例也。比事而成例，循事而命辭，事辭皆從實録，所以傳信也，舊史有闕文，存而不削，所以傳疑也。傳疑、傳信，史家之法也；因是、因非，大道之公也。史以正王法，經以明王道，史法立而大道行矣，何以褒貶爲？昔韓退之有言：『春秋三傳束高閣，獨抱遺經究終始。』旨哉斯言！惜無成書以示後世，唐之陸淳、啖助、趙匡，此三家者與韓公同時，議論相若，予故有取焉。嘉靖癸丑，避寇幽居，文籍罕接於目，坐臥以經自隨，久之，日有所記札，輒疏爲或問一卷、凡例輯略一卷、屬辭比事八卷，總名之曰春秋通義略，非敢傳之人人，以俟後世之揚子雲焉爾。」

張氏事心**春秋左氏人物譜**

一卷。

存。

事心自序曰：「春秋之書人也，或以名，或以字，或以官，或以爵，或以其諡號、食邑，蓋褒貶存焉。左氏於春秋中諸人之名字、官爵、諡號、食邑，素習口吻者，至於作傳，或連年之事，前書名而後書字；或一章之中，首書爵而末書諡，蓋信筆所到，初無意義於其閒也，而讀者彼此錯綜，紛然莫辨，甚至於以一人爲二人、以二人爲一人者，而況能溯其本始支分者乎？杜元凱癖左氏，有集解、有凡例、有盟會圖、有長歷，而又有世族譜，蓋以叙世系而明族姓，則其於人物源派意必精詳可觀也，乃其書今亡之矣，僅於注疏中見一二焉；又有著名號歸一者，歸而未盡，而前後且失次；又有著繫年及族號者，族而未詳，而挂漏且什三。余讀是書，自隱初至哀末，凡録二千五百三十九人，名之曰春秋人物纂，其於每人名字、諡號亦粗詳矣，然世系竟未能貫始徹終，而各國亦未能兼收而並覽也。復取所纂者分國而彙編之，首世系，次中宫，周曰中宫，列國曰壼内。次子姓，則世系莫考者；次先王先后，列國曰先公先妃。則春秋以前者；次先裔，則本國先世支庶也；次古先裔，則古昔聖哲苗裔也；次世族，則本國功臣巨室也；而終之以臣庶。此八目者，隨諸國之有無增損焉，不能諸國一一備也；而孔門特立一目者，尊宣聖也。其古先人物，則起自上古，止商紂，另爲一項於周前者，皆傳中所引也。編成，因名之曰春秋左氏人物譜，以明系表世，若家乘焉，故曰譜也。讀左得此，庶不至誤名號而迷本原，或亦可以補世族之缺乎？」

徐㘭序曰：「吾鄉張子静先生，博雅閎覽，人號書簏，生平所著述甚夥，垂老以貢爲海澄廣文，罷歸，貧日甚。先生①既没，其所著作，十九散落，悽然傷之。今歲偶過友人張道輔家，得其春秋人物譜，皆先生手録草稾，蟲蠹半蝕，點竄糊塗，覽者莫尋頭緒，予乃攜之長溪龜湖僧舍，旅次閒寂，嚴加校訂，初稾渾爲一卷，予分十二公而羅列之，重爲繕寫，井然有序，第首尾糜爛，尚有缺文，客中無書，未遑考補，俟質諸沈酣麟經之士，再屬爲增定，以成全書，傳之來禩②，未必於經學無少補云。」

黄虞稷曰：「張事心，字子静，福清人。」

鄭氏良弼**春秋或問**

十四卷。

未見。

春秋存疑

一卷。

未見。

---

① 「先生」二字，四庫薈要本脱漏。

② 「禩」，四庫薈要本、備要本俱作「禩」，文淵閣四庫本作「禩」。

春秋續義

三卷。

〔補正〕

明史志作二卷。（卷八，頁十九）

〔四庫總目〕

朱彝尊經義考載良弼有春秋或問十四卷、存疑一卷，並續義三卷，俱云「未見」，今此本分十二卷，與所記卷數不符，殆彝尊以傳聞誤載歟？（卷三十，頁十九，春秋續義發微十二卷提要）

〔校記〕

四庫存目作春秋續義發微十二卷。（春秋，頁五二）

未見。

王錫爵序曰：「淳安鄭子宗説甫業春秋有大志，少遊武林，得江太史淵源家學，博采群議，著爲續義、或問二書，闡明胡氏未盡之藴。己卯夏，謁予就正，予異焉。庚辰，予郡顧君襟宇以進士令淳重其人，即以其書寄海虞定宇趙太史，太史輒爲探討重訂，已，姜司成、江主政潤色之，其友方春元輩裒次成帙，凡若干卷，迄，付之梓行矣。續義，江君有序，而或問一書，方春元復爲代請余言弁諸首。夫春秋，聖人心法也，學子經生率宗胡氏，即胡傳外，縱窺闞邃，得聖門之肯綮者，悉置之若棄，亦惑矣。鄭子能爲通方學，據經辨傳之真僞，析理別言之當否，協乎情，止乎義，而先入之見勿與焉，班班問答，確有定論，即起安國於九京，當降心而首肯者，余嘉其有羽翼經傳之功，冀與海內士公共之也。」

黄虞稷曰：「良弼，淳安人。」

龔氏持憲**春秋列國世家**

二十七卷。

春秋左傳今注

四十卷。

春秋胡傳童子教

十三卷。

俱未見。

黄虞稷曰：「持憲，字行素，太倉州人。」

曹氏宗儒**春秋序事本末**

三十卷。

未見。

春秋逸傳

三卷①。

〔補正〕

明史志作三卷。（卷八，頁十九）

未見。

左氏辨

一卷。

〔補正〕

明史志作三卷。（卷八，頁十九）

未見。

黄虞稷曰：「宗儒，字元博，松江人，教諭。」

高層雲曰：「元博序事本末一書，按經以證傳，索傳以合經，類訂精審。」

① 「三卷」，四庫薈要本、文津閣四庫本、備要本俱誤作「二卷」。

董氏啓**春秋補傳**

十二卷。

存。

陸樹聲序曰：「海寧董子石龍者，自少通春秋學，游庠校，以父喪終慕棄去，不欲與少年舉子尋行墨也。君益邃意經學，既所輯春秋補傳成，持以謁予，會予赴召君命，辭去。久之，予從金陵歸，迓予檇李，舟從吴越之閒往返者三四，與予言，輒避席以請也，予甚愧其勤。予聞董氏其先有從陽明先生於天泉，晚得聞道陽明先生，所爲記從吾道人者，君從大父也，而君父郡博中山，陽明許其志道尤篤，乃知董氏世多賢者。以君之賢幼，得從游陽明，在弟子列，豈特以經生自命哉？乃今不遠數百里，手一編就予，倀倀問途，君可謂不遇矣。予生晚，不及掃陽明之門，求從吾中山者與之質疑請益，晚獲與君游，盡聞其所得於先生長老者以私淑，則予方幸君，君亦何有於予也？是歲春仲，予生朝，厪君遠來，燒燭夜坐，君起爲壽，舉薛敬軒語，予拜且承之。予與君生同甲子，同習三傳，晚而志於道，又同好也，庶幾所謂三同者，因書贈君，以諗夫同社。」

鄧氏鏃**春秋正解**

未見。

建昌新城縣志：「鏃，字時雋，以貢授偃師丞，以子渼貴，贈通議大夫、河南按察使。」

章氏潢春秋竊義

未見。

鄧氏元錫春秋繹通

〔補正〕

明史志作春秋繹，此作「繹通」，與千頃堂書目同。（卷八，頁十九）

一卷。

存。

黄氏智春秋三傳會要

佚。

朱氏睦㮮春秋諸傳辨疑

四卷。

未見。

〔校記〕

四庫存目著録。（春秋，頁五三）

經義考卷二百五

春秋三十八

余氏懋學春秋蠡測

四卷。

存。

祝世禄序曰：「紫陽氏博論諸經，於春秋獨少論著，觀其語魏无履①謂：此乃學者後一段事，莫若止看論語。且曰：自非理順義精，則止是挍得失、考同異，與讀史傳、摭故實無異，如論語看得有味，則他經自迎刃而解。其言如是，毋亦以筆削大義游夏所不能贊者，有非後世淺學所可管窺而蠡測邪？婺源余行之先生，於從政之暇，按經依傳，立論不詭於前人，而實卓然自得於聞見之外，其言曰：『吾創者

① 「魏无履」，四庫薈要本、文淵閣四庫本俱作「魏元履」。

非敢爲繆悠，而因者非敢爲踵襲，惟以鳴吾見焉。蓋史迹吾能持衡，聖心吾不能懸度，即有度者，如以蠡測海，此吾蠡測所以作也。』先生於書無所不讀，至國家典故更覃力研究，予嘗得其南垣論世攷及三史隨筆諸編，皆精核詳鑿，至於論語，則有讀論勿藥之編，得意疾書，見解超邁，蓋以其讀之有味者發爲成言，若默契紫陽所謂前一段事者，宜乎其於此書若迎刃而解也。春秋、論語義不相蒙，而紫陽視之則若一貫，先生撰著雖富，而發明聖緒惟此二書，然則春秋、論語固可以合一説乎？非也。『上辛雩，季辛又雩』，先儒皆謂旱，公羊則謂昭公聚民以攻季氏，或者信其説，遂以夫子答樊遲遊於舞雩之言當之，謂爲逐季氏發也，迂鑿附會，一至於此。烏乎！合合故迎刃而解，則爲先生；泥傳而談，則爲或人而已矣。」

馮氏時可**左氏討論□**①**釋**

各二卷。

〔補正〕

明史藝文志時可所著左氏討二卷、左氏論二卷、左氏釋二卷，此「討論」二字連書，誤以兩書爲一書也。（卷八，頁十九）

① 「□」，文淵閣四庫本作「詮」，文津閣四庫本作「并」，備要本作「待」。

存。

〔校記〕

四庫存目作左氏討一卷、左氏論一卷，又四庫著録左氏釋二卷。（春秋，頁五三）

黄氏洪憲**春秋左傳釋附**

二十七卷。

存。

洪憲自序曰：「予在史館時，好讀左氏春秋，嘗考訂其全文，略采諸家箋釋，而擇公穀之有文者附之，名曰左氏釋附。長兒承玄稍爲增定，而鍥其半於安平署中，予巖居多暇，因銓次以卒業，而并爲之叙。予聞之：孔子修春秋，皆約魯史策書，而又使子夏等十四人求周史記，得百二十國寶書；又與左邱明乘如周，因老耼觀書柱下，歸而成書，而邱明則爲之傳。其後齊公羊高、魯穀梁赤受經於子夏，人自爲説，於是有公羊、穀梁傳。漢武帝置五經博士，公穀先後列學官，而左氏獨絀，兩家專門弟子欲伸其師説，紛紛排擯，惟劉歆氏曰：邱明親見孔子，好惡與聖人同；公穀在七十二弟①後，傳聞與親見，詳略不同。此三傳之斷案也。至其引傳以釋經，則不免牽合附會；而後世杜預集其説，爲之分年相附，作經傳集解，見謂有功於左氏而不佞，竊有疑焉。蓋孔子因魯史而修春秋，以存王迹，惟提綱挈領，

① 「弟」，依補正、四庫薈要本應作「子」。

寓褒貶於片言隻字，其辭約，其旨微，誠以國史具在，文獻足徵，天下後世，自有可取以證吾言者，故曰：吾觀周道，舍魯何適矣。而説者曰：孔子修春秋，口授，邱明作傳，是欲杞、宋、魯也，是謂孔氏之春秋，非魯之春秋也；且邱明身爲史官，博綜群籍，自成一家言，上自三代制度名物，下至列國赴告、策書與夫公卿大夫氏族譜傳，大而天文、地理，微而夢卜、謡讖，凡史狐、史克、史蘇、史黯之所識，檮杌、紀年、鄭書、晉乘之所載，靡不網羅捃拾，總爲三十篇，括囊二百四十年之事，大都如夏殷春秋及晏、吕、虞、陸春秋之類，非有意於釋經也。他日，孔子曰：『左邱明恥之，丘亦恥之。』若有竊比老彭之意，又焉知非左史在先，聖人之筆削在後？故左氏之文，或有經無傳，或有傳無經，或後事而先提，或始伏而終應，皆匠心獨創，逴艷千古，曷嘗拘繫爲經役哉？大抵孔子修魯史，未嘗自明其爲經，而後人尊之爲經；邱明作傳，未嘗有意於釋經，而後人傳之爲經傳，故讀左氏春秋者，第經自爲經，傳自爲傳，其可相印證者固在，而不必牽合傅會，失夫作者之意也。乃若公穀二傳，專以釋經爲主，往往設爲問答，執義例以立斷案，雖日月、爵邑、名氏，皆以爲衮鉞存焉，後人以其傳自西河，故相率宗之，不知孔子嘗言春秋屬商，而當時游夏已自謂不能贊一辭，矧其後之爲徒者欲字訓句釋，據私臆以擬聖經，其孰從而受之？愚嘗反覆三傳，左氏以史家而核於事，公穀以經生而辨於理。核於事者，不失爲實録；辨於理者，不免多臆見。臆見非聖人意也，而就其中若多名言奥義可以垂世而立教者，故謂公穀能傳聖意，不可謂公穀盡畔聖經；亦不可昔人謂春秋素王、邱明素臣，彼二子者，其亦附庸之國乎？今國家功令，業春秋者，率主宋儒胡安國傳，至欲屈經以就之。夫安國經生，不加於公穀，而況去聖人之世益遠，曷若反而求之？左氏之爲核，其次參之公穀，猶爲近古也。萬曆己亥暢月穀旦。」

〔補正〕

自序内「在七十二弟後」，「弟」當作「子」。（卷八，頁十九）

黄氏正憲**春秋翼附**

二十卷。

存。

賀燦然序曰：「自漢以來，説春秋者亡慮千百家，而四傳爲最著。邱明與夫子生同時，按魯史爲傳，當不甚謬剌，然不亡牽合附會之失；夫子以春秋屬商，公羊高、穀梁赤俱本自西河，宜不詭於筆削之旨，乃細瑣刻深若酷吏之斷獄，夫子不若是苛也；胡氏傳立於學官，士人類墨守其説，顧安國去古益遠，臆斷於千百年之後，若射覆然，能一一懸中乎哉？善哉！懋容氏之説春秋也。夫春秋據事筆削，褒貶自見，非拘拘於日月、爵氏以爲衮鉞也。拘拘於日月、爵氏之閒，求所謂衮鉞者，而有合有不合，於是曲爲正例、變例之説，至云『美惡不嫌同辭』，説愈繁而愈晦矣。懋容氏之説有功四傳，羽翼聖經，即謂春秋翼可也，附云乎哉？」

姚氏舜牧**春秋疑問**

十二卷。

存。

舜牧自序曰：「孔子曰：『吾志在春秋。』又曰：『其義則丘竊取之矣。』斯義何義也？書曰：『無偏無陂，遵王之義；無有作好，遵王之道；無有作惡，遵王之路。』道路即義也，而在人心無偏陂好惡之閒。周衰，王道寖微，人心陷溺而不知義，爲竊爲僭，爲瀆亂甚，或淪於禽獸有不忍者，孔子有憂之，故因魯史作春秋，明指所謂道路者以示人，即書所云『是彝是訓是行』者耳。而或者誤爲道在位在之説，謂假二百四十二年南面之權以是非天下，豈其然哉？程子曰：『春秋經不通，求之傳；傳不通，則求之經。』朱子曰：『學者但觀夫子直書其事，其義自在，有不待傳而見者。』此真善讀春秋者矣，而惜皆無全書。百世而上，百世而下，豈無善讀春秋若程朱二子者乎？牧非其人也，惟童稚時，先贈君淳庵翁誨牧曰：『兒曹欲知大義，須讀五經。』竊志不忘，閒取易、書、詩、禮次第讀之，輒筆所疑請問海内。兹來粤西，甚暇，得從大全諸書竊觀夫子之春秋無有偏陂、無作好惡，真恍若見其心者，恨不敏，不足以發也。因竊評諸儒之論有合於經者録之，而又輒筆所疑，就正有道焉，亦謂涉躐①斯道路也，仰慰先君子誨牧之遺意也云爾。」

蕭氏良有**春秋纂傳**

四卷。

存。

---

① 「躐」，四庫薈要本作「獵」。

劉芳喆曰：「良有，漢陽人，萬曆庚辰賜進士第二，歷官國子祭酒。」

沈氏堯中**春秋本義**

四卷。

存。

堯中自序曰：「孔子之修春秋也，據事采文，斷以大義，如：趙盾弒君，教所存也，可無改也；晉侯召王，文有害也，所必改也。其諸筆削，凡以存王迹而已。史有文質，詞有詳略，不强同也。是故侵伐一也，或書人，或書爵，義係於侵伐，不係於人與爵也；會盟一也，或書名，或書字，義係於會盟，不係於名與字也。元年書即位，亦有不書；諸侯書葬，大夫書卒，亦有不書卒與葬；書日亦有不書王次春、正次王，亦有書時而不書月，書月而不書王；諸侯失國必名，亦有不名而名於歸國；殺大夫必名，亦有不名而但書其官，亦有併其官而不書者，非故略也，史闕文也。况經文從三傳中録出，先儒遞相授受，不無承襲之誤，説春秋者，不達其義而爲之説，左氏具載本末，猶不失紀載之體，公羊、穀梁各自爲例，胡傳參用其説，説窮則曰『美惡不嫌同辭』，俄而用此以誅人，俄而用此以賞人，使天下後世莫識其意，是舞文吏之所爲，而謂聖人爲之乎？矧直以天子之權予仲尼，而以擅進退亂名實爲史外傳心之要典。夫進退，可也；擅進退，不可也。實子而名之爲子，實非王而不名之爲王，此非擅與亂也，乃所謂義也；實伯而退之爲子，實非子而進之爲子，所謂擅與亂也，非所謂義也。然則天子之事奈何？周命爲子則書子，周命爲伯則書伯，周不命爲王則不書王，如是而已；若謂擅與亂爲天子之事，是身自爲亂也，而何以爲孔子？然則直書其事，其誰不能，而曰游夏不能贊一辭，何也？蓋仲尼所據者事，所采者文，而其義則斷自聖心，隱桓以下，詳在諸侯；文宣以下，詳在大夫；而定哀之際，并及陪臣，故其言曰：天下有道，禮樂征伐自天子出；天下無道，出自諸侯，又出自大夫，又出自陪臣。見天下日入於亂，愈趨而愈下也。齊與晉較，恆予齊；齊與魯較，恆予魯，故其言曰：齊桓正而晉文譎。齊至魯，而魯至道，蓋欲撥亂世而反之治也。又有總十二公而見者，霸主未見，諸侯雖散，而猶知有王；霸主見，諸侯雖合，而不知有王；霸業衰，則諸侯奔走秦楚，而王亦不見於春秋，是以五霸爲終始也。有總一公而見者，如與邾儀父盟矣，而繼書伐邾，又及宋人盟矣，而繼書伐宋，是以一事爲終始也；有重其終而録其始者，將書取郜大鼎，則始之以成宋亂；有重其始而録其終者，既書宋災，則繼之以宋災。故書天王遣使來聘，則知隱不朝王之爲慢；書王人子突救衛，則知各國伐衛之爲非；至若翬之弑隱也，而先書翬帥師；慶父之弑子般及閔公也，而先書慶父帥師；晉趙盾之弑夷皐也，而先書趙盾帥師；鄭歸生之弑夷也，而先書歸生帥師；齊崔杼之弑光也，而先書崔杼帥師，故其言曰：臣弑其君，子弑其父，非一朝一夕之故，其所由來者漸矣。此則聖人之精義也。先儒獨朱晦翁得之，而未有成書。中也不揣固陋，爰采各傳，附以己意，一以經義爲主，而鑿者不與焉，非敢與先儒匹也，亦竊比晦翁之意云爾。萬曆庚子。」

楊氏于庭**春秋質疑**

十二卷。

未見。

于庭自序曰：「自胡氏列之學官，而三傳絀矣；然徵事必於左，斷義必於公穀，而若之何華衮也、鈇鉞也，一切尸祝胡氏而無敢置一吻也？蓋孔子晚而作春秋，七十子實聞之，則退而私論之盲史掌故，而高與赤亦西河之徒也，耳而目之，而猶贊一辭不得，而況乎生千百世之下者乎？胡氏議論務異而責人近苛，閒有勦公穀而失之者，以王子虎爲叔服、公孫會自鄸出奔之類是也；亦有自爲之説而失之者，卒諸侯別於内而以爲不與其爲諸侯，滕自降稱而以爲朝桓得貶之類是也。庭少而受讀，嘗竊疑之，歸田之暇，益得臚列而虚心權焉，權之而合者什七，不合者什三，則筆而識之，而質疑所由編矣。漢人之祀天也以牛，夸人之祀天也以馬，而天固蒼蒼也，祀以牛以馬，不若以精意合也。夫不以精意求聖人，而執胡氏以誚左、公、穀，是祀天而或以牛或以馬也，兹予所由疑也。」

陸元輔曰：「于庭，字道行，全椒人，萬曆庚辰進士。」

李氏廷機**左傳綱目定注**

三十卷。

存。

俞汝言曰：「是書崇禎閒刻於建陽書坊。」

鄒氏德溥**春秋匡解**

八卷。

〔補正〕

今傳鄒德溥春秋匡解六卷。（卷八，頁二十）

〔校記〕

四庫存目作六卷。（春秋，頁五三）

存。

錢謙益序①曰：「予兒時受春秋於先夫子，夫子授以匡解一編，曰：此安成鄒汝光先生所删定也。因爲言鄒氏家學淵源與先生之文章行履，冠冕詞垣，期他日得出其門牆。余鄉會二試，以先生之書得儁，雖未及親炙，而余之師固有出先生之門者，比於聞風私淑，猶爲有幸焉。何子非鳴爲令南昌，與先生之孫孝廉端侯游，相與是正其書，重付之梓。」

徐氏即登**春秋說**

十一卷。

---

①「錢謙益序」，四庫薈要本作「錢啓新序」，文淵閣四庫本作「匡解原序」，文津閣四庫本作「黄虞稷序」。

未見。

楊氏伯珂**左傳摘議**

十卷。

未見。

伯珂自序曰：「予自丁未爲時廢業，是非莫白，不能不悒悒於心；戊申之春，取左傳讀之，見後人之評者多不察其心，漫爲之説，竊歎古人之負寃亦有久而不白者，乃取一事，綴以數語，或爲人所未發，或爲已發而未當者，皆原其情之本來而究其勢所必至，善惡功罪，昭然分別，使漏網者誅，負寃者雪，不欲人受溢美、溢惡之名。凡古今之成説不敢偏狥，即胡氏一代成書有未確者，亦多爲辨之，久而成百餘首，命曰左傳摘議，藏之笥中，曰『摘議』者，謂其或有一得而非舉其全也。」

黄虞稷曰：「伯珂，字直甫，淮安大河衛人，萬曆丙戌進士、汾州同知。」

高氏攀龍**春秋孔義**

十二卷。

存。

兄子世泰序曰：「韓起聘魯，觀書太史，見易象與魯春秋，有周禮在魯之歎，孔子起而暢厥大旨，則望義知歸，非孔子，安從哉？後世學者奉古之心終不勝好異之心，於是意見横生，義理雜出，大圭呂氏以爲六經之不明，諸儒穿鑿害之，而春秋爲尤甚，此我伯父忠憲公有周易孔義之書不已，而有春秋孔義之書也。伯父生平性廉節介，疾惡如仇，然宅衷寬易，不爲深覈可喜之論，故權衡四傳悉稟尼山，凡經無傳有者，不敢信也；經有傳無者，不敢疑也。其文簡，其意覈，有嚴正之義焉，有忠恕之仁焉，有闕疑之慎焉，顔以孔義者，欲誦法孔子者不失爲聖人之徒也。儼海秦先生既捐貲板周易孔義，復續板春秋孔義，伯父有志，得先生而言益章，兩義明而六經之義無不明矣。」

吴氏炯**春秋質疑**

一卷。

存。

炯自序曰：「春秋，魯史之文也，因魯史以明王道，不以天子之權與。魯隱公不書即位，書天王歸賵，是以天王正魯之始也。始魯隱何也？平王之終也，王東遷而終不復，春秋所以作也。春秋繼王統也，故尊王於天，王不王有不稱天者矣。命曰天命，討曰天討，内命大夫書爵，外命大夫書字；不命於天子，不書大夫，不正其爲大夫也。殺大夫必書爵，不正其專殺也。天子討而不伐，繻葛之戰，書三國從王伐鄭，不以天子主兵也。天子無出，出曰出居，居其所也，大一統之義也。王之降也，禮樂征伐自諸侯出。自諸侯出，尊王爲重，召陵之師，責以包茅不入，王祭不供，存王室也；河陽之狩，不以臣召君；首止殊會，尊王子也；衛人立晉，晉非衛人所得立，許叔入許，許非叔所得入，正諸侯也，正王統之名分也。霸之衰也，禮樂征伐自大夫出。垂隴，大夫主盟之始，列士穀於宋公、陳侯、鄭伯之下，不與諸侯等也；伐沈，大夫主兵之始，列國稱人，退諸大夫也；扈之盟，書晉大夫於諸侯之下；棐林之役，書會晉師，不書大夫，不以大夫主諸侯之兵也，維王統之脉也。大夫失政，陪臣執國命矣。陽貨柄魯入讙，陽關以叛，書盜竊寶玉大弓；南蒯以費叛、侯犯以郈叛，書圍費、圍郈而不書其叛，不與陪臣專政也，王統所以不倒置也。尊王統者，外四裔①，其號君與臣同詞，賤之也，進而稱人，又進而稱子，雖大不過曰子，微之也。盂之會，執宋公矣，書宋公於楚子之上，不與楚執也，薄之盟，釋宋公，書公會諸侯，不與楚釋也；宋之盟，楚駕晉矣，先書晉，存内外之防也；鍾離、黃池之會，殊會吴，不與中國同吴也，王統所以不裂也。春秋之事莫大於五霸：陘之次、葵邱之會、首止之盟，桓之功也；滅譚、滅遂、降鄣、遷陽，不與桓專滅；城楚邱、城緣陵，不與桓專封。桓之汰也，踐土之會、河陽之狩、朝於王所、歸衛侯於京師，文之功也；城濮之戰，伐衛致楚，執曹畀宋，文之譎也。宋襄無功於中國，而有執滕子、用鄫子之罪；秦穆有功於納晉文，而滑之入、彭衙之戰，罪不可掩；楚莊有伐陳之功，而滅蕭、滅舒蓼，以至問鼎，罪不容誅，秦穆、楚莊功不敵罪者也，是以王統正五霸之功罪也。春秋之義，綱常爲重：納衛世子蒯聵于戚，正父子也；忽出突入，忽繫鄭而突不繫鄭，正兄弟也；會于濼，與夫人姜氏遂如齊，正夫婦也；鄭申侯、陳轅宣仲相譖以敗書，齊執濤塗，鄭殺申侯，正朋友也；書子同生，重世子也；葬宋伯姬，明婦道也，是以王統正天下之父子、兄弟、夫婦、朋友也。春秋之始稱元、稱天王者，奉天體元之義；終以獲麟，王道之衰，天運之窮也。春秋始終以天，以天正王，以王正列辟百官萬民，故曰：『春秋，天子

① 「裔」，文津閣四庫本作「服」。

之事也。』」

郝氏敬**春秋非左**

二卷。

存。

敬自序曰：「春秋本事自當依左，舍左如夜行，茫不知所之矣。公穀尚例，無左則例無稽；左言事而例始有據，左言例而人始競爲例矣，故左者，諸傳之嚆矢也。世人謂之羽翼聖經，其實踳駁舛謬，不可勝數，豈親承聖訓，見而知之者歟？自司馬遷首相推信，馬季長、鄭康成、杜元凱雜然和之，末學承訛，乃至以周易文言語出自魯穆姜；毛詩古序謂附會左傳；臧宣叔媚晉卿權辭以爲王制；夏父弗忌逆祀諸侯祖天子謂都家皆有王廟；楚子納孔寧、儀行父謂爲有禮；晉受諸侯朝貢，蔑視天子，極其崇獎，使三王罪人貎千古榮名，此類背理傷道，何可言？俗人耳食，難與口舌爭，今摘其紕謬三百三十餘條，附以管見，題曰非左。或曰：非左不非公穀，何也？曰：公穀則誠公穀矣，左實非邱明也，知左之非邱明者，然後可與言春秋。」

春秋直解

十三卷。

〔補正〕

明史志作十二卷。（卷八，頁二十）

存。

〔校記〕

四庫存目作十五卷。（春秋，頁五三）

敬自序曰：「六經之文，惟春秋最爲明顯，所書皆五霸、諸侯、大夫盟會、戰伐之事，開卷知其爲亂蹟，而世儒以爲隱諱之文，何歟？子曰：『巧言，令色，足恭，匿怨而友其人，左邱明恥之，丘亦恥之。吾之於人，誰毁誰譽？斯民也，三代所以直道而行。』此春秋底本，自後儒以褒貶論而底本壞。子曰：『天下有道，禮樂征伐自天子出；天下無道，禮樂征伐自諸侯出。天下有道，政不在大夫；天下有道，庶人不議。』此春秋格局，自後儒以事例合而格局壞。子曰：『予欲無言，天何言哉？四時行焉，百物生焉。二三子以我爲隱，吾無隱乎爾，吾無行而不與二三子者，是丘也。』此春秋宗旨，自後儒視爲深文隱語，覺仲尼胸中直是一片荆棘田地而宗旨壞。經此三壞，春秋於是不可讀矣。夫春秋無深刻隱語，無種種凡例，不以文字爲褒貶，不以官爵名氏爲貴賤；未嘗可五霸，未嘗貴盟會，未嘗與齊、晉，未嘗黜秦、楚、吴、越，此其犖犖不然之大者。今欲讀春秋，勿主諸傳先入一字於胸中，但平心觀理，聖人之情自見。明白易簡者，聖人之情；其艱深隱僻，皆世儒之臆説也。」

王氏震**左傳參同**

四十三卷。

〔四庫總目〕

案：朱彝尊經義考有王氏春秋左翼，不著撰人名字，亦不載卷數，而所録焦竑之序，與此本卷首序合，當即此書也。（卷三十，頁二一，春秋左翼四十三卷提要）

〔補正〕

明史藝文志作春秋左翼。（卷八，頁二十）

存。

烏程縣志：「王震，字子長，萬曆辛卯舉人。」

按：烏程王氏左傳參同四十三卷，别有凡例、列國世系考、國號考異、年表世次圖、名號歸一圖、名號考異、字例、書目、姓氏附見於前後。其報沈太史仲潤書云：「人謂僕變亂左氏，非敢然也。僕所爲編輯者，不過因其散亂而次第之，或緣其記識闕略而補苴之，如齊桓公遷邢于夷儀、封衛于楚邱，此是僖公元年二年事也，傳乃載於閔公末年，當乎？否邪！又如晉獻公殺世子申生，本僖公五年事也，傳乃散見於莊公、閔公、僖公二三十年之間，考核者便乎？否邪！至如管仲匡合之功，孔子亟稱之，然左氏不詳見也；管子於召陵之役則曰：『楚人攻宋鄭，燒焫熯①，使城壞者不得復築也，屋之燒

① 「熯」下，依補正、四庫薈要本、文淵閣四庫本、文津閣四庫本應補「焚」。

者不得復葺也，要宋田，塞①兩川；使水不得東流東山之西，水深滅桅②四百里而後可田也。』於是興兵南存宋鄭，兹亦不見桓公、管仲之仁矣乎？令尹子文之忠，孔子嘉之，左氏未之及也，國語則曰：『子文緇衣以朝，鹿裘以處，未明而入朝，日晦而歸食，家無一日之積。』兹亦不見子文之殉公矣乎？三都之隳，聖人施爲大略具見於此經文，大書屢書必自有説，左氏僅曰：『仲由爲季氏宰，將隳三都。』抑何略也？家語則云：『孔子言於公曰：古者家不藏甲，大夫無百雉之城，今三家過制，請損之。』此出自聖人隳郈、隳費本意，傳胡可不載？至西狩獲麟，聖經於此絶筆，原有深意，左氏乃曰：『叔孫氏之車子鉏商獲麟，以爲不祥，賜虞人，仲尼觀之，曰：麟也。然後取之。』其於經義，惡覩萬一？家語紀孔子之言則曰：『麟之至，爲明王也；出非其時而被害，是以悲之。』此出自聖人絶筆至情，又何嫌攙入已？諸所增益，大都不出此類，獨左逸、説林等書謬爲纂附，疑於真僞錯雜；然鄙意傳疏主於明經，苟於經義有裨，雖附見無傷也，矧細書傳後原與本傳毫無混淆，又何真僞錯雜之足疑乎？此書出，讀者可省檢閲覆覈之勞，其於初學不無小補，聖人蓋云：『屬辭比事，春秋教也。』僕之編輯，儻亦屬比之萬一乎？」其著書大略，具見此書，故録之。

〔補正〕

竹垞案：内「燒焫熯」下脱「焚」字，「要宋田」下脱「夾」字，「桅」當作「垝」。（卷八，頁二十）

① 「塞」，依補正、四庫薈要本、文淵閣四庫本應作「夾塞」。
② 「桅」，依補正、四庫薈要本、文津閣四庫本應作「垝」。

魏氏時應**春秋質疑**

十二卷。

存。

南昌縣志：「魏時應，字去違，萬曆乙未進士，歷官南京通政使。」

劉芳喆曰：「此爲舉子業而作，前有柯挺、田居中二序。」

曹氏學佺**春秋闡義**

十二卷。

未見。

春秋義略

三卷。

未見。

徐氏鑒**左氏始末**

未見。

高佑釲曰：「鑒，字正宇，豐城人，萬曆辛丑進士，太僕少卿。」

王氏世德**左氏兵法**

□卷。

存。

黃虞稷曰：「世德，字長民，南康人，萬曆辛丑進士，巡撫遼東都御史。」

經義考卷二百六

春秋三十九

張氏銓春秋補傳

十二卷。

存。

陸元輔曰：「公字見平，沁水人，萬曆甲辰進士，巡按遼東，死於難，謚忠烈。」

〔補正〕

陸氏輔條内「公字見平」。案：明史忠義傳云：「字宇衡。」（卷八，頁二十）

李遜之①曰：「張忠烈公方任江西巡按，時先忠毅公應昇爲南康司，李在官著春秋補傳，先公爲之

① 「李遜之」，文淵閣四庫本誤作「李之遜」。

校正，及按遼東，及於難，幸書猶存。」

錢氏時俊**春秋胡傳翼**

三十卷。

存。

錢謙益①序曰：「余姪水部②用章氏輯春秋胡傳翼成，不佞讀而歎曰：嗟乎！經學之不明，未有甚於春秋者也。他經以經爲經，而春秋以傳爲經，他經之傳，傳經爲傳，而春秋則人自爲傳，自漢洎元，未有底也。明興，乃始布侯於文定，海内靡然從之，無敢操戈者。於左氏則核者誣之，於二氏則誣者核之，此則胡之失也。仲尼之所削者，不可見矣；其所筆者，具在據事直書，内不敢易史書，外不敢革赴告；而一字褒貶，口銜天憲，亦可以令吴楚之僭王者乎？此又胡之失也。元年之元也，鼎銘先之矣；五等諸侯之稱公也，儀禮先之矣，由此推之，凡所謂一字一句傅義比例者，非棄灰之刑，則畫蛇之足也，此又胡之失也。昔之春秋以三傳爲經，今之春秋以胡氏一家言爲經；雖然，胡氏之書，大義備焉，況功令在是，童而習之，用以郛衆說，斷國論，不猶賢於說鈴書肆乎哉？用章之爲是編也，豈惟胡氏功臣，抑亦導明經者之先路也。近世趙恆先生著録疑以纊塞耳，三年而發之聾矣。余少不自量，欲網羅百家，

① 「錢謙益」，四庫薈要本作「錢有終」。
② 「錢謙益序曰：余姪水部」，文淵閣四庫本作「羅喻義曰：常熟錢君」。

推明孔氏筆削之旨，未三載而以懶廢，令余得深湛如用章，豈遂遜古人哉？姑書之，以志余愧而已。」①

陸元輔曰：「仍峰錢氏，常熟人，萬曆甲辰進士，授工部主事，歷郎中，終湖廣按察副使。」

賀氏仲軾**春秋歸義**

三十二卷。總序雜説一卷。

存。

春秋便考

十卷。

存。

仲軾自序曰：「春秋，文武之法也，修其法以明文武之道，以其朝聘、會盟、崩薨、卒葬、侵伐、取滅、弑殺、奔逃者，以綱紀天下之君公卿大夫士，以治天下之君臣父子，君臣父子之道得而人心斯正，人心正而天子始尊，天子尊而君公卿大夫士乃各得其所，然後斯民始可得而理也。故曰：春秋，聖人之所以治亂世也，以心法爲刑書也。不然，亂臣賊子豈刀鋸可以懾服！詞令可以告戒，乃經成而知懼者，何邪？吾以此知春秋之聖功神化，不專在片言隻字之末，故曰：一字之褒，榮於華衮；一字之貶，辱於

---

①「錢謙益」至「以志余愧而已」三百八十二字，文津閣四庫本脱漏。

斧鉞。一字之義未明，而執之太嚴，求之太深，遂使義例曲生，遷就牽合，引證辨難，聖經爲之猥碎，則直以斷爛朝報棄之無惑也。故經之敝也，是創例說經者之罪也；及其例之不可槩施，則又爲正例、變例之說，曰正例，非聖人不能修；變例，非聖人不能裁，極而至於正變之所不能通，則又曰『美惡不嫌同詞』，以聖人經世之深心，必欲引繩於諸家之例解，使例而可以盡春秋也。例至今在也，倣例擬經，人人可爲春秋矣。夫史臣之法莫嚴於董孤、南史氏，其所以書趙盾、崔杼弒其君者，何嘗有一字減於春秋，曾不能懼二賊臣於靦面？春秋所以書趙盾、崔杼弒其君者，亦何嘗有一字加於二史？顧以隔世之追書乃能令二賊臣骨寒於既朽邪？蓋聖人所以正人心以正萬世者，不在修詞之末亦明矣。吾故云：春秋原無例，而後人專以例論春秋，失春秋之遠①也。故春秋有裁斷而無比附，有是非而無命討，有功罪而無賞罰，有時書爵、書字而不必皆無罪，有時書名、書人而不必皆有罪。臨之以天子之尊，質之以文武之法，事如其事而止，人如其人而止；事如其事，人如其人，而義行於其閒矣。義顯而功罪分，功罪分而是非定，辭達而已，何者是例？何者是書法？凡言例，言書法，於是乎有進退諸侯、大夫之說，於是乎有竊二百四十二年南面之權之說，於是乎有素王、素臣之說，於是乎有以天自處之說，置聖人於壞法亂紀而莫敢矯其非。嗟乎！天子之刑賞可要，強侯之生殺可擅，權臣之威命可移，士庶之耳目可欺，惟聖人之是非不可假，故亂臣賊子所不屑得之於天子與夫君卿大夫士庶者，而獨不能乞之於泗水匹夫之筆，此春秋之所以重也。每伏而讀之，疑夫傳之所說不類經意，而例更甚，斷以爲聖人之所以爲經決不

① 「遠」，文淵閣四庫本作「旨」。

在此，乃取公、穀、左氏、胡傳參會之，酌以己意，名之曰春秋歸義。『歸義』云者，歸於尊王之義而已。是書也，始於萬曆戊午，成於崇禎甲戌云。」

黄虞稷曰：「仲軾，字景瞻，獲嘉人。萬曆庚戌進士，爲武德兵備副使，家居，聞甲申寇難①，衣冠北向，題字几上，自經死，妻妾五人感其義，皆同死。」

春秋提要

十卷。

存。

仲軾自序曰：「春秋舊有提要，然事不盡載，稽考無當焉。今特總經文而悉志之，詳事情之同異，味聖經之折衷，可得其梗槩，則執一事而不會其全，守單辭而不窺其異，將自知其不可通矣。但分類太繁，近於瑣屑，殊非聖經本意；今第求其易考耳，非分門立例之説也。改削數易，迄半年乃始就緒，而猶有未盡合者焉，姑存其大凡可也。」

朱氏國盛**拜山齋春秋手抄**

十二卷。

---

① 「家居，聞甲申寇難」，文津閣四庫本作「家中聞猝遭國變」。

存。

劉芳喆曰：「朱國盛，字雲來，華亭人，萬曆庚戌進士，除工部主事，累官至工部尚書，以太常寺卿回籍，坐黨案閒住。」

卓氏爾康**春秋辨義**

三十卷。

〔補正〕

明史志作四十卷。（卷八，頁二十）

〔校記〕

四庫本三十九卷。（春秋，頁五三）

存。

爾康自述曰：「『辨義』者，一曰經義，二曰傳義，三曰書義，四曰不書義，五曰時義，六曰地義。」

羅氏喻義**春秋野篇**

十二卷。

存。

喻義自序曰：「春秋有義無例，例繁而義隱矣，焉用例？然究未有能破除之者，野篇所爲作也。或問三傳，曰：後進之禮樂也，其辭文。予於春秋，行古本而已矣。崇禎丁丑。」

周氏希令**春秋談虎**

十二卷。

存。

劉芳喆曰：「希令，字子儀，江西寧州人。萬曆癸丑進士，改庶吉士，授兵科給事中，歷太常少卿。」

方氏孔熠**春秋竊論**

未見。

陳氏禹謨**左氏兵略**

〔補正〕

明史志作左氏兵法略。（卷八，頁二十）

三十二卷。

存。

禹謨自序曰：「師出以律，兵安可無法也？世之談兵家，類祖孫吴而軼左氏，詎知孫吴之法寄於言，左氏之法寄於事，徵言於事則虛，徵事於言則核，故舍左氏而言兵法，此不循其本者也。孫吴以一家言行世世得述①焉，左氏主説經，故談兵即工而分次十二公者，世徒指爲富艷之緒論，與巫醫、夢卜同類而忽之，如隗禧知爲相斫書矣，猶云不足精意，則章縫之束於見也，況介胄士又安所得肄及之哉？予故特爲表章，命曰左氏兵略，成一家言，稍證以武經諸書及往代得失之林，俾與孫吴並存焉。」

又進呈疏曰：「臣聞司馬法曰：『天下雖安，忘戰必危。』故自古帝王未有能去兵者，恭惟我皇上御極以來，天下見爲已治已安矣，抑臣猶切隱憂，不勝過慮，因濫竽樞寮之末，每究心韜略之編。竊謂：今談②兵者輒祖孫吴，乃春秋左傳一書尤兵家祖也。邱明依經立傳，義無不該，至所叙當年戰攻事，則有金版六弢所未洩者，如兵首人和，則有以德和民、師克在和之訓；武不可黷③，則有不戢自焚、止戈爲武之詞；語正，則召陵、城濮諸師仗其義；語奇，則夷師夾擊、潛涉宵加妙其機；詭譎，則曳柴設旆、僞羅詐盟窮其幻；行陳，則鵝鸛魚麗、左右勾拒善其法；勇敢，則先登免胄、帶斷柴石昭其能；技藝，則用革、用木、用矛、用劍程其巧；舟車步騎，則餘皇乘廣、崇卒小駟詳其説；天官時日、蓍龜占候，則卜偃、史墨、徒父、師曠之儔通其奥。古今用兵家未有不出其彀中者，第其書不著於兵志，其詞散於全帙而未別其指歸，介胄之夫於是知有孫吴，竟不知有左氏，不幾遡流而忘源乎？臣特於左氏傳中，就其論戰攻者表而出之，而成是編，姑舉一二：即如西北利車戰，乘廣之制不可考乎？東南利舟師，餘皇之式

① 「述」，文津閣四庫本作「傳」。
② 「談」，文津閣四庫本誤作「謂」。
③ 「黷」，文津閣四庫本誤作「覿」。

不可追乎?中國之長技莫如火攻,燧象不可倣①乎?兵家之勝算莫如用奇,墮伏不可施乎?以悦②禮樂、敦詩書者謀帥,必無不識一丁者矣;以赦孟明復、桓子者使過,必無掩於一眚者矣;以殺顛頡、戮楊干③者罰罪罰行,而孰不知懲?以魯銘鐘、晉賜樂者賞功賞行,而孰不知勸?有所以恤軍士之寒,挾纊詎不知感?有所以濟軍士之飢,庚癸從此無呼;因壘可降以攻,則何弗克?不虞豫戒以守,則何弗固?大都兵家妙用潛于九天九地,幻于疑鬼疑神,疾于迅雷掣電,不可遥度,不可預設④,不可以成案,拘然談兵者必曰兵法。夫斷木爲棊,捖革爲鞠,亦皆有法焉,况兵凶戰危何事也,豈可師心自用而漫焉嘗試哉?臣謹輯兵略一編,凡三十二卷,謹用繕寫裝潢成帙,恭進御前,仰祈皇上于清燕之餘俯垂睿覽。」

馮氏夢龍**春秋衡庫**

三十卷。又附録二卷。

〔補正〕

明史志作二十卷。(卷八,頁二十)

①「倣」,四庫薈要本作「放」。
②「悦」,文淵閣四庫本作「説」。
③「楊干」,四庫薈要本作「揚干」。
④「預設」,文津閣四庫本作「預度」。

存。

劉芳喆曰：「夢龍，字猶龍，長洲人。」

汪氏應召**春秋傳**

十三卷。

存。

俞汝言曰：「應召，徽州人，撰春秋汪氏傳十三卷，萬曆乙巳自爲之序。」

楊氏時偉**春秋賞析**

二卷。

存。

劉芳喆曰：「時偉，字去奢，吳人。」

〔補正〕

案：時偉，長洲人，專治胡氏春秋，嘗補牋洪武正韻。（卷八，頁二十）

唐氏大章**春秋十二公明辨**

未見。

黄虞稷曰：「仙遊人。」

吴氏從周**左傳纂**

四卷。

未見。

張氏承祚**春秋歸正書**

未見。

廣平府志：「張承祚，肥鄉人，萬曆中歲貢生，官同知，以子懋忠貴，贈錦衣衛左都督。」

陳氏可言**春秋經傳類事**

三十六卷。

未見。

陸元輔曰：「可言，字以忠，嘉定人。好左氏傳，謂編年紀事，或一年之内數事錯陳；或一事始終散見於數年與數十年之後，學者驟讀之，未易得其要領，乃倣建安袁氏通鑑紀事本末，作春秋經傳類事，凡九十餘條，三十六卷。其釋義主杜氏，而多所損益；傳有與經戾者，則參之公羊、穀梁二傳，歷二十年而後成，竟窮困以殁。」

秦氏淪**春秋類編**

未見。

戴氏文光**春秋左傳標釋**

三十卷。

存。

陳氏宗之**春秋備考**

八卷。

存。

宗之自序曰：「春秋，聖人之史，天文、五行、地理、禮樂、人物皆具焉，百世而後傳聞異詞，三傳之牴牾、十二國之棼錯，而可以漶漫無考乎？棘闈取士，傳宗康侯，爲胡氏之春秋，非孔氏之春秋矣；講疏詁題，義取穿鑿，則爲安成、麻黄之春秋，并非胡氏之春秋矣。則夫萃其異同、釐其沿革於以具訓，蒙士所當務矣。是編也，友人張君夑實殫蒐集，而屬予總其成焉。」

陸氏曾翚**春秋所見所聞所傳聞**

三卷。

未見。

華氏時亨**春秋叙説**

未見。

梅氏之熉**春秋因是**

三十卷。

存。

趙吉士曰：「梅之熉，字惠連，麻城人。」

夏氏元彬**麟傳統宗**

十三卷。

〔補正〕

今傳夏元彬麟傳統宗十二卷。（卷八，頁二十一）

存。

文震孟序曰：「夫子因魯史記作春秋，左氏乃爲之傳，傳其事不晰其義，若曰其義，則子言之矣。漢初有公羊、穀梁之學，各有耑師①，互立意義，天子主爲是非同異，大議殿中，揚雄所謂：嘵嘵之學，各習其師者也。吾友夏仲弢覃思經學，爰集諸傳，下及戰國短長諸篇，彙爲一書，源派分而指歸合。凡昔所稱輸攻墨守者，一切歸於混同，而均以羽翼素王。蓋十年而後成，其功博，其志苦矣。」

俞汝言曰：「夏元彬，初名滮，字仲弢，德清人。」

孫氏范**春秋左傳分國紀事**

二十卷。

〔補正〕

明史志作孫范左傳紀事本末二十二卷。（卷八，頁二十一）

存。

范自序曰：「説春秋者曰義、曰事，義斷於聖心，末學難曉，事則存乎左氏，可循覽而得也。顧其爲書，年經國緯，緒端紛出，覽者未能一目便了，是用倣之史家，變編年爲紀事，以事系國，以國系君，有一事而連綴三五國、上下數十年者，則原其事之所始與其所歸，還系所應屬之國，庶覽一事之本末，而即

---

① 「耑師」，四庫薈要本、文淵閣四庫本俱作「專師」。

因事以知其國勢之強弱、人才之盛衰，二百四十餘年之故，網羅胸中，出爲濟世匡時之用，是今日所爲輯傳意也。」

章氏大吉**左記**

十二卷。

存。

大吉自序曰：「左氏編年，太史公紀傳，此千古史之準。予媿元凱，而亦有左氏癖，自少至老不倦。第列國雜敘，經傳互刊，觀覽不便，僭截左氏文就史記體，合而名之曰左記。事以國麗，文以事聯，雖割裂之罪無所逃，而實不敢筆削一字，燦然成文，便覽觀焉。雖然，列世系，則一姓梗槩備矣；要始終，則當局吉凶辨矣。前兆或同後驗，古算或勝今籌，災祥可按，狐鼠足懲。余三復之，不容緘口，漫憑臆見，論列於簡末，幸同志者鑒之。」

俞汝言曰：「章大吉，字惠伯，山陰人。」

徐氏允禄**春秋愚謂**

四卷。

未見。

陸元輔曰：「徐允禄，字汝廉，嘉靖諸生。取春秋三傳及胡氏傳撮其大旨於前，而折衷以己意；四家都無當者，更出獨見斷之，如『尹氏卒』，以爲鄭之尹氏，即隱公與之同歸而立鍾巫之主者也。其他大抵類此。」

顧氏懋樊**春秋義**

三十卷。

未見。

〔四庫總目〕

是書朱彝尊經義考云「未見」。前有懋樊自序，稱以胡傳爲宗，參之左氏公穀三家，佐以諸儒之説。今觀其書，直敷衍胡傳，爲舉業計耳，未嘗訂正以三傳，亦未嘗訂正以諸儒之説也。（卷三十，頁二七—二八，春秋義三十卷提要）

〔校記〕

四庫存目著録。（春秋，頁五三）

張氏岐然**春秋五傳平文**

四十一卷。

存。

岐然自序曰：「記曰：春秋之失亂，屬辭比事而不亂者，深於春秋者也。予嘗與虞子仲皜泛覽春秋七十二家之旨，蓋鮮有不亂者；及觀近日經生家之説，尤可訕笑，殆不復可謂之春秋，又不止於亂矣。究其弊，率起不平心以參諸家而過尊胡氏，久之，習讀者惟知有胡氏傳，更不知有他氏矣；又久之，習讀者惟從胡傳中牽合穿鑿，并不知有經矣。昔范叔有言：臣居山東時，聞齊之有田文，不知其有王；聞秦之有太后、穰侯、高陽、涇陽，不知其有王。今習讀者惟知有胡氏，不知其有春秋，此所謂亂之極也，而其弊率起於過尊胡氏。胡氏之説經，亦未嘗不按左氏、參公羊、據穀梁，而敢獨爲之説，左氏之説未當，公穀或正之；三傳之説未盡，唐宋諸儒閒發之，胡氏乃始起而和合衆家，約略經旨，大暢己意爲春秋。然則今之單任胡氏者，反以罪累胡氏，我知必胡氏所深憎也。輒與吾友舉遠氏合三傳而存其註，取胡氏而平其文，又附以左氏之外傳焉。夫治春秋者，立之案，附之斷，誠不厭詳且盡也，則凡諸子百家之書，有可采者舉，未可棄矣。使姑發其端，持其平，則試取四家五傳之文而參和之，其相符者幾何也，相戾者幾何也；然後考諸儒之説而折衷焉，比經文之事，屬其辭而條理焉，將其不可得而亂者自出也。予向期與虞子博采諸家，存其合者而閒附己意，名曰春秋止亂，虞子逝而未之成也。今先以四家五傳之平文平學士家之心，而後出予所與先友夙夜商榷之書以就正焉，亦曰將以持春秋之平，無徒爲胡氏之罪人爾也。」

馮氏瑛**春秋前議**

一卷。

存。

俞汝言曰：「其書言天文主夏時。」

周氏廷求春秋二十編

三卷。

存。

廷求自序曰：「春秋一書，聖人所以著尊親大義也。立尊之名，示尊之義，筆之於魯史之上，雖古無天王之稱，而亦不嫌創也；核親之實，得親之情，繫之於周歷之正者，雖詳一春王之文，而亦不厭贅也。王則稱天，尊之至也；春則書王，親之至也；尊尊親親，義之至也，此則夫子所以作春秋之意也。或曰：『夫子意在存王迹，而作春秋則止存周室之文足矣，胡爲乎備載列國之事邪？』曰：『尊其尊，親其親者，尊親之大義也。合衆尊以成一尊，合衆親以成一親者，尊親之至願也。』今考全史所載，則見正朔頒於其上，列國承於其下，典禮按於其故，功業俟於其新，治亂繫於其人，盛衰存於其事，罪案嚴於其論，災異謹於其徵，一人雖拱手無爲，而諸侯若奉行不替，於此見聖人竊取之義矣。至於今誦天王之稱，有以知聖人之尊王者，尊之惟恐不至；讀春王之文，有以知聖人之親周者，親之惟恐或忘也。歸賵錫葬之事，雖當式微之日，而列國無不以受王命爲榮；會同誓信之舉，雖當更霸之期，而盟主無不以藉王臣爲重；河陽一狩，京師特朝，依然巡守述職之盛事也；天子賜命而共仰繼明之照，元戎啓行而三勤伐鄭之師，依然禮樂征伐之雄風也；寤生不共而三國從王以伐，負芻已服而京師受命以歸，豈非司馬、司寇之典，猶是一人總其成乎？緣陵之城，諸侯盡入宿衛，成周之城，大夫敢效賢勞，豈非維屏維翰之業，猶是普天同其戴乎？若然者，世雖衰也，道雖微也，一王之分，初不失其爲尊也；萬國之衛，初不失其爲親也，直取十有一王①之行事，筆之於經，而義已足昭揭於千古矣，又何必鋪張其事，粉飾其辭，然後有以明天子之事哉？故夫尊親者，至教之所自始也；尊其尊而親其親，大義之所自明也。使人盡知尊其尊而親其親，則經義之所以揭日月而中天也。廷求自天啓三年説春秋，迄崇禎四年論定，分編二十，期不失夫子筆削之初意云爾。」

陳氏士芳**春秋四傳通辭**

十二卷。

存。

① 「十有一王」，依四庫薈要本應作「十有二王」。

經義考卷二百七

春秋四十

王氏道焜等春秋杜林合注

五十卷。

存。

陸元輔曰：「道焜，杭人，中天啓辛酉鄉試，與里人趙如源濬之共輯此書。」

〔四庫總目〕

案：朱彝尊經義考，……又載此書五十卷，引陸元輔之言曰：……。今書肆所行卷數，與彝尊所記合，而削去道焜、如源之名，又首載凡例題爲堯叟所述，而中引永樂春秋大全，殆足哈噱，蓋即以二人編書之凡例，改題堯叟也。……中附陸德明音義，當亦道焜等所加，原本所有，今亦並存焉。（卷二八，頁四十一—四一，左傳杜林合注五十卷提要）

陳氏肇曾**春秋四傳辨疑**

未見。

林偉曰："陳肇曾，字昌箕，福州人。天啓辛酉舉人，官禮部司務。辨疑一書，曹學佺序之。"

華氏允誠**春秋説**

未見。

嚴繩孫曰："先生字汝立，天啓壬戌進士，除工部都水司主事，見鄒元標輩以講學去位，遂拂衣歸，久之，補工部營膳①司主事，進兵部職方員外郎，劾大學士温體仁、吏部尚書閔洪學，尋乞終養歸里。"

〔補正〕

嚴繩孫條内"營膳司"，"膳"當作"繕"。（卷八，頁二十一）

張光家曰："先生説春秋義多主公羊傳。"

倪氏元璐**春秋鞫説**

未見。

---

① "膳"，依補正、四庫薈要本、備要本應作"繕"。

黄氏道周**春秋表正**

未見。

春秋撰

一卷。

存。

鄧氏來鸞**春秋實録**

十二卷。

存。

劉芳喆曰：「來鸞，字繡青，宜黄人，天啓壬戌進士，武昌知府，其書吴興沈演序之。」

林氏胤昌**春秋易義**

十二卷。

未見。

黄虞稷曰：「晉江人，天啓壬戌進士，官吏部郎中。」

張氏國經**春秋比事**

七卷。

未見。

黄虞稷曰：「漳浦人，天啓壬戌進士，四川布政司參政。」

黎氏遂球**春秋兵法**

未見。

遂球自序曰：「兵事著於黄帝，不可得而考矣。世之傳者，不過與陰陽時日之書等，予無取焉，其可稽據者，則無如春秋。予少即受左氏於先高士，然其時海内平治，不過以爲詞令之式；廿年來，四方多事，予以書生遨遊諸公間，羽檄飛至，間輒以意談兵，時多奇中，然不敢自信爲能也。會以省母，從吴歸粤，舟中無事，因取左氏諸兵事别爲端委，手自寫記，時以己意附於其末。適友人有以書籍見質者，始知昔人久已有是編，予甚自笑其勞，然頗覺其泛引無當，則又不容自廢，以精切而明著蓋無如予本也。」

張氏溥**春秋三書**

三十一卷。

〔校記〕

四庫存目三十二卷。（春秋，頁五三）

存。闕。

張采序曰：「三書者，我友張子讀春秋所作也。曷云三書？一曰列國論，是則張子分之以明經；一曰諸傳斷，是則張子合之以明經，一曰書法解，是則張子分合一致以明經。此三書者，左右往賢，綱領來訓，使天假之年，剋期可竟，不幸短折，張子於經没身已矣。今就所屬稿，列國論已完；傳斷中缺文公，復缺襄公以下，其僖公閒缺十餘年；書法解爲目多端，而僅成一，則竊謂以此行世，亦可羽翼經傳。而賈人不知，强予續之，復不自量，輒許其請，但病中多廢不克即竟，因先完僖公出正同志，其他所缺亦小有條緒，隨容續布。嗟夫！朋友一倫，于今涼薄，兩人相期二十餘年，頗著海内，未了後補，豈止文章？正不欲漫計工拙、殊觀生死云爾。」

吴氏希哲**春秋明微**

〔校記〕

丁氏八千卷樓著録作麟旨明微，不分卷。（春秋，頁五三）

未見。

錢謙益①序曰：「淳安睿卿吴公世授春秋起家，成進士，以治行第一擢居掖垣，天子知其能，特命督賦江南，暇手一編，據案呻吟，援筆塗乙，若唐人所謂兔園册者，則其所著春秋明微也。給諫承籍家學，專精覃思，於是經注疏、集解以及宿儒講論、經生經義，窮其指歸，疏其蕪穢，窮年盡歲，彙爲是書。昔者漢世治春秋，用以折大獄、斷國論；董仲舒作春秋決事比，朝廷有大議，使使者就其家問之，其對皆有明法，何休以春秋駁漢事，服虔又以左傳駁何休，所駁漢事十六②條，故曰：『屬辭比事，春秋教也。』胡文定生當南渡之時，懲荆舒之新學，閔靖康之遺禍，敷陳進御，拳拳以大義摩切人主。今春秋取士，斷以文定爲準，士子射策決科，朝而釋褐，日中而棄之矣。給諫於是經，童而習之，進取不忘其初，篋衍縱横，朱墨狼藉，誠欲使天下學者通經學古，以董子、胡氏爲的也，給諫之意遠矣。」

〔補正〕

序内「漢事十六條」當作「六十」。（卷八，頁二十一）

劉芳喆曰：「希哲，字睿卿，淳安人，崇禎辛未進士，除惠州府推官，擢刑科給事中。」

孫氏承澤**春秋程傳補**

十二卷。

---

①「錢謙益」，四庫薈要本作「錢陸燦」，文淵閣四庫本作「羅喻義」，文津閣四庫本「黄虞稷」。

②「十六」，依補正、四庫薈要本、文淵閣四庫本應作「六十」。

存。

吴氏主一**春秋定衡**

未見。

金華府新志：「吴主一，字協一，義烏人，崇禎癸酉舉人，署會稽教諭，著春秋定衡。」

堵氏胤錫**春秋澤書**

未見。

陸元輔曰：「牧遊先生籍本無錫，家於宜興，中崇禎丁丑進士，授南京户部主事，陞長沙知府。」

夏氏允彝**春秋四傳合論**

佚。

余氏光弟颺**春秋存俟**

十二卷。

存。

李世熊曰：「吾友余希之、賡之之治春秋也，始闢諸儒之陋，繼闢四傳之迷，究乃舉闢四傳、闢諸儒者而并闕之，考世知人，據情得實，務合筆削之初意而止。」

陸元輔曰：「余光，字希之；颺，字賡之，莆田人。□①中崇禎丁丑進士，官上虞知縣。」

〔補正〕

陸元輔條内「□中貞禎丁丑進士」，「中」上是「颺」字。（卷八，頁二十一）

來氏集之**春秋志在**

十二卷。

存。

孫廷銓序曰：「説春秋如説詩，皆以意逆志之書也。詩之志在乎美刺，衛宏、毛、鄭説人人殊；春秋之志存乎褒譏，左氏、公、穀説人人殊，要無違乎美刺、褒貶之正而止爾。漢置春秋博學之士，左氏獨後，世爲公羊、穀梁者從而非之；然公穀去聖人差遠，爲左氏者亦非之，膏肓、墨守、廢疾蓋交譏也。至宋儒削斷三傳，胡氏遂盡廢其書，創爲新例；然立乎趙宋以指春秋，其於隱桓加遠矣，則未知聖人之志果在彼歟？在此歟？我友來子初獨成一書，其意頗異乎四家，蓋以諸儒之説可以理裁聖人之旨，斷難例拘，其或經有微文，前後互見，爲傳所未見者，則表而出之；其有經意顯白，本無義例，而傳好爲曲説，以致失實滋疑者，則辨而正之；其有此傳所引而彼傳或殊，此傳所進而彼傳或退之，排詆紛紜、樊

①「□」，依補正、四庫薈要本、文淵閣四庫本、備要本應作「颺」。

然淆亂，則折衷而求其必合，皆比經發義，錯傳成文，綴以世史，附以新意，著爲百有八篇，號曰春秋志在，蓋言聖人之志之所在也。來子之書，蓋不失褒譏之正者矣。」

四傳權衡

一卷。

〔校記〕

丁氏八千卷樓書目不分卷。（春秋，頁五三）

存。

集之自序曰：「予向者作春秋志在，固已舉其大端，茲又取四傳而權衡之，權衡之者，將以準其是非也。不權衡春秋而權衡四傳者，以今日之是非準千古以上之是非，將有所不確；以吾小儒之是非準大聖人之是非，終有所不敢，亦曰取四傳而銖之、兩之，以酌其平云爾。」

林氏尊賓**春秋傳**

十二卷。

存。

張溥序曰：「制義盛而絶學微，五經之義，終世不能明也；其尤病者，莫甚於春秋。春秋之書，左氏、公、穀三傳並立，文定晚出，其學反貴，非南宋之文高於前人也，其用法也嚴，其持説也峻，意主於復讎，以儆和議之非；論歸於自強，以發忘親之痛。主搆相檜怫然惡之，而抗辭無避，天理人欲，反覆深切，雖其閒少褒多貶，文近深刻；然遏邪防亂，與其過而縱之，無寧過而閑之也。莆田林燕公通春秋，紬繹諸家，更出新義，自成一書，曰林氏傳。竊其意，將以陳君舉、趙子常自命。給諫淩茗柯先生出轄閩海，搜揚多士，首得燕公，延致上座，今蒞吾禾，燕公不遠數千里褐衣上謁，以春秋傳見，給諫爲梓以傳。予方補葺春秋，有三書之役，以編年叙事，以列國叙人，以書法叙義例，更喜得林書，筆之簡端，無異班荆道舊也。」

尊賓自叙曰：「春秋何以有傳也？孔子之心不能偏天下萬世，而口授之，爲孔子徒取其所不能口授者，代爲傳之，遂使天下萬世無不若自孔子口授之者，而春秋傳矣。傳自左氏有之，公羊氏、穀梁氏有之，迄今惟胡氏獨尊獨信，一氏興而諸氏廢；雖然，孔子尚未能偏天下萬世而口授之，則孔子之心又豈一氏所能代爲之傳也哉？此林氏之所以繼而有傳也。」

鄭玥曰：「莆田林尊賓，字燕公撰，尊賓以崇禎壬午舉於鄉。林氏傳十二卷，成於崇禎辛未，淩侍御義渠、張吉士溥、夏吏部允彝皆爲之序。」

宋氏徵璧**左氏兵法測要**

二十二卷。

存。

方岳貢序曰：「今天下多事緩急少依賴之人，或以爲文武之途分，故不盡人材之用，而實非也。洪武中，有司請立武成王廟，聖祖諭之：以文武之道本出於一，合則人才盛，分則人才衰，遂罷武成廟不立。豈不以養成於學校，漸之以經術，如羆如虎之士，惟我所用之哉？不觀於春秋之事乎？晉文之擇帥也，爰舉郤縠①，以其悦②禮樂而敦詩書也，故入則爲卿，出則爲帥；至於司馬、軍尉之屬，皆慎其選，於是魏絳、羊舌父子終身其閒，故軍無秕政，所向成功。及至後世，别流以處之，分銓以序之，文事武備，離而爲二，而古意衰矣。尚木宋子著左氏測要一書，援古證今，不私其所見，不避其所難，其書斷然不可廢矣。使國家異日收文武之用者，其在斯歟③？」

〔補正〕

方岳貢序内「郤縠」當作「郤縠」。（卷八，頁二十一）

李雯序曰：「往者春秋之世，天下五十餘國，霸莫如齊晉，强莫如秦楚，固嘗仗師武之力，藉戰勝之威矣。其他小國之師，以衛之弱而可以勝於齊，以小邾之微而可以勝於魯，以魯之衰而可以勝於宋，以越之敗而可以復於吴，是皆當時士大夫習於兵、嫺於法也。至於今天下一統，天子之威行於萬里，天下勝兵無慮數百萬，而自戊午用兵以來，二十餘年，盜日益多，兵日益弱，求其一矢相加，遺不可得，反不若於春秋之小國者，其士大夫不習於兵、不嫺於法也。嗟乎！是安得司馬穰苴、孫武、吴起者而後

① 「郤縠」，依補正、四庫薈要本、文淵閣四庫本應作「郤縠」。
② 「悦」，文淵閣四庫本作「説」。
③ 「其在斯歟」，文津閣四庫本作「其在斯人歟」。

可用兵哉？尚木少爲左氏之學，樂觀其治兵行師、攻謀交伐之術，因裒集其事，通其流略，至於輓近，皆較量而籌畫之，爲左氏兵法測要二十①卷，此真救時之書也。今天下多故，聖人宵衣，苟有百里之寄，不能必其一日之無事，則不能必其不用兵；不能必其不用兵，則不可以不知兵。官長爲將帥，子弟爲徒衆，出才智以進退，用爪牙以角拒，此猶筐篋簿書之事，不可以爲非常之舉、不意之變也。古之人蓋嘗行之於樽俎之間，出之於衽席之上矣。讀是書者，其勉之哉。」

〔補正〕

李雯序内「測要二十卷」，「十」下脱「二」字。（卷八，頁二十一）

陳子龍序曰：「左氏兵法測要者，我友宋子尚木因舊史、論得失、審形勢、觀世變，以窮兵械之本，乃引經立政之書，非特權謀之用也。春秋以來②，言兵之家不可勝數，然大要虚設機勢，以爲無方之應，未嘗櫛比以驗之於事，曰：彼固無常形與常説也。至唐杜君卿始依孫吴證往事，而其後則宋仁宗之祕略，以至曾公亮、丁度、楊肅之徒，咸集史册之遺文，爲權家之龜鑑，可謂備矣。然其體，每以類相從，而未能旁引曲譬，推見未然，以極於變化異同之際，是故存焉而弗尊。今觀尚木之書，其立本也正，其釋義也詳，其設慮也微，其觸類也廣；或古人所已成之事而代爲之勝算，或古人所未及之思而推之於必然，使人讀其書，雖天下之至懦弱者，莫不欣然思一奮其智，則世之知兵而善用，孰有踰此者乎？然

---

① 「二十」，依補正、四庫薈要本應作「二十二」。

② 「春秋以來」，文津閣四庫本誤作「春秋之來」。

則何以必左氏也？世稱左氏好談兵，非左氏之好談兵，而春秋之賢士大夫皆能爲兵也。且兵法之變，春秋始也。夫十二國並立，五霸迭興，鬬智角力，則於兵制不得不有所變，故魯之邱甲、齊之參國、晉之六軍、楚之二廣、秦之三軍，凡此皆非古制也，而各有善用之道。春秋之君，欲知人之賢否而決其勝負，必驗之於治兵，於命將，則國之三卿與諸大夫而已。是故大者以強，小者以存。然則不倍先王之教而可爲後世之用者，舍左氏，誰與歸哉？今國家休德纍葉，上繼周漢，而内訌外決，莫知所措，何哉？擁兵百萬，而不能設法以治之；士大夫不能專將，而屬於麤悍之人也。尚木慨然發憤，以兵爲必可用，故其爲書，於得失詳著焉。旨哉言乎！讀其書而憬然有志於斯者，予願爲執鞭矣。」

徐孚遠序曰：「今天下蓋多事矣，然其時尚可爲，失今不爲，後且有什伯難於此者。顧時之所急，無甚於兵，尚木乃取左氏之言係兵事者，博以古驗，參以今指，予受而點次之時，亦以己意相出入也。既成，尚木請予序言焉。予惟子瞻之論孫子也，謂其書十三篇，雜然言之，而聽用者之自擇也，今尚木之書其亦雜然言之者乎？夫兵家之言，其變無方，制勝於兩陳之閒者，隨其勢而導之耳。若夫當今所急談者，以兵力不足爲憂，議欲期月宿糧，聚十餘萬甲士，一鼓而殄群寇。夫糧非可卒辨①，甲士非可卒聚，此期月以前，能使吾民忍死以待天兵之來乎？且將之能者，不必用衆；用衆者，未必能辨②事，然則用衆非良將法也。賊寇所在縱橫，我兵尾而銜之，恣取掠耳，縱賊不擊，其弊坐此，如使嚴爲約束，曰：『行省自守至折，使寇得入境，有誅；將帥各率其卒伍，掠一物者，有誅。』如此，有縱賊之罰，無緩

①② 「辨」，文淵閣四庫本作「辦」。

寇之利，以此治盜，度可不日平也。京營之卒，內以備禦，外以討伐，我朝固嘗用之矣。沿習至今，汰之不可，練之不能，一旦有事，何以待之？且其爲制，或合而分，或分而合，所以便簡閱也。可不爲之變計乎？曩時三衛爲我藩籬，時以警告我，我得爲備；今不撫之爲我用，而拒之爲我敵，豈完策乎？今試於宣雲之閒，招攜其族類，以爲我屏蔽，效可睹也。麗人之奉正朔，無虞於此者，今者受攻，而我未有以爲援也。蓋以少出師不足以爲重，而多出師則非力所及也，然亦當事者之失計矣。漢武不憚封侯之賞，以募使絶域者，何也？伐交之策也。我縱未有以爲援，且當募博望、定遠之流，與之一節，以朝命慰勞其君臣，而因監其軍，使彼猶有所繫，而不至折而他降。昔者，吳至弱國也，巫臣通晉於吳①，而楚人始罷於奔命。故通麗者，所以制絶域也。行前之三言以治內，行後之二言以制外，天下其庶可爲乎？若夫奇正之方，變合之用，心知其然而不能道也。尚木能言之，亦惟尚木能用之爾。」

〔補正〕

徐孚遠序內「通晉於吳」，當作「通吳於晉」。（卷八，頁二十一）

朱一是曰：「華亭宋尚木未第日成左氏兵法測要一書，予同年友徐孚遠闇公實討論潤色之，時大學士方公知松江府事，首爲之序，而同里何剛慤人、周立勳勒卣、李雯舒章、陳子龍臥子及孚遠皆序之。」

---

① 「通晉於吳」，依補正、四庫薈要本、文淵閣四庫本應作「通吳於晉」。

經義考卷二百八

春秋四十一

劉氏城春秋左傳地名録

二卷。

存。

城自序曰：「五經志地理者，禹貢而外，詩亦頗著，然無若春秋之專且多矣。少讀左氏傳，苦繁多，欲小撮之，便記識也。已按文獻通考及國史經籍志，漢嚴彭祖、晉裴秀、杜預、宋楊湜、張洽、鄭樵、元杜瑛、明楊慎，各有春秋地名圖譜書，私擬得其本，綜同異，覈事情，畫方輿，紀因革，可判若列眉矣；而藏書弗廣，載籍亦湮，每以爲憾。茲者消夏九華，參觀三傳，輒有疏議，與諸家相出入，因以其餘别録地名二卷，此在經義最爲鸁末，然可備遺忘云，顧不知於諸圖譜爲何如也？崇禎癸酉。」

左傳人名録

一卷。

存。

城自序曰：「予既爲春秋地名録矣，復録人名焉。蓋春秋中人，自天王世辟，而外氏或以地、以官、以祖父，載筆者或名之、字之、謚之，一人數稱，前後貿易，類聚而繫之一身，然後無錯惑也。焦氏經籍志有春秋宗族名氏譜五卷、春秋謚族譜一卷、春秋名號歸一圖二卷、春秋名字異同録五卷，今惟歸一圖盛傳，則予録之亦未可少矣。抑有感焉，諸人什三見經，什七見左傳。按左本以氏①行，漢儒以降，遂定爲邱明。或疑『邱明恥之，丘亦恥之』，其辭氣近於竊比，恐邱明未爲受業弟子，予至今思之亦無確據。是即左氏一人已有疑義，況左氏所傳之人哉？又烏知人之果有無而名之果是否也？録成，爲一歎云。」

顧氏炎武**左傳杜解補正**

三卷。

存。

炎武自序曰：「北史言周樂遜著春秋序義，通賈服説，發杜氏違，今杜氏單行而賈服之書不傳矣。

①「氏」，文津閣四庫本誤作「字」。

吴之先達邵氏寶有左觿百五十餘條，又陸氏粲有左傳附註，傅氏遜本之，爲辨誤一書，今多取之，參以鄙見，名曰補正，凡三卷。若經文大義，左氏不能盡得而公穀得之，公穀不能盡得而啖趙及宋儒得之者，則别記之於書，而此不具也。」

孫氏和鼎**春秋名系彙譜**

四卷。

未見。

和鼎自序曰：「讀春秋者，以深求義理爲務，名系非所急也。然二百四十餘年之閒，事關禮樂刑政者屈指可數，而誅賞之變難以言窮，要不越國爵名氏以爲之差而已。特聖經有案無斷，不得不藉諸傳以折衷，乃經文先自異，三傳又互異。左氏更争奇炫博，變换文辭，以成其異；每當尋繹義理，亹亹忘倦之時，忽以稱謂異同滋疑殆而沮其説，以小害大，何可勝道，而能不爲之所乎？先君少時，嘗爲之譜，爲友人借鈔失去，後復增新例而輯之，惜脱稿者十不逮三，未便行世；而國門所懸異名考、姓氏表、名號歸一圖等書，雖根株略具，而散漫無統，仍費推求，不類先君所輯，能兼①總條貫，洞人心目。和鼎乃遵原式，踵而成之，題曰春秋名系彙譜。上溯三皇，原其始以察則也，下訖吕秦者，究其終以觀變也。生名終諱、胙土命氏之典，皆廢於秦，後世雖或舉行，而空文徒具，實意已非，難云復古，故以秦爲終也。

① 「兼」，文津閣四庫本誤作「蕪」。

仍繫之春秋者，原其所自作也。徵異求同，不嫌煩聒，豈曰僅成先君之志，亦欲觀者捐疑殆而專尋繹，其於聖經未必無涓滴之助云爾。」

劉芳喆曰：「和鼎，嘉定縣人，巡撫都御史元化之子，今翰林致彌之父也。嘗撰石鼓文考據左氏傳，定爲成王之鼓，辨甚確。春秋名系彙譜一書，惜未之見。」

秦氏沅**春秋綱**

三卷。

存。

沅自序曰：「孟子以春秋之作始於詩亡，觀其大矣。夫子删詩，王風始於黍離，考之於史，黍離之作在平王二十四年，而春秋之始隱公，則平王四十九年也，夫子何取乎隱公而始修之邪？蓋善乎舊史之不書即位也。夫子爲政必也正名，隱公不正其名，故不即位，而國史不書隱以攝位自居，故王職不共，王葬不會，嗣王不朝居，然自以爲得計矣；而下之應之者，無駭入極矣、翬帥師矣、身弑矣，迄於襄、昭、定、哀，卒成尾大不掉之禍，不可復振，夫子傷宗國之陵夷，上下於二百餘年之間，而知其所以致此者，實隱公啓之也。非名不正之明驗歟？夫子曰：『吾猶及史之闕文也。』蓋善乎其不書即位也，此正名之先得我心者也，此修春秋所爲託①始也。詩亡而春秋作，春秋之作，始於隱公，殆謂是乎！殆謂是

---

①「託」，文津閣四庫本作「托」。

乎！於是參之以列國之聘問、會盟、征伐、興衰、治亂之效，行其褒貶，著之爲一國之書，垂之爲萬世之訓，而夫子治國平天下之道賢於堯舜，而其大要歸於正名。余揣摹其旨，竊窺其道，摘其綱而爲之目，約其事而比次之，以見一字之同，一言之異，一文之詳略，而是非遂可以尋，情事盡能劃見，信非聖人莫能修之，余豈敢謂遂能明聖人之微哉？蓋以經解經，或當無舛，尋其旨趣，與後之君子商之耳。」

朱氏鶴齡**左氏春秋集説**

十二卷。

未見。

鶴齡自序曰：「記曰：『屬辭比事而不亂，深於春秋者也。』今之説春秋，何其亂與？則凡例之説爲之也。自左氏立例，公穀二氏又有例，啖趙以下亦皆有例，言人人殊，學者將安所適從？如：稱爵者，褒也，而會盂何以書楚子，則非盡褒也；稱人者，貶也，或將卑師少也，而僖公之前，何以君大夫將皆稱人，則非盡貶與將卑師少也；稱字者，貴之也。而邾儀父、許叔、蕭叔有何可貴乎？殺大夫稱名者，罪之也，而陳洩冶、蔡公子燮有何可罪乎？諸侯失國名，而夔子、萊子不名；滅同姓名，而楚滅夔、齊滅蔡①不名，則其説窮矣。不書公子爲削其屬也，而弑君如楚商臣、齊商人反稱公子，則其説又窮矣。卿卒必記日月，公至必告於廟，益師不日，薄之也，而成公以後皆書日；桓會不致，安之也，而公行大半不

① 「蔡」，依補正、文淵閣四庫本應作「萊」。

書至，則其説又窮矣。不得已有變例之説，夫所貴乎例者，正取其一成而不可易，若前後游移，彼此乖忤，何以示萬世之繩準？嗚呼！夫子作春秋，上明天道，下正人事，變化從心，安得有例？例特史家之説耳。自隱桓至定哀，二百四十二年閒，載筆者既非一人，則或詳或略，不免異辭，所見所聞，難於一概，就史法言之，尚無一成之例，而乃欲執後人之例以按經，又欲屈聖人之經以從例，其可乎哉？然則如之何？亦曰：求之春秋之所以作而已矣。夫子曰：『吾志在春秋。』又曰：『其義則丘竊取之。』何謂志？尊天子，内中國，討亂臣賊子，尊王賤霸是也。何謂義？善者，吾進之予之；惡者，吾退之奪之，彼善此者，吾猶進之、予之，純乎惡者，吾急退之、奪之是也。志以義明，義以時立。春秋之始，諸侯驟強，則絀諸侯以扶天子；春秋之中，大夫專政，則絀大夫以扶諸侯；春秋之季，陪臣亂國，則又絀陪臣以扶大夫。而前之治楚，後之治吴越，往往示其意於獎桓文，愛宗國，爵齊、晉、宋、衛諸君之中。若此者，凡以尊天子也，明王道也，一筆一削，蓋皆隨世變而爲之權，世變異，則書法亦異，而豈有變例、正例之可求哉？後之説者，乃曰：『聖人有貶無褒。』或又曰：『聖人初無褒貶。』夫有貶無褒，則春秋爲司空城旦之書，聖人宅心不應如是刻覈；若無褒無貶，則全録舊史，是非①不明，何以有知我罪我之言，而能使亂臣賊子懼邪？吾故專以聖人之志與義爲斷：不能得乎聖人之志與義，則隨事生説，辨愈繁而不可立教；能得乎聖人之志與義，則凡例諸説，何嘗不可與聖經之微文奥旨相爲發明；而近世儒者著論，乃欲盡舉夫例而廢之，其亦固而不可通也已。予爲此書，主以左氏傳，取杜注、孔疏及

---

① 「是非」，文津閣四庫本誤作「是亦」。

公、穀、啖、趙數十家之論，聚而觀之，參互權衡，稿凡數易，疢疾寒暑，腕不停書，雖未知於聖人之志與義若何，而古今諸儒支離膠固之說，刊剟無餘，少以資學者經術經世之用，庶幾於屬辭比事而不亂之旨或有當云。」

〔補正〕

自序内「齊滅蔡」，「蔡」當作「萊」。（卷八，頁二十一）

讀左日抄

□卷

〔補正〕

今傳朱鶴齡讀左日抄十二卷又補二卷。（卷八，頁二十一）

〔校記〕

四庫本十二卷補二卷。（春秋，頁五四）

未見。

鶴齡序曰：「春秋三傳並立，公穀乃經師之學，左氏獨詳於史事。蓋古者史世其官，左氏必世爲魯史，如晉之董孤、齊之南史、楚之倚相，能尊信聖經而爲之作傳，廣求列國諸史乘，管仲、晏嬰、子產、叔向諸名卿佐之行事無不詳，以及卜筮、夢占、小説、雜家之言無不采，大事策書，小事簡牘，閎稽逖覽，綜貫秩然，故其文章最爲典則華贍，而後之儒者或病其誣①，或病其浮夸，或病其立論多違理傷教，則何也？夫子感獲麟而作春秋，去夢楹不三載，其旨趣未及顯以示人，左氏之遊②聖門也晚，又未必與游夏之徒上下其議論，則其踳③駮而不純者固宜有之。且左氏所稱書、不書、先書、故書之類，皆本之舊典，爲史家成法，聖經則不可以史法拘，或事同而義異，或事異而義同，夫子蓋有特筆存焉。自不修春秋既亡，不知何者爲筆？何者爲削？各信胸臆，穿鑿繁興，至於紹興之進講，而説之殽雜極矣。雖然，筆削所據，惟事與文，左氏即閒有舛訛，而臚陳二百四十二年史事，則十得八九。杜元凱推校經傳，亦極精詳，學者誠淹通此書，研究事情，因以推求書法，一切刻深碎瑣之見，勿横據於胸中，而以義理折衷之，安在筆削之精意不可尋繹而得乎？今左氏之書，家傳户習，特其筆法簡古，文之艱④澀者、義之隱伏者，往往費人推索，元凱注既多未備，而孔仲達疏復卷帙繁重，學士家罕闚其書。東山趙子常特申不書之旨，輯爲補注，多與經義相證，發予珍祕有年，復廣演而博通之，疏瀹幽滯，辨正譌舛，自孔疏而下，弋獲於劉原父、吕東萊、陳止齋、王伯厚、陸貞山、邵國賢、傅士凱者居多，又取春秋人物，引繩墨而論斷之，使學者知古今人材之盛莫過於春秋，兵法之精亦莫過於春秋，應變出奇，益人神智，讀史者當有取焉。

① 「誣」，依補正、四庫薈要本、文淵閣四庫本應作「巫」。
② 「左氏之遊」，文津閣四庫本誤作「左氏之之遊」。
③ 「踳」，文津閣四庫本誤作「踏」。
④ 「艱」，文淵閣四庫本誤作「難」。

至於左氏全文，明曉易見者，則概不之及。自愧謏①陋，此不過備遺忘、資討論而已，若欲從事聖經，成一家之學，必如黄楚望所云：先以經證經，次引他經證，又次以經證傳，又次以傳證經，展轉相證，更復出入群書。此非予力所能任也。姑存其説，以俟後世之述作君子。」

〔補正〕

自序内「或病其誣」，「誣」當作「巫」。（卷八，頁二十二）

陸氏圻**春秋論**

九篇。

存。

繆泳曰：「陸圻，字麗京，又字景宣，錢塘貢士，甲申後隱於醫，尋入丹崖爲僧②，不知所終。」

魏氏禧**左傳經世**

三十卷。

未見。

---

① 「謏」，文津閣四庫本誤作「謭」。

② 「甲申後隱於醫，尋入丹崖爲僧」，文津閣四庫本作「入丹崖」。

禧自序曰：「讀書所以明理也，明理所以適用也。故讀書不足經世，則雖外極博綜，内析秋毫，與未嘗讀書同。經世之務，莫備於史。禧嘗以爲：尚書，史之大祖；左傳，史之大宗。古今治天下之理，盡於書；而古今御天下之變，備於左傳。明其理，達其變，讀秦、漢以下之史，猶入宗廟之中，循其昭穆而别其子姓，瞭如指掌矣。嘗觀後世賢者，當國家之任，執大事，決大疑，定大變，學術勳業，爛然天壤，然尋其端緒，求其要領，則左傳已先具之。蓋世之變也，弒奪、烝報、傾危、侵伐之事，至春秋已極；身當其變者，莫不有精苦之志①，深沈之略，應猝之才，發而不可禦之勇，久而不回之力，以謹操其事之始終而成確然之效，至於兵法奇正之節，自司馬穰苴、孫、吴以下，不能易也。禧少好左氏，及遭變亂②，放廢山中者二十年，時時取而讀之，若於古人經世大用，左氏隱而未發之旨，薄有所會，隨筆評注，以示門人。竊惟左傳自漢晉至今歷二千餘年，發微闡幽，成一家言者，不可勝數，然多好其文辭篇格之工，相與議論而已。唐崔日用工左氏學，頗用自矜，及與武平一論三桓七穆，不能對，乃自慚曰：吾請北面。徐文遠從沈重質問左氏，久之辭去，曰：先生所説，紙上語耳。禧嘗指謂門人：學左氏者，就令三桓七穆口誦如流，原非所貴，其不能對，亦無足慚，此蓋博士弟子所務，非古人讀書之意。善讀書者，在發古人所不言，而補其未備，持循而變通之，坐可言，起可行而有效，故足貴也。禧評注之餘，閒作雜論二十篇、書後一篇課諸生，作雜問八篇，用附卷末，就正於有道。左氏好紀怪誕，溺功利禍福之見，論時駁

① 「志」，文淵閣四庫本誤作「思」。
② 「及遭變亂」，文津閣四庫本作「後遭坎軻」。

而不醇①，然如石碏誅吁厚，范宣子禦欒盈，陰飴甥爰田、州兵之謀，晏嬰不死崔杼，子產焚載書，及子皮授子產政諸篇，皆古今定變大略；而陰飴甥會秦伯王城，燭之武夜縋見秦伯，蔡聲子復伍舉，則詞命之極致，後之學者，尤當深思而力體之也。」

〔補正〕

自序内「唐崔日用工左氏學，頗用自矜，及與武平一論三桓七穆，不能對，乃自慙」。按唐書武平一傳：崔日用問三桓七穆，武平一知之。平一問齊、晉、楚三國所屬之諸侯及三國執政之人，日用不知。此似誤記。（卷八，頁二十二）

陳氏許廷**春秋左傳典略**

十二卷。

存。

許廷自序曰：「先文逐著五經疑，詩與春秋，稍已散佚，廷不及闚其全，閒欲續成而未遑也。今夏偶取内外傳讀之，自晉唐以還，崇奬左氏，鮮復病其膏肓者，繄征南之力耳。征南於左氏，分條同貫，比義合要，皆洞其趣，故夾漈稱之。長夏餘閒，往復其解，心平愛之，子②自撰茹私更埤益焉。於約而盡

① 「醇」，文淵閣四庫本作「純」。
② 「子」，文津閣四庫本誤作「不」。

者，疏其旨；於辨而裁者，類其徵；於岐而不害者，綴其異，目之曰典略，凡十有二卷。竊愧不能揚推左氏，討先文邃之散佚，晉語云：「咫聞則多。」或非奮言耳。崇禎二年。」

俞汝言曰：「許廷，字靈茂，海鹽人。」

何氏其偉**春秋胡諍**

一卷。

存。

其偉自序曰：「呂氏大圭云：『春秋穿鑿之患，其原起於三傳①，而後之諸儒又從而羽翼之，彼此矛盾，前後牴牾，紛紛聚訟，而聖人之意益以不明。不知聖人之意，聖人之經自明也。』夫諸儒之爲穿鑿無論已，至於胡氏之説行，而明興專用爲功令，及觀制義發題，則居然孔氏無經而經在胡氏焉。世之尊胡氏者方過於孔氏，是固胡氏之春秋矣，乃以爲孔氏之春秋，孔氏②焉可誣已夫？孔氏之於春秋也，修焉而非作也。修則舊史參半焉，諸凡名稱、爵號之異同，與夫日月之詳略，皆呂氏所謂謄史之舊而褒貶不與者也。褒貶不與於名稱、爵號與日月，則是非善惡之繫乎其文較然已，而必欲穿鑿於一人一字之間，而係二百四十二年之諸侯大夫，盡入孔氏之深文爲刻爲薄爲專，其誣聖何如？而況彼此之矛盾、前後

① 「三傳」，備要本誤作「二傳」。
② 「孔氏」，文津閣四庫本作「孔子」。

之牴牾者，又比諸儒甚焉久矣。世第習焉而不察，是焉而不疑，且翕然於功令之中而不敢也。予故諍其尤悖者，竊以附吕論云。」

王氏挺**春秋集論**

未見。

劉芳喆曰：「挺，字周臣，太倉州人。」

俞氏汝言**春秋平義**

十二卷。

存。

春秋四傳糾正

一卷。

存。

汝言自序曰：「六經之不明，諸儒亂之也。自王輔嗣以老莊言易，而六經有道家矣；鄭康成以讖緯言禮，而六經有數術家矣；公、穀、胡氏以名稱褒貶言春秋，而六經有名家、法家矣。彼其初未始不欲探聖人之精藴，而智識卑淺，强求深遠，習見郡國之府寺，而以爲宫闕之巍峨不過如是，不知輔相之道，而以行師折獄之才智經邦國也；淺求之而爽其度，深求之而愈失其大體。迨至有宋大儒程朱輩出，而後正其紕謬，易傳本義成而輔嗣卷舌，儀禮經傳通解定而康成束手退矣。若夫春秋，左氏親見聖人，公穀傳諸高第弟子，而偏駁者半焉；康侯①品高學博，文章能暢所欲言，方以爲程氏之正傳而疵纇不少，新安朱子心知之而不敢端言其過，其説時時見於弟子講論之餘，而後人又不能推明其義，徒使附會穿鑿刑名法術之言出於一代大儒而不覺，是可異也。汝言不揣，纂集諸家，自爲一書，先之以四傳糾正，爲六端以該之：一曰：尊聖而忘其僭；二曰：執理而近於迂；三曰：尚辭而鄰於鑿；四曰：億測而涉於誣；五曰：稱美而失情實；六曰：摘瑕而傷鍥刻。六者之弊去而後可以讀春秋矣。顧愚陋荒落，何敢效鍼石於前賢，聊以志願學之，自略見其大指而已。丙辰仲夏。」

繆泳曰：「俞汝言，字右吉，秀水人。甲申後棄諸生②，研精經史之學，尤熟於明代典故，擬成一書，僅先就宰輔列卿年表③而已。晚專治春秋，其詩古文曰漸川集。」

〔四庫總目〕

朱彝尊經義考載繆泳之言，稱汝言研精經史，尤熟於明代典故，嘗撰有宰相列卿年表，其詩古文曰漸

① 「康侯」，文淵閣四庫本作「康成」。
② 「甲申後棄諸生」，文津閣四庫本作「中年閉户獨居」。
③ 「宰輔列卿年表」，文淵閣四庫本、四庫總目俱作「宰相列卿年表」。

川集，今皆未見，蓋亦好學深思之士，所由與枵腹高談者異歟！（卷二九，頁十—十一，春秋平義十二卷提要）

王氏寅春秋自得篇

十二卷。

存。

寅自序曰：「聖人所作之書，慮無有藉乎人以明者。春秋之成也，游夏不能贊焉。聖人爲經，左氏爲傳，各自爲書，是故左氏之文有先經而起者，有後經而終者，有不本乎經而別自爲紀者，則其讀未修之春秋而就者也。嗣乎左氏，而有公穀，始因經以起義，大都緣左氏之舊文而閒附以己意云爾。漢室諸儒，各有攸聞，辭多散見；程氏、胡氏旨益精詳，例從巧合。然不讀三傳，其義亦無自而起；且胡氏者，志存悟主，謂宋之南與周之東，固①可取而譬也，或強經以從己有之。予疑聖人所作之書，當有不必三傳而明者。蓋聖人之言曰：『天下有道，則禮樂征伐自天子出。』春秋會盟征伐，非自爲主，則霸國爲之主，故曰：春秋，孔氏之刑書也。且獨不聞孟子之言乎？春秋成而亂臣賊子懼。『春秋，天子之事也』，亂臣賊子無天子於心，聖人則以天子之法治之，曰：此正朔者，猶之乎天子之正朔也。禮樂征伐自諸侯出、自大夫出，曾天子之法具在，而藐不知畏，是果何代之諸侯？何國之大夫乎？抑何決裂倒置

①「固」，文津閣四庫本誤作「因」。

一至此也？是故立一天子於上，斯諸侯大夫之罪咸可得而定矣；諸侯大夫之罪定，斯天子之法伸矣。是果必待三傳而明者乎？直書焉而見，比類焉而見，散錯不齊焉而亦見，予何敢作傳？慮夫尊傳而失經者，流俗之士或所不免，故爲姑舍諸傳，參引他經，特據聖經以爲之注，後之學者謂補先儒之未足焉可也，謂翻先儒之案不可也。夫知我罪我，聖人猶將聽之，又何況疏賤庸劣如予者乎？與其開罪於聖人，無寧開罪於先儒耳。讀斯注者，尚其諒予之心也夫。崇禎壬午。」

金氏鏡**春秋集義**

十二卷。

未見。

錢氏顒**春秋志禮**

八卷。

存。

顒自序曰：「在昔言春秋者，莫不以爲聖人刑書，於是引經斷獄，皆以春秋爲名，遂據爲律法斷例，刻深其文，無寬和之氣，使聖人褒諱隱惡，謹嚴而存忠厚之思，流於薄而不返，嗚呼！此豈仲尼不爲已，甚者之所爲哉？昭公二年，韓宣子如魯，見易象與魯春秋曰：『周禮盡在魯矣！吾乃今知周公之德與周之所以王也。』韓子所見，蓋周①之舊典禮經。雖仲尼之②所未修，而周公之法制未嘗不在於魯也。故其先慶父之難，齊之覘國者曰：魯猶秉周禮。周禮，所以本也。國之將亡，本必先撥，而後枝葉從之。今魯不棄周禮，未可動也。莊僖以來，更十數公而無改，韓起猶及見之，故『仲尼因魯史策書成文，考其真僞，志其典禮。上以遵周公之遺制，下以明將來之法。』傳故曰：『其善志。』惟上之人能使昭明。左昭三十一年傳。又曰：『春秋之稱，微而顯，志而晦，婉而成章，盡而不汙，懲惡而勸善，非聖人，誰能修之？』左成十四年傳。所謂勸善者，君子之事也；婉而成章者，曲從義訓，以示大順者也；志而晦者，約言紀事，以示法制者也。故曰：王道之正，人倫之紀，備矣。仲尼亦曰：予作春秋，以正亂制。由是言之，春秋者，禮義之大宗也。禮，禁未然之前；法，施已然之後。法之所爲用者易見，而禮之所爲禁者難知，故聖人從而修之，所以興禮教而使人自遠刑法之端者也。禮樂之數，莫不具備於斯，是以後之言禮者，非春秋之義不足以定其去從。嗚呼！美哉！洋洋乎經緯萬端，宰制人極，孰有踰於此哉？予用是約春秋之大凡，捃摭傳紀，總其條貫，以類分爲十志，而以禮志爲首，傳音附於魯事，使稽古考治術者，有以見王道之大端，周公之遺法，儒說之要歸，足以致治興教，立俗范事，施諸後世而無惑，豈徒博物云爾哉！」

按：錢氏春秋志禮，其綱曰吉，曰凶，曰軍，曰賓，曰嘉。吉禮之目八：曰郊，曰望，曰雩，曰考，曰烝，曰嘗，曰禘，曰大事；凶禮之目五：曰喪，曰荒，曰弔，曰救災，曰禬；軍禮之目四：曰大閱，曰

---

① 「周」，文津閣四庫本作「周公」。
② 「之」字，文津閣四庫本脱漏。

治兵，曰大蒐，曰狩；賓禮之目十一：曰朝周，曰朝魯，曰公如他國，曰外諸侯相朝，曰内大夫如周聘，曰列國聘周①，曰諸國來聘，曰内大夫聘列國，曰諸侯相聘，曰周來聘，曰周聘諸國；嘉禮之目七：曰飲食，曰冠，曰昏，曰賓射，曰燕饗，曰脤膰，曰賀慶；錫命有三：曰周來錫命，曰周命列國，曰周命諸大夫；其一爲雜記。

張氏睿卿**春秋傳略**

未見。

馮氏如京**春秋大成**

三十一卷。

存。

劉芳喆曰：「如京，字秋水，代州人，仕至廣東布政使。」

董氏漢策**春秋傳彙**

十二卷。

① 「周」，文淵閣四庫本作「問」。

存。

趙吉士曰：「漢策，字帷儒，烏程人，范制府承謨巡撫浙江，以人材薦，將除科道矣，爲言者所劾去。」

瞿氏世壽**春秋管見**

十三卷。

存。

世壽自序曰：「予幼失學，寡昧無聞，弱冠後，棄舉子業，思究經義，遭家多難，又乏師承，年四十二，薄遊閩南，喜得春秋三傳善本，厥後自閩而燕，自燕而豫、而魯，搜羅請乞，又得漢、唐、宋諸儒經解數十種，早夜尋繹，謬因一得，著爲春秋管見四卷，七年之閒，稿凡三易，竊謂宫牆數仞，幸得其門。五十遊秦，旅寓藍田官舍，藍田爲嘉禾阮不巖先生舊治，先生殁後，甲子十月，先生卒於官。遺編散失，忽檢廢簏，得書數册，係先生批校春秋五傳，丹黄塗乙，手澤猶新，次其卷帙，止闕昭公二十一年至三十二年，亟取而補綴之。詳其意義，迥别塵詮，始悟聖經本極廣大，諸儒以狹小窺之；本極通達，諸儒以固必泥之；本極平常，諸儒以穿鑿釋之，故詮解愈多，經義愈晦。因取舊本之合於經者，疏通證明之；局於例者，芟夷薀崇之。四閲春冬，稿又二易，雖爝火螢光，稍堪流照①，然非先生導其前路，萬難遵彼周行，後

---

①「流照」，備要本誤作「流昭」。

海先河，淵源有自，聊爲叙述，以志不諼。時康熙歲次壬申仲春二月生魄後四日也。」

姜氏希轍**春秋左傳統箋**

二十五卷。

〔校記〕

存。

四庫存目作三十五卷。（春秋，頁五四）

馬氏驌**春秋事緯**

二十卷。

存。

按：馬氏左傳事緯凡十二卷，前有序傳一卷、辨例三卷、圖説一卷、覽左隨筆一卷、春秋名氏譜一卷、左傳字音一卷。驌，字宛斯，鄒平人，嘗會萃三代之書爲繹史，人目之曰馬三代。」

〔校記〕

四庫本左傳事緯十二卷附録八卷。（春秋，頁五四）

湯氏秀琦春秋志

十五卷。

存。

宋犖序曰：「文中子有言曰：述作紛紛，制理者參而不一，陳事者亂而無緒，考之春秋爲尤甚。春秋文成數萬，其旨數千，後儒各持所見，以推測聖人之意，事不得其緒，理不衷於一，何能義藴瞭然乎？故三傳作而春秋散，昔人已致歎矣。加以杜、鄭、何、范之箋注，其用心可不謂勤乎？至胡康侯作傳，大旨本於伊川而又兼綜衆論之長，春秋藉是而有定，亦未免時有牴牾。李愿中云：春秋難看，學者未到聖人灑然處，安能無失？如近代治春秋，不惟棄經而從傳，又且畔傳而作支離煩碎之辭，乃治經之蠹也。臨川湯子弓菴作春秋志，其爲書也，分事與理爲二體。事則統以年表，而爲表者八；理則統以書法，而爲法者四。八表各主一事爲綱，二百四十二年之首尾，數簡足以瞭之；其書法四種，以精義爲經，比事爲緯，而條例遺旨且足爲交參考互之資，其爲道也備矣。以此陳事，寧復亂而無緒乎？以此制理，寧復參而不一乎？元趙仁甫作春秋通旨時，未有知者，姚文正公督師襄漢見而異之，始大顯於世。今予旬宣於此，而得一弓菴，在弓菴不僅以仁甫自處，然其所著春秋志既爲予所知，寧能無一言而讓姚公專美於前邪？弓菴爲湯義仍先生從孫，先生以文詞擅名當代，弓菴能世其業，而更以經術是好，魏公之後，繼以南軒，樹立不同，皆足以垂於不朽，豈非獨行君子哉？」

毛氏奇齡春秋傳

三十六卷。

存。

李塨序曰：「六經有二亡，其顯亡者曰樂經，其未嘗亡而實亡者曰春秋。夫抽二百四十二年一千八百餘條之書，而按之無事，繹之無緒，疏觀之漫無條理，逐節而分析之，則又無所於穿貫，於是求其説而不得，妄曰：『經爲綱，傳爲目。』而經非綱也，文有篇題，非事有領要也。又曰：『傳爲案，經爲斷。』而經非斷也，策有褒譏之實，簡無剖判之名也。乃博求之事，而三傳同異參錯不決，即轉而求之諸儒之釋文與釋義，而意旨雜出，牽謬誤而不可爲法，則直舉而棄置之，曰：『非聖經也。』不立學，不令取士，而春秋亡矣。顧無學之徒強起補救，自出其臆説，而反使聖人之旨詘而就我，以爲可以立學，可以取士，而世之取士者，即用其所爲説標以爲題，而聖人之旨渺無聞焉。譬之入齊者，但知有田文，而不知有王；入秦關者，第聞有太后、穰侯、高陽、涇陽，而並不知有西秦之主，而春秋更亡。夫前此之亡，有窮拒君，明明可驗；而今此之亡，則陰移其鼎，大之如典午之浸易，次之如陽翟之暗奸，潛竊盜據，一去而不可挽矣。經解曰：『春秋之失亂。』亂者，亡之端也。又曰：『屬辭比事而不亂，則深於春秋者也。』夫屬辭比事，治亂之法也。先生知其然，專爲治經。夫治經非棄傳也，經賴傳以見，而可棄乎？然而吾治經云耳，因爲立一例，曰：以傳釋經，不以經釋傳。蓋惟恐如取士之以經從傳也。乃取史官記事法，以設門部，經若干條，條若干事，事若干門，門若干部，如一朝聘門，而有朝部、有聘部、有來朝部、有往朝部、有來朝嗣君往朝嗣君部、有嗣君來朝嗣君往朝部。而於是連其書法之通覈，謂之屬辭；較其記事之參變，謂之比事，而予奪見焉。推之二十二門之辭事，皆如是矣。是以侵伐有門，盟會有門，前後大小皆得聯絡於其閒，條理穿貫，一往明析，於是始爲之治傳。就三傳之中，取其事之與經合者曰傳，且別其傳之與史合者曰策書，不特杜預、何休、賈逵、范甯受其區別，即公羊、穀梁，指斥如蒯隸，必不使得與左氏策書互相溷亂；而至於唐後諸儒，則雖備觀其說，而百無一合，大率棄置不屑道，而胡氏一書反三致意焉，以爲是書者固亂經之階，而亡經之本也。閒考先生立說，不好詭異，不以武斷勝，每所考校，必與門部相依而分，乃一袪雜例，若所稱三體、五情、七缺、九旨者，而以四例該之。昔者韓宣子觀魯春秋，曰：周禮在魯。則禮者，固春秋要領也。孟子曰：『其事則齊桓、晉文，其文則史，其義則丘竊取之矣。』則事與文與義，又春秋之所自備也。以春秋大夫如韓起，以善讀春秋如孟氏子，其爲說必有當於春秋，而先生取以爲例，未嘗拗曲揉直，強求其合，而以四例而比之三傳與諸家，則三傳、諸家不異焉；以四例而比之二百四十二年之文與事，而二百四十二年之文事不能外焉，此非夫子之春秋乎？於是又立一例，曰：以經釋經，不以傳釋經。任取經文一條，而初觀其禮，繼審其事，繼核其文，又繼定其義，而經之予奪進退，無出此者。始以春秋爲經，不傳事，而傳事固如此，以爲無緒、無條理，并無穿貫①，而其緒與條理穿貫又如此，如此而猶謂春秋之亡，非藉是書以存之不得矣。塨世受經學，長而徧遊諸經師之門，其於春秋亦既浸淫乎其閒，而茫無畔岸，

① 「穿貫」，文津閣四庫本誤作「貫穿」。

讀先生之書而豁然，而擴然，而浩浩然。夫塨豈不深觀乎漢後諸儒與宋、元、明迄今之爲春秋者，而敢漫然贊一詞也乎？」

按：毛氏説春秋分二十二門：一曰改元，二曰即位，三曰生子，四曰立君，五曰朝聘，六曰盟會，七曰侵伐，八曰遷滅，九曰昏覯，十曰享唁，十一曰喪葬，十二曰祭祀，十三曰蒐狩，十四曰興作，十五曰甲兵，十六曰田賦，十七曰豐凶，十八曰災祥，十九曰出國，二十曰入國，二十一曰盜弑，二十二曰刑戮。而總括以四例：一曰禮例，謂前二十二門皆典禮也；二曰事例，則以二十二門一千八百餘條無非事也；三曰文例，則史文之法也；四曰義例，則貫乎禮與事與文之間。

屬辭比事紀①

六卷。

未見。

〔四庫總目〕

是書爲奇齡門人所編，云本十卷；朱彝尊經義考惟載六卷，且云未見。此本於二十二門之中，僅得七門，而侵伐一門，尚未及半，蓋編次未竟之本。雖非完書，核其體要，轉勝所作春秋傳也。（卷二九，頁十七，春秋屬辭比事記四卷提要）

---

① 「屬辭比事紀」，依校記應作「屬辭比事記」。

〔校記〕

「紀」當作「記」，四庫著録本四卷。（春秋，頁五四）

春秋條貫篇

十一卷。

存。

王氏名未詳春秋左翼

未見。

焦竑序曰：「左氏之用，不盡於説經，而善説經者，無如左氏。彼其事判於數世之後，而幾隱於數世之前，或以一事基敗，或以一人創治，或内算失而外算猖，或微釁萌而鉅以壞，要以絲牽繩聯，迴環映帶，如樹之有根株枝葉，扶疎附麗，使人優游浸漬，神明默識，而忽得其指歸，二百四十年①之成敗宛如一日，七十二君之行事通爲一事，故曰奇也。漢魏以上，經傳單行，元凱氏始以傳從經，而於其無所主名者，則强爲先經始事、後經終義、依經辨理、錯經合異②之説，以盡其變例。是徒知以公穀讀左氏，而

① 「二百四十年」，文津閣四庫本作「二百四十二年」。

② 「異」，文津閣四庫本誤作「義」。

不知以左氏讀左氏；徒知合經以爲左氏重，而不知離經以爲春秋用也。予每歎春秋以聖人經世之書，而爲章句小儒割裂破碎，皆始於不善讀左氏故耳。王君子省癖左有年，既已獨詣其深，而苦學者算海量沙，出没委頓，遂專主以經而類從其事，使①開卷了然，無俟沈酣反覆，而聖人經世之大法，目擊而存，以一洗元凱始事終義之陋。昔人之論管子也，以爲變司馬法之鈎聯蟠踞者而爲直截簡易，故其法可以進攻而不利退守。夫世豈有不守而能攻者哉？故予謂之書也，不特左氏之螯弧，抑亦春秋之墨守也歟！」

〔補正〕

按：本書卷二百五載王震左傳參同四十三卷，而明史藝文志則作王震春秋左翼四十三卷。今震書具存，以震所答沈仲潤及焦竑春秋左翼序參考之，左翼即參同無疑；惟因烏程縣志云：「震，字子長」，而焦序云：「王君子省」，故朱氏前後分載而不辨其爲一人一書也。（卷八，頁二十二）

〔四庫總目〕

明王震撰。……案：朱彝尊經義考有王氏春秋左翼，不著撰人名字，亦不載卷數，而所録焦竑之序，與此本卷首序合，當即此書也。（卷三十，頁二十一——二一，春秋左翼四十三卷提要）

〔校記〕

四庫著録王震春秋左翼四十三卷，前卷二百五卷著録王氏震左傳參同四十三卷，殆名異而實一書

---

①「使」，文津閣四庫本誤作「便」。

耶！（春秋，頁五四）

張氏春秋說苑

未見。

沈演序曰：「張子吾因也，少受經吾家，晚多自得。會諸家言胡氏春秋者，著精汰秕，編曰說苑，蓋舉業定本也。」

湯氏春秋翼傳

未見。

沈演曰：「博士家言春秋率本安福鄒氏，今覩湯令君所著翼傳，大旨不殊鄒氏而說加詳，學者於是復知有湯氏學矣。」

楊氏名未詳**春秋質疑**

佚。

李光縉曰：「胡康侯當宋南渡時，折衷春秋傳以進，其意主於納牖，不無附會，先生讀春秋，不滿胡氏說，輒致疑焉，彙而成書。」

經義考卷二百九

春秋四十二

左邱子明**春秋外傳國語**

漢志：「二十一篇。」

存。

司馬遷曰：「左邱失明，厥有國語。」

王充曰：「國語，左氏之外傳也。左氏傳經，辭語尚略，故復選録國語之辭以實之。」

傅玄曰：「國語非邱明所作，故有共説一事而二文不同。」

孔晁曰：「左邱明集其典雅令辭，與經相發明者爲春秋傳；其高論善言，别爲國語。」

劉熙曰：「國語記諸國君臣相與言語謀議①之得失也。」又曰：「外傳，春秋以魯爲內，以諸國爲外，外國所傳之事也。」

劉炫曰：「國語非邱明作。」

劉知幾曰：「左邱明既爲春秋內傳，又稽其逸文，纂其别説，分周、魯、齊、晉、鄭、楚、吴、越八國事，起自周穆王，終於魯悼公，列爲春秋外傳國語，合二十一篇。其文以方內傳，或重出而小異；然自古名儒賈逵、王肅、虞翻、韋曜之徒，竝申以注釋，治其章句，此亦六經之流，三傳之亞也。」

陸淳曰：「國語與左傳文體不倫，定非一人所爲。」

崇文總目：「左邱明撰，吴侍中領左國史亭陵侯②韋昭解。昭參引鄭衆、賈逵、虞翻、唐固，合凡五家③爲注，自所發正者三百十④事。」

〔補正〕

崇文總目條內「領左國史亭陵侯韋昭解」，「亭陵侯」當作「高陵亭侯」；「合凡五家」當作「四家」；「三百十事」當作「七事」。（卷八，頁二十二）

司馬光曰：「先儒多怪左邱明既傳春秋，又作國語，爲之説者多矣，皆未甚通也。先君以爲：邱明

---

① 「議」，文津閣四庫本作「事」。
② 「亭陵侯」，依補正、四庫薈要本、文淵閣四庫本應作「高陵亭侯」。
③ 「五家」，依補正、四庫薈要本應作「四家」。
④ 「三百十」，依補正、四庫薈要本、文淵閣四庫本應作「三百七」。

將傳春秋，乃先采集列國之史，因别分之，取其精英者爲春秋傳，而先所采集之稿，因爲時人所傳，命曰國語，非邱明之本志也。故其辭語繁重，序事過詳，不若春秋傳之簡直精明、渾厚遒峻也；又多駁雜不粹之文，誠由列國之史學有厚薄、才有淺深，不能醇一故也；不然邱明作此重複之書何爲邪？」

晁公武曰：「班固藝文志有國語二十一篇，隋志云：『二十二卷。』唐志云：『二十一卷。』今書篇次與漢志同，蓋歷代儒者析簡併篇，互有損益，不足疑也。要之，藝文志審矣。陸淳謂與左傳文體不倫，定非一人所爲，蓋未必然。范甯曰：『左氏①富而艷。』韓愈云②：『左氏浮夸。』今觀此書，信乎其富艷且浮夸矣，非左氏而誰？柳宗元稱越語尤奇峻，豈特越哉？自楚以下類如此。」

朱子語録曰：「國語委靡繁絮，真衰世之文耳。是時語言議論如此，宜乎周之不能振起也。」

李燾曰：「昔左邱明將傳春秋，乃先采集列國之史，國别爲語，旋獵其英華作春秋傳，而先所采集之語，草稿具存，時人共傳習之，號曰國語，殆非邱明本志也。故其辭多枝葉，不若内傳之簡直峻健，甚者駁雜不類，如出他手，蓋由當時列國之史，材有厚薄，學有淺深，故不能醇一耳。不然邱明特爲此重複之書，何邪？先儒或謂春秋傳先成，國語繼作，誤矣，惟本朝司馬温公父子能識之。」

陳振孫曰：「自班固志言左邱明所著，至今與春秋傳並行，號爲外傳。今考二書雖相出入，而事辭或多異同，文體亦不類，意必非出一人之手也。司馬子長云：『左邱失明，厥有國語。』又似不知所謂，

---

① 「左氏」，文津閣四庫本誤作「左傳」。
② 「韓愈云」，文津閣四庫本作「韓子曰」。

唐啖助亦嘗辨之。」

陳造曰：「左邱明傳記諸國事既備矣，復爲國語，二書之事，大同小異者，多或疑之。蓋傳在先秦古書六經之亞也，紀史以釋經，文婉而麗；國語要是傳體，而其文壯，其辭奇。」

真德秀曰：「征犬戎、監謗、專利、不藉千畝、立戲五事，皆周宣王以前文章，不見於書，而幸見於國語。」

王應麟曰：「劉炫謂國語非邱明作。葉少藴云：古有左氏、左邱氏，太史公稱『左邱失明，厥有國語』。今春秋傳作左氏，而國語爲左邱氏，則不得爲一家，文體亦自不同，其非一家書明甚。左氏蓋左史之後，以官氏者，朱文公謂左氏乃左史倚相之後，故其書説楚事爲詳；司馬氏謂左氏欲傳春秋，先作國語，國語之文，不及傳之精也。」

黄震曰：「國語事必稽典型，言必主恭敬，衰周之邪説，一語無之，是足詔萬世也。」

戴表元曰：「此書不專載事，遂稱國語。先儒奇太史公變編年爲雜體，有作古之材，以余①觀之，殆倣國語而爲之也。」

黄省曾曰：「昔左氏羅集國史實書以傳春秋，其釋麗之餘，溢爲外傳，實多先王之明訓。自張蒼、賈生、馬遷以來千數百年，播誦於藝林不衰，世儒雖以浮夸闊誕者爲病，然而文辭高妙精理，非後之操觚者可及。」

---

① 「余」，文津閣四庫本作「予」。

王維楨曰：「左傳，尊聖人之經者，而國語羽翼之，春秋素王、邱明素臣，千古不易之論也。范武子謂：『左氏艷而富，其失也誣①。』夫古之聞人，恥巧言令色者而肯誣②邪？柳子厚文章簡古有法，深得左氏之遺，至爲論六十七篇，而命曰非國語，病其文勝而不醇乎道，斯持論之過也。」

〔補正〕

王維楨條内「其失也誣」，「誣」當作「巫」。（卷八，頁二十二）

王世貞曰：「昔孔子因魯史以作經，而左氏翼經以立傳，復作外傳以補所未備，其所著記，蓋列國辭命載書、訓誡諫説之辭也。商略帝王，包括宇宙，該治亂，蹟善敗，按籍而索之，班班詳覈，奚翅二百四十二年之行事，其論古今天道人事備矣。即寥寥數語，靡不悉張弛之義，暢彼我之懷，極組織之工，鼓陶鑄之巧，學者稍稍掇拾其芬艷，猶足以文藻群流，黼黻當代，信文章之巨麗也。」

陶望齡曰：「國語一書，深厚渾樸，周魯尚矣。周語辭勝事，晉語事勝辭，齊語單記桓公霸業，大略與管子同，如其妙理瑋辭，驟讀之而心驚，潛翫之而味永，還須以越語壓卷。」

鄭氏衆**國語章句**

佚。

宋庠曰：「鄭仲師作國語章句，亡其篇數。」

①② 「誣」，依補正、四庫薈要本應作「巫」。

賈氏逵**國語解詁**

隋志：「二十卷。」

佚。

宋庠曰：「賈景伯國語解詁二十一篇，唐已亡。」

按：太平御覽引賈氏解平公射鴳篇云：「徒林，園中池也。」言唐叔有才藝，封於晉，餘見韋注者不少。」

王氏肅**春秋外傳章句**

隋志：「一卷①。」

佚。

宋庠曰：「王肅國語章句，梁有二十二卷，唐志亦云。」

虞氏翻**春秋外傳國語注**

隋志：「二十一卷。」

---

①「一卷」，文淵閣四庫本作「闕卷」。

佚。

唐氏固**春秋外傳國語注**

隋志：「二十一卷。」

佚。

按：固注國語「農祥晨正」云：「農祥，房星也；晨正，晨見南方，謂立春之日。」初學記引之，餘見韋注者多。

韋氏昭**春秋外傳國語注**

隋志：「二十二卷。」唐志：「二十卷①。」

〔補正〕

按：唐志二十一卷。（卷八，頁二十三）

存。

吴志：「韋曜，字弘嗣，吴郡雲陽人。爲中書郎博士祭酒，封高陵亭侯，遷中書僕射。」裴松之曰：「曜，本名昭，史爲晉諱改之。」

① 「二十卷」，依補正、四庫薈要本、文淵閣四庫本應作「二十一卷」。

昭自序曰：「昔孔子發憤於舊史，垂法於素王，左邱明因聖言以攄意，託王義以流藻，其淵源深大，沈懿雅麗，可謂命世之才，博物善作者也。其明識高遠，雅思未盡，故復采録前世穆王以來，下迄魯悼、智伯之誅，邦國成敗、嘉言善語、陰陽律吕、天時人事、逆順之數，以爲國語，其文不主於經，故號曰外傳；所以包羅天地，探測禍福，發起幽微，章表善惡者，昭然甚明，實爲①經藝並陳，非特諸子之倫也。遭秦之亂，幽而復光，賈生、史遷頗綜述焉；及劉光禄於漢成世始更考校，是正疑謬，至於章帝鄭大司農爲之訓註，解疑釋滯，昭晰可觀；至於細碎有所闕略，侍中賈君敷而衍之，其所發明，大義略舉，爲已憭②矣。然於③文閒時有遺忘，建安、黄武之閒，故侍御史會稽虞君，尚書僕射丹陽唐君皆英才碩儒，洽聞之士也，采摭所見，因賈爲主而損益之，觀其辭義，信多善者，然所理④釋，猶有異同。昭以末學淺闇寡聞，階數君之成，訓思事義之是非，愚心頗有所覺。今諸家並行，是非相貿，雖聰明疏達識機之士，知所去就，然淺聞初學，猶或未能祛過。竊不自料，復爲之解，因賈君⑤之精實，採唐虞⑥之信善，亦所以⑦

① 「爲」，依補正、四庫薈要本、文淵閣四庫本應作「與」。
② 「憭」，文淵閣四庫本誤作「瞭」。
③ 「於」，文淵閣四庫本作「其」。
④ 「理」，文淵閣四庫本作「解」。
⑤ 「因賈君」，依補正、四庫薈要本、文淵閣四庫本應作「鄭賈君」。
⑥ 「唐虞」，依補正、四庫薈要本應作「虞唐」。
⑦ 「所以」，依補正、四庫薈要本應作「以所」。

覺①增潤補綴，參之以五經，檢之以内傳，以世本考其流，以爾雅齊其訓，去非要，存事實，凡所發正三百七事；又諸家紛錯，載述爲煩，是以時有所見，庶幾頗近事情②，裁有補益，猶恐人之多言，未詳其故，欲世覽者察之③。」

〔補正〕

自序内「實爲經藝竝陳」，「爲」當作「與」；「因賈君之精實，採唐虞之信善，亦所以覺增潤補綴」，「因」下脱「鄭」字，「君」字當删；「唐虞」當作「虞唐」；「所以」當作「以所」；「覽者察之」，「者」下脱「必」字，「之」下脱「也」字。（卷八，頁二十三）

黄震曰：「國語文宏衍精潔，韋昭注文亦簡切稱之。」

孔氏晁春秋外傳國語注

隋志：「二十卷。」唐志：「二十一卷。」

佚。

隋書：「晉五經博士。」

---

① 「覺」字，文淵閣四庫本脱漏。

② 「事情」，文淵閣四庫本作「情事」。

③ 「欲世覽者察之」，依補正、四庫薈要本應作「欲世覽者必察之也」。

柳氏宗元**非國語**

唐志：「二卷。」

存。

宗元自序曰：「左氏、國語，其文深閎傑異，固世之所耽嗜而不已也；而其説多誣淫，不概於聖。予懼世之學者溺其文采，而淪於是非，是不得由中庸以入堯舜之道，本諸理作非國語。」

劉恕曰：「國語，左邱明所著，載内傳遺事，或言理差殊，而文詞富美，爲書别行。自周穆王盡晉智伯、趙襄子當貞定王時，凡五百餘年，雖事不連屬，於史官蓋有補焉。唐柳宗元采摭片言之失，以爲誣淫不概於聖，作非國語六十七篇，其説雖存，然不能爲國語輕重也。」

蘇軾曰：「非國語，鄙意不然之①，但未暇著論耳。」

晁公武曰：「上卷三十一篇，下卷三十六篇。」

黄震曰：「柳子厚作非國語，匪獨駁難，多造理文，亦奇峭。」

王繼祀曰：「柳氏之文，大抵得之國語者多，而子厚反非之，蓋欲掩古以自彰也。」

戴仔曰：「觀非國語之書，而見宗元之寡識也。夫孔子不語怪、力、亂、神，不語之則是矣，謂其盡無，固不可也。上古之世，風氣初開，天地尚闇，民神之道，雜糅弗章。自顓帝分命重黎，秩叙天地，然

① 「之」字，文津閣四庫本脱漏。

後幽明不相侵黷，書所謂絶地天通，罔有降格者也。不但古爲然也，今深山大藪之中，人跡鮮至之地，往往産異見怪，民人益繁而後聽聞邈焉，故近古之書多言怪神不足異也。不特國語言之也，書六十篇往往有是焉：盤庚告其群臣，諄諄乎乃祖、乃父，告我高后之説，周公説於三王，金縢之册至今存焉，故記曰：夏道尊命，殷人尊神，率民以祀神，先鬼而後禮，彼誠去之未遠也。周官宗伯有巫祝禱祠之人，掌詛盟禬禜之事，攻説及乎毒蠱①，厭禳施於夭鳥，牡橭以殺淵神，枉矢以射怪物，世之讀者往往懷子厚之見，遂以爲非周公之書。夫國語之書皆先王之遺訓，周官之書乃先聖之典禮，其大經大法，章明較著者，與日月俱懸，其小未能明者，存之以俟其通耳。故孔子曰：『多聞闕疑，慎言其餘，則寡尤；多見闕殆，慎行其餘，則寡悔。』觀子厚與吴武陵、吕温書，知不免乎後來之悔尤矣。夫古之爲享祀朝聘，以觀威儀、省禍福也。故古之觀人也，受玉而惰，受脤而不敬，或視遠而步高，或視下而言徐，與夫言之偷惰，手之高下，容之俯仰，皆有以見其禍福，何者？其民氣素治，故其亂者可得而察也。子厚見夫今人之亟有是而未嘗死亡也，則以訾古，此朝菌蟪蛄之智也。夫知人而後可以知天，子厚不知民，則焉知天道？伯陽父、仲山甫、王子晉、單穆公、單襄公、伶州鳩、史伯、衛彪傒、觀射父九人，語言皆不可訾，訾之，其爲不知大矣；公孫僑如之貪邪，郤至之汰侈，矜伐不可獎，獎之，其爲同德明矣。子貢曰：『文武之道未墜於地，在人，賢者識其大者，不賢者識其小者。』吾讀國語之書，蓋知此編之中，一話一言，皆文武之道也；而其辭閎深雅奥，讀之，味尤雋永，然則不獨其書不可訾，其文辭亦未易貶也。故予爲之説

①「蠱」，文淵閣四庫本誤作「蟲」。

曰：「嗜古者，好古書；便今者，喜俗論。嗜古者，多迂談；便俗者，多疏快。予迂誕之徒也，亦因以自道云。」

蔣之翹曰：「元和三四年閒，子厚在永州時作。」

宋氏庠**國語補音**

宋志：「三卷。」聚樂堂目：「九卷。」

存。

庠自序曰：「班固藝文志種別六經，其春秋家有國語二十一篇注，左邱明著。至漢司馬子長撰史記，遂據國語、世本、戰國策以成其書。當漢出左傳，祕而未行，又不立於學官，故此書亦勿顯，惟上賢達識之士好而尊之，俗儒勿識也。逮東漢，左傳漸布，名儒始悟向來公穀膚近之說，而多歸左氏。及杜元凱研精訓詁，木鐸天下，古今真謬之學一旦冰釋，雖國語亦從而大行。蓋其書並出邱明，自魏晉以後，書録所題，皆云春秋外傳國語，是則左傳爲内，國語爲外，二書相副以成大業，凡事詳於内者略於外，備於外者簡於内，先儒孔晁亦以爲然。自鄭衆、賈逵、王肅、虞翻、唐固、韋昭之徒，竝治其章句，申之注釋，爲六經流亞，非復諸子之倫自餘，名儒碩士好是學者不可勝記。歷世離亂，經籍亡逸，今此書惟韋氏所解傳於世，諸家章句遂無存者。然觀韋氏所叙，以鄭衆、賈逵、虞翻、唐固爲主而增損之，故其注備而有體，可謂一家之名學。惟唐文人柳子厚作非國語二篇①，捃摭左氏意外微細以爲詆訾，然未足掩其鴻美，左篇今完然與經籍並行無損也，庸何傷於道？若夫古今卷第，亦多不同，或云二十一篇，或二十二卷，或二十卷，然據班志最先出，賈逵次之，皆云二十一篇，此實舊書之定數也，其後或互有損益，蓋諸儒章句煩簡不同，析簡併篇，自名其學，蓋不足疑也，要之藝文志爲審矣。又按：先儒未有爲國語音者，蓋外内傳文多相涉，字音亦通故邪？然近世傳舊音一篇，不著撰人名氏，尋其説乃唐人也，何以證之？據解犬戎樹惇，引鄯州羌爲説。夫改鄯善國爲州，自唐始耳。然其音簡陋，不足名書，但其間時出異聞，義均鷄肋，庠因暇輒記其所闕，不覺盈篇，今因舊本而廣之，凡成三卷，其字音反切除存本説外，悉以陸德明經傳釋文②爲主，亦將稽舊學、除臆説也。惟陸音不載者，則以説文、字書、集韻等附益之，號曰國語補音。其間闕疑，請俟鴻博，非敢傳之達識，姑以示兒曹云。」

〔補正〕

自序内「非國語二篇」，「篇」當作「卷」。「夫改鄯善國爲州，自唐始耳。」按：魏書地形志有鄯州列於涼州、瓜州之閒。是始於元魏也，此語失考。（卷八，頁二十三）

陳振孫曰：「丞相安陸宋庠公序撰。以先儒未有爲國語音者，近世傳舊音一卷，不著撰人名氏，蓋唐人也，簡陋不足名書，因而廣之。悉以陸德明釋文爲主，陸所不載，則附益之。」

---

① 「篇」，依補正、四庫薈要本應作「卷」。
② 「經傳釋文」應作「經典釋文」。

王應麟曰：「治平元年上之，二月，令國子監鏤板。」

宋史：「宋庠，字公序，安州安陸人，徙雍邱。天聖初，舉進士；皇祐中，拜兵部侍郎同中書門下平章事，集賢殿大學士，遷工部尚書，再遷兵部尚書，以檢校太尉同平章事充樞密使，封莒國公，改封鄭國公，讀書至老不倦，善正譌謬，嘗校國語，撰補音三卷，卒謚元獻。」

魯氏有開**國語音義**

一卷。

佚。

林氏概**辨國語**

二卷①。

〔補正〕

「二」當作「三」。（卷八，頁二十三）

佚。

閩書：「概，字端甫，福清人。景祐元年試禮部第一，以大理丞出知連州，遷太常博士集賢校理，著

① 「二卷」，依補正、四庫薈要本應作「三卷」。

辨國語四十篇，曾鞏志其墓。」

江氏端禮**非非國語**

佚。

王應麟曰：「江端禮嘗病柳子厚作非國語，乃作非非國語，東坡見之，曰：『久有意爲此書，不謂君先之也。』」

沈氏虛中**左氏國語要略**

十卷。

佚。

姓譜：「虛中，廣德人，舉進士，歷官吏部尚書。」

張氏九成**標注國語類編**

佚。

吕氏祖謙**左氏國語類編**

宋志：「二卷。」

未見。

宋史：「祖謙門人所編。」

陳振孫曰：「與左傳類編略同，但不識①綱領，止有十六門，又分傳與國語爲二。」

〔補正〕

陳振孫條内「但不識綱領」，「識」當作「載」。（卷八，頁二十三）

戴氏仔**非非國語辨**

一篇。

存。

劉氏章**非非國語**

佚。

黄瑜曰：「劉章有文名，病王充作刺孟、柳子厚作非國語，乃作刺刺孟、非非國語。江端禮、虞槃亦作非非國語，是非非國語有三書也。」

---

①「識」，依補正、文淵閣四庫本應作「載」。

亡名氏國語音略

通志：「二卷。」

佚。

虞氏槃**非非國語**

佚。

何孟春曰：「元虞槃讀柳子厚非國語，曰：『國語誠可非，而柳説亦非也。』於是作非非國語。槃具見正史。」

姓譜：「槃，集之弟，同遊吴澄之門，詩、書、春秋皆有論著，官湘鄉州判官。」

葉氏真**是國語**

七卷。

佚。

張氏邦奇**釋國語**

一卷。

存。

曾氏于乾**非非國語**

一卷。

佚。

穆氏文熙**國概**

存。

劉氏城**春秋外傳國語地名録**

一卷。

存。

城自序曰：「予既詮次内傳地名，置之篋中，蓋數歲矣。後此讀春秋輒觀大義，不復比類求之，近偶一巡攬焉，亦自謂纚有考索也。旋以國語參定其閒，同者什之七，異者什之三，又周、晉采地多散見卿士姓號中，如召、樊、范、單、趙、欒、羊舌之類。予鈔内傳時，皆棄而勿取，今併裒采，補其闕遺，試以合諸前録，庶幾備春秋之版籍云爾。雖甚寥寥，爲猶賢乎鷄肋也。崇禎丁丑夏五月。」

春秋外傳國語人名録

一卷。

存。

城自序①曰：「予録地名，外傳别出，故人名亦如之②。世稱國語亦左氏手，以采摭博富、繹經不盡，乃别用義類，成書而外之，以别乎内傳云爾。按：春秋之義，内中國禮義之人，外亂賊之人，斷斷然也。我觀後世，有一系之人而祖父内、子孫外者矣；有一姓之人，而伯叔内、仲季外者矣；有一人之身，而少壯内、末路外者矣；有不得已之人，而魂魄内，衣冠外者矣。之數人者，律以春秋之法，當何等乎？嗟乎！在三代之世，其傳外也，外傳之人，則皆内逮乎？今日其氏族内也，而人則皆外吾，烏乎！傳之悲哉！」

竹書師春

一卷。

佚。

---

①「自序」，四庫薈要本脱漏作「序」。

②「故人名亦如之」以下，四庫薈要本脱漏「世稱國語亦左氏手」至「傳之悲哉」計一百六十九字。

黄伯思曰：「晉太康二年，汲郡民不準盜發魏襄王冢，得古竹書凡七十五篇，晉征南將軍杜預云：別有一卷，純集左傳卜筮事，上下次第及其文義皆與左傳同，名曰師春，『師春』似是鈔集人名也。今觀中祕所藏師春，乃與預説全異，預云純集卜筮事，而此乃記諸國世次及十二公歲星所在，併律吕、謚法等，末乃書易象變卦，又非專載左氏傳卜筮事，由是知此非預所見師春之全也。然預記汲冢他書中有易陰陽説而無彖繫，又有紀年三代并晉魏事，疑今師春蓋後人雜鈔紀年篇耳。然預云紀年起自夏、商、周，而此自唐虞以降皆録之；預云紀年皆三代王事，無諸國別，而此皆有諸國；預云紀年特記晉國，起殤叔，次文侯、昭侯，而此記晉國世次自唐叔始，是三者又與紀年異矣。及觀其紀歲星事，有杜征南洞曉陰陽之語，由是知此書亦西晉人集録，而未必盡出汲冢也。然臣近考辨祕閣古寶器，有宋公緣餗鼎，稽之此書，緣乃宋景公名，與鼎名合，而太史公記及他書皆弗同。由是知此書尚多古事，可備考證，固不可廢云。」

〔補正〕

黄伯思條内「杜預云紀年起自夏、商、周，而此自唐虞以降皆録之」。按：史記魏世家集解引和嶠語云：「紀年起自黄帝。」今明刻沈約紀年附注亦起黄帝，與此説不同。（卷八，頁二十三—二十四）

陳振孫曰：「晉汲郡魏安釐王冢所得古簡，杜預得其紀年，知其①魏國史記，以考證春秋；別有一卷，純集疏左氏傳卜筮事，上下次第及其文義皆與左傳同，名曰師春，似是鈔集者人名也。今此書首叙

① 「其」，依補正、四庫薈要本、文淵閣四庫本應作「爲」。

周及諸國世系，又論分野、律吕爲圖，又雜録謚法、卦變，與杜預所言純集卜筮者不同，似非當時本書也。」

〔補正〕

陳振孫條内「知其魏國史記」，其當作「爲」。（卷八，頁二十四）

方以智曰：「黄長睿校讎師春五篇，乃汲冢古文，杜預言别有一卷集左氏卜筮事，而長睿所見全異，紀諸國世次及十二公歲星所在，併律吕、謚法等，末乃書易象變卦，則預所見非全書也。師春乃鈔集人名也，其書繇乃宋景公名，與宋公繇餗鼎合，當是西晉人集録。」

經義考卷二百十

春秋四十三

洪氏名未詳春秋始隱公說

一篇。

存。載山堂考索。

蘇氏軾隱公是攝論

一篇。

存。載志林。

周氏孚春王正月說

一篇。

存。載螡齋鉛刀編①。

羅氏泌**春秋周正論**

一篇。

存。載路史發揮。

楊氏簡**春王正月説**

一篇。

存。載慈湖遺書②。

章氏如愚**春秋用周正辨**③

一篇。

存。

---

①「螡齋鉛刀編」，文淵閣四庫本作「蠹齋鉛刀編」。
②「慈湖遺書」，文津閣四庫本誤作「西湖遺書」。
③「春秋用周正辨」，文津閣四庫本誤作「春秋用周正解」。

陽氏恪**春秋夏時考正**

二卷。

佚。

程端學曰：「巴川人，號以齋。」

張以寧曰：「以齋陽氏恪有春秋夏時考正一編，凡三十四條。其說謂是堯典定時成歲之後，四時十二月之序一定不移，虞、夏、商、周皆因之，春秋時皆夏正之時，月皆夏正之月，謂夏時冠周月之說非是。陽氏，蜀人，理宗三十九年爲蜀舉首，其父存齋之學得之朱子高弟涪陵冕氏淵。」

牟氏楷**春秋建正辨**

一卷。

存。

商氏季文**春秋正朔辨**

一卷。

佚。

家鉉翁曰：「天台商季文正朔辨謂：夫子作春秋，特出新意，以子丑寅爲春，以建子月爲正月。

諸儒有取其說爲之序其首，愚竊惑焉。夫變易四時以從二代之正朔，此孔鄭釋經既往之誤，前輩辨之審矣，季文果何所見，更謂夫子作春秋特出新意而爲此？然則顔淵爲邦之問、夫子夏時之訓皆虛語乎？季文謂夫子將作編年史，以一歲不可爲兩冬，故特出聖意，以子丑寅爲春，以建子月爲正月，吁！有是哉？古之史，虞、夏、商、周是也。紀年、紀月、紀日者有之，而年之下不皆紀時也，或有書時者概一時而言，如秋大熟、未穫之類，未詳其月，故止書時；惟春秋以行夏之時，故特於年之下紀春而後紀月，以見正必在寅而後爲正，夫豈爲兩冬之避乎？季文又謂：魯舊史以元年十一月書公即位，孔子作春秋，以公即位之書不可繫之前公之末，兼一歲不可兩冬，故不得不改正朔。是又不然，春秋書元年者，國君即位之次年，因魯史之舊文也；書公即位者，春秋所以垂王法也。禮，國君始立，稱子不稱君，必先君既葬，請命於王，王命之爲君，然後始君其國。周之既東，此義頓廢，父死子立，即以國君自居，甚者以簒弑得國，天子不能討，方伯不敢問，而人倫幾於掃地，故聖人明王法以正之，於『元年春王正月』之下，而特書即位或不書即位，以見其得國之正否。故有上不稟命於天王，內不承國於先君，則不書即位以正之；亦有弑君賊自立與爲弑賊所立，則書即位以絶之。春秋十二公書①即位而無貶者，五公耳，春之與正固皆夏時，斯乃春秋垂世之法，夫豈爲即位之書不可繫之前公，而革冬爲春以循之乎？季文又指左傳書事在冬而春秋書於正月者，以證其革冬爲春之說。不思經傳之相符者千百，其不同者二三，豈得以二三之不同而致疑於千百之同乎？今以經後於傳者爲聖人革冬爲春之證，其有經先於傳

① 「書」，文淵閣四庫本誤作「事」。

者，又將何説以處之乎？此乃傳疑傳信之有異，或諸國來告之遲速，故書有先後，豈得據此小疑遂謂聖人革冬爲春？冬之不可爲春，猶寒之不可爲暑，傳注考之未精，先儒辨者已衆，而季文更謂夫子特出新意，以冬爲春，其誣經也，豈不甚哉？其説本無深解，專取杜曆以爲據依，謂其閒有與春秋命曆序相符者。曆之爲藝解者絶少，然亦未有久而不差之曆，命曆序者，術家以爲孔子修春秋用殷曆，使其數可傳於後，明曆者考其蝕朔，不與殷曆合，以爲漢哀平閒治甲寅元曆者託之，非古也。季文亦未嘗精通曆術，學僻而論怪，初不必爲之辨，以一二老學爲之序引，若有取焉，恐其浸傳，易以惑人，故復著之。」

陳氏普**春王正月説**

一篇。

存。載石堂集

黄氏景昌**周正如傳考**

二卷。

佚。

吴萊序曰：「予每觀左氏春秋王周正月，釋者曰言周以别夏殷也，及尋公羊、穀梁二傳，又雜引諸經讖緯。孔子初無明説，後之儒者頗用黄帝以來七曆求春秋時曆，卒不盡合。杜征南長曆反謂經必有誤，經未嘗有誤也，是豈夏正、周正之果異哉？蓋曰王者受命，受之於天，不受之於人，故徙居處，易服色，殊徽號，變犧牲，異器械，而改正朔，其一也，此固然也。董仲舒曰：道之大原出於天，天不變，道亦不變。堯、舜、禹本一揆也，何獨至於湯武而遽革之哉？世之説者嘗謂：當周之世，春秋必用周正。春秋，尊王之書也。隱公元年之正月，是即平王四十九年之正月也。然而前徵乎商，則元祀爲十二月而月不改；後據乎秦，則元年爲冬十月而時不易，『春王正月』，似乎冬十有一月也，而聖人易之以證其行夏之言，程子所謂正月非春，假天時以立義也。自程子之意，則曰夏正寅春也，周正子非春也，是改正者必改月也，故曰假天時而已。自今説者之説，則改正者又不改月，不獨假天時也，雖王月亦假矣，當又自異於程子也。至其所自爲説，且謂夏數得天，百王所同，商周革命，特示不相沿襲，巡守、承享①、兵農、田獵，猶自夏焉。果是，則聖人又何必以是爲顔淵告哉？或者又謂古之改正者必改月，商周之正月非春也。伊訓、元祀、太甲三祀下不紀時，泰誓一月、召誥二月上亦不係時，將以時自天時，月自王月故也。然而秦漢之際，每年之首必以冬書十月之上，顔師古漢書注且以爲：孝武時改太初曆後，乃追正前代正月爲冬十月者，抑難信矣。至若孔安國之於書，鄭康成之於詩禮，且言古之改正改月者，年首必係之以正，正月必係之於春，天開於子，地闢於丑，人生於寅，三代蓋迭建之，皆可以爲正，則皆可以爲春矣。豈不以子丑二月陽氣萌動，雖謂之爲春也，亦可矣？魏景初時，楊偉造新曆，請復用商正，且以是年十二月爲孟春，次年三月爲孟夏，本鄭説也。然則奉若天道，敬授民時，又不常有一月二月

① 「承享」，依補正、四庫薈要本、文淵閣四庫本應作「祭享」。

之參差哉？今之①説書者，蔡氏父子亦謂：如孔鄭之説，則四時改易尤爲無藝，三代之改正者，必不改月；商周之革命者，特不過用其子丑之月以爲歲首耳。周官正歲，周正建子歲首也；正月，夏正建寅月數也；春秋之正雖用周正，而月數不改，每年之首，截前兩月以屬之上年之尾。誠若是，則隱公之元年，魯史必書之曰冬十有一月，而聖人自削之也。蔡氏父子以之言書，則或可從，以之言春秋，則猶未可從也。或者又謂：三代②之世，三正之通於民俗尚矣。魯用周正，吾於春秋魯史見之；曲沃用夏正，吾於汲冢竹書見之，是故左氏雜采諸國之史以爲傳，或用夏正，或用周正，互有不同。昭公之三十三年十月③，晉人會諸侯之大夫于狄泉；定公之元年正月又會于狄泉，是重出也。魯太史辨火出之候，亦曰于夏爲三月，于商爲四月，于周爲五月，又一證也。雖然，王者之大政必叶時月而正日，是豈容以一代之閒而三正之並用者哉？世之説者或曰：易有之帝出乎震。自伏羲、神農之世，蓋異建矣。次而數之，堯建子，舜建丑，夏建寅，而甘誓且載其怠棄三正之文者，本此也。然自顓頊以來，始以民事命官，而歲月自當以人爲紀，先王爲是推筴迎日，治歷明時，民之析因，夷隩鳥獸之孳革毨氄，無一不得其居之宜與其氣之順者，堯、舜、禹三聖輒因之而不敢變也。意者秦漢之際，鄒衍、張蒼五德相生相勝之緒論歟？或又曰：天地人三統，子丑寅三正，古無有，聖人所不道，三代之改正，特改人君即位

---

① 「今之」，文津閣四庫本作「又以」。
② 「三代」，四庫薈要本、文津閣四庫本俱誤作「二代」。
③ 「三十三年十月」，依補正、四庫薈要本應作「三十二年十一月」。

之初年爲元而已。雖然，此謂改元，非改正也，而改元者，又非春秋之重事也。將是數説①，吾亦孰信而孰從之哉？番陽董生始出夏時考正二卷，云：此巴川陽恪先生作也。恪之先君從涪陵晏淵，而淵又受業於朱子，蓋嘗舉朱子之言曰：三王之正不同，周用天正。豳風之詩又皆以人爲紀②，是則改正者改歲首也，未嘗改月數也。上卷專論春秋，下卷雜論他經及傳，一切附著己説，最爲明了。考正之作，實朱子意也；然而朱子四書集注、詩集傳自用周正、周月，臨江張洽朱門高弟，春秋集注且謂：周正建子即以爲春，聖人雖欲行夏之時，而春秋因史作經，方尊周而一天下，不可遽改之也。朱子之意，豈果考正之意哉？子③蓋歸而質之黄君景昌，君則曰：左氏，魯人也，使其不與孔子同時，亦當近在孔子後，左氏信矣。若夫豳風之詩，周公所作，是固追述公劉居豳之事，當夏正者也，未可以説春秋，乃作周正如傳考二卷，以辨考正之不然。今兩書具在，予故併識異説者，以復於董生爲何如？」

〔補正〕

吴萊序内「巡守、承享」，「承」當作「祭」；「昭公之三十三年十月」當作「昭公三十二年十一月」。（卷八，頁二十四）

---

① 「説」，文淵閣四庫本誤作「語」。

② 「紀」，文津閣四庫本作「正」。

③ 「子」，依四庫薈要本、文淵閣四庫本、文津閣四庫本應作「予」。

劉氏淵**周正釋經**

佚。

黄氏澤**春王正月辨**①

〔補正〕

當作「元年春王正月辨」。（卷八，頁二十四）

一卷。

存。

張氏以寧**春王正月考**

二卷②。

〔補正〕

或作一卷。案：作二卷是也。蓋合其辨疑一卷通爲二卷耳。（卷八，頁二十四）

---

① 「春王正月辨」，依補正、四庫薈要本、文淵閣四庫本應作「元年春王正月辨」。

② 「二卷」，四庫薈要本作「一卷」。

存。

以寧自序曰：「道學至宋氏而上接孔孟之傳，何傳爾？其世異，其理同也。儒先依經而言理，有功於經甚大也；而獨於春秋之書『春王正月』未能無疑之也。何疑爾？曰：夏正得天，百王所同也，是以有冬不可爲春之疑也。曰：夫子嘗以行夏之時告顔子也，是以有夏時冠周月之疑也。曰：自漢武帝之用夏時首寅月，逮於今，莫之能改也；是以傳書者有改正朔不改月數之疑，而又有春秋用夏之時、夏之月之疑也。疑愈甚則説愈多，而莫之能一也。以寧蚤學是經，以叨一第亦嘗有疑於此，而未能決也。間讀魯論夫子之言行夏之時，若恍然而有省也。因之歷稽經史傳記及古注疏之説同也，乃知『春王正月』之春爲周之時，由漢逮唐諸儒舉無異説也；而劉向周春夏冬之説，陳寵天以爲正周以爲春之説，最其明著者也，而猶未敢自信也。比觀子朱子語録晚年之三説，亦同也；其門人張氏集傳之説又同也，於是涣然冰釋而無疑也。竊嘗欲筆於書而奪於世，故未遑也；兹因忝使安南，假館俟命之暇，始克會萃而成編也。本之於孔、孟、朱子，徵之於經史而下，而漢儒之説爲多，以其去古未遠，有據而足徵。朱子之著書，多因其説也，若易、詩、書之用夏建寅之月以爲説，則朱子於孟子之集註既主改月之説，而於此未及更定之也。今亦竊取朱子之義，求朱子未盡之意，以成朱子未竟之説，次於春秋經傳之後，以尊經也。仍辨群疑，悉具於右，非以寧之敢爲私言也；尚其與我同志之君子，恕其狂僭之罪而是正之也。①」

① 「也。」字下，依補正應補「洪武三年三月三日」八字。

〔補正〕

自序末應補云「洪武三年三月三日」。（卷八，頁二十四）

張隆跋曰：「先祖諱以寧，字志道，居於閩古田翠屏山之下，因以翠屏爲號焉。自少力學不倦，往寧德受學於韓古遺先生之門；年二十七，以春秋經登泰定丁卯李黼榜進士第，復往淮南讀書十餘年，後歷官太學及翰苑，數十年間，所作詩文，號翠屏集。洪武二年己酉夏，使安南，著述是書。明年庚戌春，書成，踰月，疾革，作自輓詩而逝，時年七十矣。噫！先祖晚年勞心積慮而成此書，采摭群經，搜羅衆說，欲以明聖經而定周之正朔也。隆愚昧不知，痛念手澤尚存，深恐泯而無傳，一依舊本謄寫，刊而藏之家塾，以俟諸君子講究焉。宣德元年。」

周氏原誠**春王正月辨**

一卷。

未見。

周氏洪謨**周正辨**

一篇。

存。

王氏鏊**春王正月辨**

一篇。

存。

冷氏逢震**周正考**

一卷。

未見。

張萱曰：「冷氏周正考雜引古今經史子傳，以證胡文定春秋春王正月以夏時冠周月之誤，謂時與月皆未改爲是，其説頗精。」

黄虞稷曰：「逢震，四川資縣人。」

王氏守仁**春王正月論**

一篇。

存。

霍氏韜**春王正月辨**

一篇。

存。

董氏穀**夏時周月論**

一篇。

存。

俞汝言曰：「其文亦駁胡氏傳之非。」

汪氏衢**春秋周正考**

一卷。

未見。

徽州府志：「衢，字世亨，祁門人。」

李氏濂**夏周正辨疑會通**

四卷。

未見。

翁氏金堂**春王正月辨**

一篇。

存。

俞汝言曰：「錢塘人，隆慶戊辰進士，除知銅陵縣事，遷廉州府同知。」

章氏潢**春秋正月辨**

一篇。

存。

楊氏元祥**春秋正月辨**

一篇。

存。

劉芳喆曰：「元祥，字奎垣，錦衣衛籍襄毅公博之孫也，中萬曆癸未進士，改庶吉士，授簡討①。」

---

① 「簡討」，文淵閣四庫本作「檢討」。

徐氏應聘**春王正月辨**

一篇。

存。

顧湄曰：「公字端銘，崑山人。萬曆癸未進士，改庶吉士，授簡討①，謫歸安縣丞，遷南京行人司副，卒。今刑部尚書乾學、左春坊左中允秉義、大學士元文，皆其曾孫也。春王正月辨一篇，載翰林館課。」

〔補正〕

顧湄條内「公字端銘」，案：明詩綜云：「字伯衡。」（卷八，頁二十四）

史氏孟麟**春王正月辨**

一篇。

存。

劉芳喆曰：「孟麟，字玉池，宜興人。萬曆癸未進士，改庶吉士，授工科給事中，歷户科都給事中，遷太常少卿。」

---

① 「簡討」，文淵閣四庫本作「檢討」。

亡名氏春王正月辨

二篇。

存。載八科館課。

俞氏汝言**春王正月辨**

一卷。

存。

湯氏斌**春王正月辨**

一篇。

存。

吴氏任臣**春秋正朔辨**

一卷。

存。

徐盛全曰：「任臣，字志伊，仁和人，以薦授翰林檢討。」

羅氏泌**即位書元非春秋始立法論**

一篇。

存。

楊氏時**春秋不書即位説**

一篇。

存。

黄氏澤**魯隱公不書即位義**

一卷。

佚。

張氏方平**君子大居正論**

一篇。

存。載樂全先生集。

俞氏成矢魚于棠説

一篇。

存。

按：俞成，字元德，東陽人，宋慶曆中著螢雪叢談。其詮矢字，謂三十六家春秋皆以矢爲觀，非也，引周禮「矢其魚鱉而食之」，直作射解。

陳氏普考仲子之宫義

一篇。

存。

蘇氏軾公子翬弑隱公論

一篇。

存。

鄭伯以璧假許田論

一篇。

存。

亡名氏魯鄭易田説

一篇。

存。載山堂考索。

楊氏簡**公至自唐論**

一篇。

存。

張氏方平**蔡仲行權論**

一篇。

存。

司空氏圖**疑經**

一篇。

存。

按：疑經者以家父求車、毛伯求金，若諸侯之金，天子不得謂之求，宜於「家父來」、「毛伯來」句絶，其云求者，使乎私自求，故書以懲之。

羅氏泌**恆星不見論**

一篇。

存。

張氏方平**季友歸獄論**

一篇。

存。

章氏如愚**季子來歸説**

一篇。

存。

周氏名未詳**吉禘莊公説**

一篇。

存。載山堂考索。

蘇氏軾管仲相齊論

一篇。

存。

歐陽氏修五石六鷁論

一篇。

存。

按：是篇六一居士集不載，見皇宋文選。

陳氏普重耳天賜論

一篇。

存。

孔氏武仲介之推不受禄論

二篇。

存。

許氏衡**子玉請復曹衛論**

一篇。

存。

柳氏宗元**晉文公守原論**①

〔補正〕

當作「晉文公問守原議」。（卷八，頁二十四）

一篇。

存。

章氏如愚**春秋卜郊説**

一篇。

存。

---

①「晉文公守原論」，依補正、四庫薈要本、文淵閣四庫本應作「晉文公問守原議」。

林氏名未詳**不郊猶三望説**

一篇。

存。

亡名氏不郊猶三望説

一篇。

存。見山堂考索。

蘇氏軾**閏月不告朔論**①

〔補正〕

當作「閏月不告朔猶朝于廟論」。（卷八，頁二十四）

一篇。

存。

---

① 「閏月不告朔論」，依補正、四庫薈要本、文淵閣四庫本應作「閏月不告朔猶朝于廟論」。

黄氏澤作邱甲辨

一卷。

存。

劉氏敞子囊城郢論

一篇。

存。

楊氏簡季札觀樂説

一篇。

存。

韓子愈子産不毁鄉校頌

一篇。

存。

劉氏敞非子産論

一篇。

存。

楊氏簡許世子弑君説

一篇。

存。

劉氏敞叔孫昭子譏叔輒論

一篇。

存。

席氏書夾谷論

一篇。

存。

春秋救日論

一篇。

存。

林氏名未詳**齊人歸魯侵田説**

一篇。

存。

亡名氏齊人歸魯侵田説

一篇。

存。

以上二篇俱見群書考索。

蘇氏軾**墮三都論**

一篇。

存。

張氏（方平）趙鞅入晉陽論
一篇。
存。

胡氏（銓）獲麟説
一篇。
存。

羅氏（泌）獲麟解
二篇。
存。

金氏（寔）泣麟圖説
一篇。
存。

王氏鏊獲麟説

一篇。

存。

席氏書獲麟論

二篇。

存。

唐氏順之獲麟説

一篇。

存。

經義考卷二百十一

論語一

古論語

漢志：「二十一篇。」

存。

〔校記〕

馬國翰有輯本。（論語，頁五四）

漢書：「論語者，孔子應答弟子時人及弟子相與言而接聞於夫子之語也。當時弟子各有所記。夫子既卒，門人相與輯而論纂，故謂之論語。」

論語讖曰：「子夏六十四人共撰仲尼微言。」

桓譚曰：「古論語二十一卷，文異者四百餘字。」

王充曰：「論語者，弟子共紀孔子之言行，勑己之時甚多，數十百篇，以八寸爲尺，紀之約者①，懷持之便也。以其遺非經傳文，紀識恐忘，故但以八寸，不二尺四寸也。漢興失亡，至武帝發取孔子壁中古文，得二十一篇，齊、魯、河間九篇，本三十篇，至昭帝女讀二十一篇。宣帝下太常博士，時尚稱書難曉，名之曰傳，後更隸寫以傳誦。初，孔子孫安國以教魯人扶卿，官至荆州刺史，始曰『論語』。」②

〔補正〕

王充條内「約者」，「者」當作「省」。（卷九，頁一）

如淳曰：「古論語二十一篇，分堯曰篇後『子張問：何如可以從政』以下爲篇，名曰③從政。」

鄭康成曰：「論語，仲弓、子游、子夏等所撰定。易、詩、書、禮、樂、春秋，策皆尺二寸④，孝經謙，半之。論語八寸策者，三分居一，又謙焉。」

〔補正〕

鄭康成條内「策皆尺二寸」當改云「皆四尺四寸」。案：此云「策皆尺二寸」者，蓋沿儀禮聘禮疏之誤，今據正義改。（卷九，頁一）

劉熙曰：「論語，紀孔子與諸弟子所語之言也。」

---

①「者」，依補正、四庫薈要本應作「省」。
②本段引文，經義考各本皆同。惟與王充論衡（文淵閣四庫本）頗有出入。
③「曰」字，文津閣四庫本脱漏。
④「尺二寸」，依補正應作「四尺四寸」，四庫薈要本誤作「二尺四寸」。

楊泉曰："論語，聖人之至教，王者之大化。鄉黨篇則有朝廷之儀、聘享之禮；堯曰篇則有禪代之事。"

劉勰曰："昔仲尼微言，門人追記，故仰其經目，稱爲『論語』。蓋群論立名始於茲矣。"

隋書："古論語與古文尚書同出，章句煩省，與魯論不異。惟分子張爲二篇，故有二十一篇。"

陸德明曰："古論語①，出自孔氏壁中，凡二十一篇，有兩子張。篇次不與齊魯論同。②"又曰："論，綸也，輪也，理也，次也，撰也。答述曰『語』，撰次孔子答弟子及時人之語也。"

〔補正〕

陸德明條内"古論語"下脱"者"字。"不與齊魯論同"下，當補云"孔安國爲傳，後漢馬融亦注之。"（卷九，頁一）

薛放曰："漢時，論語首立學官。"

柳宗元曰："曾參少孔子四十六歲，曾子③老而死，是書記曾子之死，則去孔子也遠矣。曾子之死，孔子弟子略無存者矣，吾意曾子弟子之爲之也。或曰孔子弟子嘗雜記其言，然而卒成其書者，曾氏之徒也。"

---

① "古論語"下，依補正應補"者"字。

② "篇次不與齊魯論同。"下，依補正應補"孔安國爲傳，後漢馬融亦注之"十二字。

③ "曾子"，四庫薈要本誤作"曾參"。

歐陽修曰：「出於孔子壁中者曰古論，有兩子張。」

宋永亨曰：「論語所記孔子與人語及門弟子并對其人問答，皆斥其名，未有稱字者。雖顏冉高弟，亦曰回，亦曰雍。至閔子，獨云子騫，終此書無指名。昔賢謂論語出於曾子、有子之門人，予意出於閔氏，觀所言閔子侍側之辭，與冉有、子貢、子路不同，則可見矣。」

程子曰：「論語，曾子、有子弟子撰。所以知者，惟二子不名。」

楊簡曰：「今世所行論語乃魯語，非孔壁中古文。古論分堯曰下章『子張問』爲一篇。」

胡寅曰：「子思、檀弓，皆纂修論語之人。檀弓亦曾子門人。」

朱子曰：「論語，多門弟子所集，故言語時有長短不類處。」又曰：「論語要冷看。」又曰：「論語愈看愈見滋味出。」

何異孫曰：「論語者，孔門師弟子討論文義之言語也。有弟子記夫子之言者；有夫子答弟子之問者；有弟子自相答問者；又有時人相與言者；有臣對君之問者；有師弟子對大夫之問者，皆所以討論文義，故謂之『論語』。」又曰：「論語一書，竊意曾子弟子爲之。故是書載弟子必以字稱，或以名稱；獨曾子稱曾子，有子稱有子，此皆其門人稱之。柳宗元辨正以爲必子春、子思爲之。若公冶長一篇多論人物，恐是子貢門人所記。先進一篇，稱閔子侍側，恐是閔子門人所記。第十八篇多記隱逸之事，恐是記者類聚成篇。第十九篇言多子貢、子夏，然亦必曾子門人記之，有『曾子曰』故也。」

楊宗吾曰：「六經譬則山海，論語其泛海之航，上山之階乎。」

譚貞默曰：「孔子一生，仕止久速，造次顛沛，纂修刪述，盛德大業，靡一不具論語；及門弟子德性氣質，學問造詣，淺深高下，進止得喪，靡一不具論語。論語多記言，少記事。知孔子之言者，即知孔子之事；知及門弟子之言者，即知及門弟子之事矣。」

齊論語

漢志：「二十二篇。」

佚。

〔校記〕

馬國翰有輯本。（論語，頁五四）

漢書注多問王、知道。

〔補正〕

漢書注多問王、知道。

按：此非注文，乃班氏語也，應改云漢書藝文志。（卷九，頁一）

陸德明曰：「齊論語者，齊人所傳，别有問王、知道二篇，凡二十二篇。其二十篇中，章句頗多於魯論。①」

---

① 「其二十篇中，章句頗多於魯論」下，依補正應補「昌邑中尉王吉、少府宋畸、琅邪王卿、御史大夫貢禹、尚書令五鹿充宗、膠東庸生竝傳之，唯王陽名家」計三十九字。

〔補正〕

陸德明條内「章句頗多於魯論」下，當補云「昌邑中尉王吉、少府宋畸、琅邪王卿、御史大夫貢禹、尚書令五鹿充宗、膠東庸生竝傳之，唯王陽名家。」（卷九，頁一）

歐陽修曰：「齊論增問王、知道二篇，今文無之。」

晁公武曰：「問王、知道，詳其名，是必論内聖之道、外王之業，未必非夫子之最致意者。」

按：漢志：「論語十二家：齊二十二篇，多問王、知道。」如淳曰：「問王、知道皆篇名。」説者謂是内聖外王之業，此傅會也。論語二十篇皆就首章字義名篇，非有包括全篇之義。今逸論語見於説文、初學記、文選注、太平御覽等書，其詮玉之屬特詳。竊疑齊論所逸二篇，其一乃問玉，非問王也。考之篆法，三畫正均者爲王，中畫近上者爲王。初無大異，因譌玉爲王耳。王伯厚亦云：「問王疑即問玉。」亶其然乎？

〔補正〕

案：問王、知道二篇，竹垞援王深甯説，謂篇中詮玉之屬特詳，疑是問玉。然竹垞既云論語二十篇皆就章首字義名篇，非有包括全篇之義，則此按語自相撦拄矣。（卷九，頁一—二）

齊論語説

漢志：「二十九篇。」

佚。

〔校記〕

馬國翰有輯本。（論語，頁五四）

班固曰：「傳齊論者，昌邑中尉王吉、少府宋畸、御史大夫貢禹、尚書令五鹿充宗、膠東庸生，唯王陽名家。」

邢昺曰：「王卿，天漢元年由濟南太守爲御史大夫。庸生名譚。王吉字子陽，琅邪皐虞人。爲昌邑中尉，三人皆以齊論語教授於人。」

洪适曰：「季氏篇或以爲齊論。」

魯論語

漢志：「二十篇。」

存。

傳

漢志：「十九篇。」

佚。

班固曰：「傳魯論語者，常山都尉龔奮、長信少府夏侯勝、丞相韋賢及子玄成、太子太傅夏侯建①、前將軍蕭望之、安昌侯張禹，皆名家。」

〔補正〕

班固條内「及子元成、太子太傅夏侯建」此十一字是陸德明經典釋文序録中語，非藝文志語，誤混爲一也，今應删去此十一字，而别詳於下條。（卷九，頁二）

陸德明曰：「魯論語者，魯人所傳，即今所行篇次是也②。」

〔補正〕

陸德明條内「即今所行篇次是也」下，當補云「常山都尉龔奮、長信少府夏侯勝、丞相韋賢及子元成、魯扶卿、太子少傅夏侯建、前將軍蕭望之竝傳之，各自名家」。（卷九，頁二）

歐陽修曰：「論語，漢興傳者三家：魯人傳之，謂之魯論；齊人傳之，謂之齊論；出於孔壁，則曰古論。三家篇第先後皆所不同，考今之次，即所謂魯論者也。」

鄭耕老曰：「論語一萬二千七百字。」

宋鑑：「端平元年，太常少卿兼侍講徐僑奏論語一書，先聖格言，乞以『魯經』爲名，升爲早講。從之。」

---

① 「及子玄成、太子太傅夏侯建」十一字，依補正應删。

② 「即今所行篇次是也」下，依補正應補「常山都尉龔奮、長信少府夏侯勝、丞相韋賢及子玄成、魯扶卿、太子少傅夏侯建、前將軍蕭望之竝傳之，各自名家」計四十四字。

按：魯論語堯曰篇「無不知命」一章，齊論語則有之，蓋後儒參入，其字義異讀者：「傳不習乎」，讀「傳」爲「專」；「崔子弒齊君」，作高子；「未嘗無誨」，讀爲「悔」；「五十以學易」，讀「易」爲「亦」；「正唯弟子不能學也」，讀「正」爲「誠」；「君子坦蕩蕩」，讀爲「湯湯」；「冕衣裳者」，讀爲「絻」；「瓜祭」，讀「瓜」爲「必」；「賜生」，讀「生」爲「牲」；「車中不内顧」，無「不」字；「仍舊貫」，讀「仍」爲「仁」；「折獄」，讀「折」爲「制」；「小慧」，讀「慧」爲「惠」；「古之矜也廉」，讀「廉」爲「貶」；「天何言哉」，讀「天」爲「夫」；又讀「躁」爲「傲」、「窒」爲「室」。

孔氏鮒**論語義疏**

二卷。

佚。

册府元龜：「孔鮒爲陳勝博士，撰論語義疏二卷。」

孔氏安國**古論語訓**

家語：「二十一篇。」

佚。

〔校記〕

馬國翰有輯本。（論語，頁五四）

何晏曰：「古論惟博士孔安國爲之訓解，而世不傳。」邢昺曰：「古論語出孔氏壁中，凡二十一篇，有兩子張。篇次不與齊魯同，孔安國爲傳，後漢馬融亦注之。」

按：宋雪坡姚氏云：「六經之傳行於世者：詩禮箋注自鄭康成，始於東漢。易、春秋注自王弼、杜預，始於魏晉。出西漢者，獨孔安國書傳耳。然安國書傳本出僞託，惟論語集解中所引孔氏訓，則解經首功矣。」雪坡諱勉，字誠一，瑞州人。

夏侯氏勝**魯論語説**

漢志：「二十一篇。」

佚。

張氏禹**魯安昌侯説**

漢志：「二十一篇。」

佚。

漢書：「禹，字子文，河内軹人。從沛郡施讎受易，琅邪王陽、膠東庸生問論語，皆明習。諸儒曰：『欲爲論，念張文。』甘露中，諸儒薦禹，有詔太子太傅蕭望之問。禹對易及論語大義，望之善焉，奏禹經學精習，有師法，可試事。初元中，授太子論語。河平四年爲丞相，封安昌侯。初禹爲師，以上好論語難數對己問經，爲論語章句獻之。」又曰：「張氏名最後而行於世。」

何晏曰：「張禹本受魯論，兼講齊說，善者從之，號曰『張侯論』，爲世所貴。」

隋書：「張禹本受魯論，晚講齊論，後遂合而考之，刪其煩惑，除去齊論問王、知道二篇，從魯論二十篇爲定。」

陸德明曰：「安昌侯張禹受魯論於夏侯建，又從庸生王吉受齊論，擇善而從，號張侯論。最後而行於漢世，禹以授成帝。」

邢昺曰：「張禹擇齊魯之善而爲論。」

晁公武曰：「漢時論語凡有三。而齊論有問王、知道兩篇，詳其名，當是論內聖之道、外王之業，未必非夫子之最致意者，不知何說？而張禹獨遺之。禹身不知王鳳之邪正，其不知此固宜然，勢位足以軒輊一世，使斯文盡喪。惜哉！」

馬端臨曰：「齊論多於魯論二篇，曰問王、知道。史稱爲張禹所刪，以此遂無傳。且夫子之言，禹何人而敢刪之？然古論語與古文尚書同自孔壁出者，章句與魯論不異，惟分堯曰『子張問』以下爲一篇，共二十一篇。則問王、知道二篇亦孔壁中所無，度必後儒依倣而作，非聖經之本真。此所以不傳，非禹所能刪也。」

王氏駿**魯論語說**

漢志：「二十篇。」

佚。

顏師古曰：「王吉子。」

漢石渠議奏

漢志：「十八篇。」

佚。

無名氏燕傳説

漢志：「三卷。」

佚。

沛王劉輔論語傳

後漢書：「沛王輔善説孝經、論語傳。」

佚。

包氏咸論語章句

佚。

〔校記〕

馬國翰有輯本。（論語，頁五四）

後漢書：「包咸，字子良，會稽曲阿人。師事博士右師細君，習魯詩、論語。舉孝廉，除郎中。建武中，入授皇太子論語，又爲其章句。永平五年，遷大鴻臚。①」

陸德明曰：「包咸、周氏並爲章句，列於學官。」

〔補正〕

後漢書條内，「永平五年，遷大鴻臚」下，當補云「八年卒，子福，拜郎中，亦以論語入授和帝。」（卷九，頁二）

何氏休**論語注訓**

佚。

鄭氏衆**論語傳**

佚。

册府元龜：「鄭衆爲大司農，傳論語。」

---

① 「永平五年，遷大鴻臚」下，依補正當補「八年卒，子福，拜郎中，亦以論語入授和帝」計十六字。

馬氏融論語解

佚。

〔校記〕

馬國翰有輯本。（論語，頁五四）

邢昺曰：「後漢順帝時，南郡太守馬融爲古文論語訓說。」

鄭氏玄論語注

隋志：「十卷。」

佚。

〔校記〕

王謨、馬國翰均有輯本。敦煌石室有殘卷，予收入石室佚書中。（論語，頁五四）

古文論語注

七録：「十卷。」

佚。

論語釋義

唐志：「十卷。」

佚。

〔補正〕

按：舊唐志作十卷，新唐志作一卷。（卷九，頁二）

隋書：「鄭氏以張侯論爲本，參考齊論、古論而爲之注。梁陳之時，惟鄭氏、何晏立於國學，而鄭氏甚微。周齊鄭學獨立，至隋，何鄭並行，鄭氏盛於人間。」

陸德明曰：「鄭氏校魯論，本以齊、古讀正，凡五十事。」

邢昺曰：「康成作注之時，就魯論篇章復考校之，以齊論、古論擇其善者而爲之。」

林光朝曰：「何晏序謂鄭氏就魯論篇章考之齊、古，爲之注。康成溺於章句，其竄定未必審也。」

按：鄭氏注與今文不同者：「衆星共之」，「共」作「拱」；「先生饌」，作「餕」，云食餘曰餕。「舉直錯諸枉」，「錯」作「措」，云投也，下同。「子張問十世可知也」，無「也」字。「必也射乎」，「必也」句截。「哀公問社」，作「主」，云主田，主謂社。「無適也，無莫也」，「適」作「敵」、「莫」音「慕」，云無所貪慕也。「吾黨之小子」句截。「則吾必在汶上矣」，無「則吾」二字。「子之燕居」作「宴」。「子疾病」，無「病」字。「冕衣裳者」，「冕」作「弁」。「異乎三子者之撰」作「僎」，讀曰「詮」，詮之言善也。「詠而歸」，作「饋」，云饋，酒食也。「有是哉！子之迂也」，「迂」作「于往」也。「直躬」作「弓」，云直人名弓。「子貢方人」，「方」作「謗」。「丘何爲是栖栖者與」，無「爲」字。「在陳絶糧」作「粻」，音「長①」，下②糧也。「而謀動干戈於邦内」，作「封内」。「歸孔子豚」，「歸」作「饋」。「惡徼以爲直③者」，「徼」作「絞」。「齊人歸女樂」，「歸」亦作「饋」。「朱張」作「侏張」，陟留反。「厲已」讀爲「賴」，云恃賴也。又以申棖爲孔子弟子。申續子、桑伯子爲秦大夫，陳司敗爲人名，齊大夫老彭爲老聃、彭祖。太宰是吴太宰嚭。卞莊子爲秦大夫。與諸家異義。

〔補正〕

竹垞案内「糧作粻，音長」，「長」當改「張」。「以爲直者」，「直」當作「知」。（卷九，頁二）

麻氏達**論語注**

佚。

按：漢有麻達注論語，見廣韻注。

周氏失名**論語章句**

佚。

---

① 「長」，依補正、四庫薈要本、文淵閣四庫本、文津閣四庫本應作「張」。

② 「下」，四庫薈要本、文津閣四庫本俱作「米」。

③ 「直」，依補正、四庫薈要本、文淵閣四庫本、文津閣四庫本應作「知」。

陸德明曰：「不詳何人。」

邢昺曰：「包氏、周氏就張侯論爲之章句訓解，以出其義理焉。」

〔校記〕

馬國翰有輯本。（論語，頁五四）

譙氏周**論語注**

七録：「十卷。」

佚。

陸德明曰：「周，字允南，巴西人。晉散騎常侍，不拜，封陽城亭侯。」

按：劉昭注續漢書禮儀志「先臘一日大儺」引譙氏注云：「儺，卻之也，以葦矢射之。」又釋文「不亦樂乎」引譙氏注云：「悦深而樂淺。」

〔校記〕

馬國翰有輯本。（論語，頁五四）

陳氏羣**論語解**

佚。

魏志：「陳羣，字長文，潁川許昌人。太祖辟爲司空西曹屬。文帝即位，遷尚書左僕射。明帝時爲司空。」

〔校記〕

馬國翰有輯本。（論語，頁五四）

王氏肅**論語注**

七録：「十卷。」

佚。

〔校記〕

馬國翰有輯本。（論語，頁五五）

論語釋駁

七録：「三卷。」

佚。

周生氏烈**論語注**

葛洪曰：「周生烈學精而不仕。」

佚。

〔補正〕

魏志注：「姓周名烈。」案：此條當補於「葛洪」條前。（卷九，頁三）

阮孝緒曰：「字文逸，本姓唐，魏博士侍中。」

陸德明曰：「燉煌人。」

按：隋志有周生子要論一卷，録一卷，魏侍中周生烈撰。新舊唐志儒家均有周生烈子五卷。陸氏釋文於「冉子退朝」引周生烈注云：「君之朝。」馬摠意林引周生烈子四條，其自序略云：「六蔽鄙夫燉煌周生烈，字文逸。張角敗後，天下潰亂，哀苦之間，故著此書，以堯舜作榦植，仲尼作師誡云。」

〔校記〕

馬國翰有輯本。（論語，頁五四）

何氏晏**鄭氏**沖**等論語集解**

隋志：「十卷。」

存。

晉書：「鄭沖與孫邕、何晏、曹羲、荀顗等共集論語諸家訓注之善者，義有不安，輒改易之，名集解。」

晏等序曰：「漢中壘校尉劉向言魯論語二十篇，皆孔子弟子記諸善言也，太子太傅夏侯勝、前將軍蕭望之、丞相韋賢及子玄成等傳之；齊論語二十二篇，其二十篇中章句頗多於魯論，琅邪王卿及膠東庸生、昌邑中尉王吉皆以教授；故有魯論，有齊論。魯共王時，嘗欲以孔子宅爲宫，壞得古文論語。齊論有問王、知道，多於魯論二篇；古論亦無此二篇，分堯曰下章「子張問」以爲一篇，有兩子張，凡二十一篇，篇次不與齊魯論同。安昌侯張禹本受魯論，兼講齊説，善者從之，號曰張侯論，爲世所貴。包氏、周氏章句出焉。古論惟博士孔安國爲之訓解，而世不傳。至順帝時，南郡太守馬融亦爲之訓説。漢末大司農鄭玄就魯論篇章考之齊古，爲之注。近故司空陳群、太常王肅、博士周生烈皆爲義説。前世傳授師説雖有異同，不爲訓説①，至於今多矣，所見不同，互有得失。今集諸家之善，記其姓名；有不安者，頗有改易，名曰論語集解。光禄大夫關内侯臣孫邕、光禄大夫臣鄭沖、散騎常侍中領軍安鄉亭侯②曹羲、侍中臣荀顗，尚書駙馬都尉關内侯臣何晏等上。」

〔補正〕

晏等序内「不爲訓説」，「説」當作「解」。此句下脱去「中間爲之訓解」六字。「曹羲」上脱「臣」字。（卷九，頁三）

陸德明曰：「魏吏部尚書何晏集孔安國、包咸、周氏、馬融、鄭玄、陳群、王肅、周生烈之説，并下己意，爲集解。正始中上之，盛行於世，今以爲主。」

---

① 「不爲訓説」，依補正、四庫薈要本、文淵閣四庫本應作「不爲訓解」。又，「不爲訓説」下，依補正、四庫薈要本、文淵閣四庫本應補「中間爲之訓解」計六字。

② 「安鄉亭侯」下，依四庫薈要本、文淵閣四庫本、文津閣四庫本應補「臣」字。

邢昺曰：「孫邕字宗儒，樂安青州人。鄭沖字文和，滎陽開封人。曹羲，沛國譙人，魏宗室。荀顗，字景倩，荀彧之子。何晏字平叔，南陽宛人，何進之孫。」

葉適曰：「何晏論語集解序論簡而文古，數百年講論之大意，賴以得存。經晏説者，皆異於諸家，蓋後世精理之學，以晏及王弼爲祖，始破經生專門之陋。」

譚貞默曰：「何晏序稱古論惟博士孔安國爲之訓解而世不傳。今集解中仍多孔注，則知所以不傳者，無全帙也。集解稱孔者，孔安國；包者，包咸；馬者，馬融；鄭者，鄭康成；陳者，陳羣；王者，王肅；周者，或周氏，或周生烈。其不繫姓者，是晏等補注也。」

王氏弼**論語釋疑**

隋志：「三卷。」

佚。

按：陸氏釋文於「廄焚」引弼注云：「公廄也。」又逸民注：「朱張字子弓，荀卿以比孔子。」

〔補正〕

案：新舊唐書志皆作二卷。（卷九，頁三）

〔校記〕

馬國翰有輯本。（論語，頁五五）

張氏昭**論語注**

佚。

程氏秉**論語弼**

佚。

虞氏翻**論語注**

七録十卷。

佚。

經義考卷二百十二

論語二

衛氏瓘論語集注

隋志：「六卷。」

佚。

〔校記〕

馬國翰有輯本。（論語，頁五五）

〔補正〕

案：隋志此條下云：「晉八卷，晉太保衛瓘注。梁有論語補闕二卷，宋明帝補衛瓘闕亡。」（卷九，頁三）

陸德明曰：「晉八卷，少二卷。」

〔補正〕

陸德明條內「晉八卷，少二卷」，案：經典序録無「晉」字，「少二卷」下當補云「宋明帝補闕」。（卷九，頁三）

按：釋文「必有忠信如丘者焉」，引衛氏集注。焉，於虔反，爲下句首。

崔氏豹**論語集義**唐志作「大義」。

隋志：「八卷。」七録、釋文：「十卷。」

佚。

陸德明曰：「豹字正熊，燕國人，晉尚書左兵中郎①。」

〔補正〕

陸德明條內「兵中」當作「中兵」。（卷九，頁三）

繆氏播**論語旨序**

隋志：「三卷。」

佚。

---

①「左兵中郎」，依補正、四庫薈要本應作「左中兵郎」。

〔補正〕

案：新舊唐志皆作二卷。（卷九，頁三）

〔校記〕

馬國翰有輯本。（論語，頁五五）

隋志：「晉衛尉繆播撰。」

按：釋文「夫子矢之」引繆氏旨序云：「誓也，予所否者。否，方有反。」

郭氏象**論語體略**

隋志：「二卷。」

佚。

隋志：「太傅主簿郭象撰。」

〔校記〕

馬國翰有輯本。（論語，頁五五）

論語隱

七録：「一卷。」

佚。

欒氏肇**論語釋疑**

隋志：「十卷。」

佚。

隋志：「晉尚書郎欒肇撰。」

〔校記〕

馬國翰有輯本。（論語，頁五五）

論語駁序

七録：「二卷。」

佚。

徐氏邈**論語音**

唐志：「二卷。」釋文：「一卷。」

佚。

虞氏喜**論語讚鄭氏注**

隋志九卷。

佚。

〔補正〕

案：新舊唐志皆作十卷。（卷九，頁三）

〔校記〕

馬國翰有輯本。（論語，頁五五）

新書對張論

七録：「十卷。」

佚。

册府元龜：「虞喜累徵博士，不就。説毛詩略、注孝經、撰周官駮難，又注論語讚九卷，新書對張論語十卷。」

曹氏毗**論語釋**

七録：「一卷①。」

佚。

① 「一卷」，文津閣四庫本誤作「十卷」。

應氏琛**論語藏集解**

七録：「一卷。」

佚。

庾氏翼**論語釋**

七録：「一卷。」

佚。

〔校記〕

馬國翰有輯本。（論語，頁五五）

李氏充**論語集注**

隋志：「十卷。」

佚。

隋書：「晉著作郎。」

〔校記〕

馬國翰有輯本。（論語，頁五五）

論語釋

七録：「一卷。」

佚。

按釋文：「『予所否者』，引李氏釋云：『否，備鄙反。』」

范氏甯**論語注**

佚。

按：陸氏釋文：「於無適也，無莫也，引范氏注云『適莫，猶厚薄也』。」又子謂公冶長，范氏謂公冶長，名芝，字子長。

〔校記〕

馬國翰有輯本。（論語，頁五五）

孫氏綽**論語集解**

隋志：「十卷。」

佚。

陸德明曰：「綽，字興公，太原人，東晉廷尉卿長樂亭侯。」

按：釋文於「三年學不至于穀」，引孫氏解云「祿」也。

〔校記〕

馬國翰有輯本。（論語，頁五五）

孟氏整論語注「整」或作「陋」。

佚。

七録：「十卷。」

袁宏銘曰：「處士名陋，字少孤，武昌陽新人，吳司空孟宗後也。少而希古，布衣蔬食，棲遲蓬蓽之下，絶人間之事。親族慕其孝，大將軍命會稽王辟之，稱疾不至，相府歷年虚位，而澹然無悶，卒不降志。」

陸德明曰：「一云，孟陋，字少孤，江夏人，東晉撫軍參軍不就。」

册府元龜：「孟整博學，通三禮，注論語行於世。」

〔補正〕

新、舊唐志皆作九卷。

案：隋經籍志、唐藝文志、通志、玉海俱作孟釐，此從釋文序録。（卷九，頁四）

梁氏覬**論語注釋**

七録：「十卷。」

佚。

陸德明曰：「天水人，東晉國子博士。」

〔校記〕

馬國翰有輯本。（論語，頁五五）

袁氏喬**論語注釋**

七録：「十卷。」

佚。

晉書：「喬，字彦叔，陳郡陽夏人，拜尚書郎，桓温引爲司馬，勸温伐蜀，以江夏相爲軍鋒。李勢既降，進號龍驤將軍，封湘西伯，卒，追贈益州刺史，謚曰簡。」

〔校記〕

馬國翰有輯本。（論語，頁五五）

尹氏毅**論語注釋**

七録：「十卷。」

佚。

王氏濛**論語義**

七録：「一卷。」

佚。

江氏熙**論語集解**

隋志：「十卷。」釋文：「十二卷。」

佚。

册府元龜：「熙，字太和，爲兗州別駕。」

晁公武曰：「皇侃論語疏序稱熙所集，世謂其引事雖時詭異，而援證精博，爲後學所宗。」

王應麟曰：「皇侃疏列論語十三家：衛瓘、繆播、欒肇、郭象、蔡謨、袁宏、江惇、蔡系、李充、孫綽、周懷、范寧、王岷①。此十三人，江熙所集。」

張氏憑**論語注**

七録：「十卷。」

佚。

陸德明曰：「字長宗，吴人，東晉司徒左長史。」

〔補正〕

案：新唐志有張氏注十卷，而未系名。（卷九，頁四）

〔校記〕

馬國翰有輯本。（論語，頁五五）

論語釋

隋志：「一卷。」

佚。

① 「王岷」，四庫薈要本、文淵閣四庫本、備要本俱作「王珉」。

宋氏纖論語注

佚。

晉書：「纖，字令文，敦煌效穀人。隱居酒泉南山，不應州郡辟命。明究經緯，注論語，弟子受業三千餘人。張祚徵爲太子友，進太子太傅，不食，卒。」

册府元龜：「纖爲張祚太子太傅，明究經緯，注論語，及爲詩頌數萬言。」

暢氏惠明論語義注

七録：「十卷。」

佚。

〔補正〕

案：隋志作楊惠明，唐志作「暢」。（卷九，頁四）

蔡氏系論語釋

七録：「一卷。」

佚。

張氏隱**論語釋**

七録：「一卷。」

佚。

郄氏原**論語通鄭**

七録：「一卷。」

佚。

姜氏處道**論語論釋**

七録：「一卷。」

佚。

宋明帝論語續注隋志作論語補闕。

二卷。唐志：「十卷。」

佚。

南史：「帝在藩時，續衛瓘所著論語二卷。」

〔補正〕

案：隋志引七録作論語補闕二卷。舊唐志云：十卷，宋明帝撰，衛瓘注。新唐志云：宋明帝補衛瓘論語注十卷。無「續注」之名。竹垞既據隋唐志，而又不言「續注」二字何所據也？南史條內，「所著論語」，「著」當作「注」。（卷九，頁四）

蔡氏謨**論語注**

佚。

按：蔡氏論語注不見於隋唐志，而陸氏釋文於「夫子矢之①」引蔡氏説云「陳也」。

〔校記〕

馬國翰有輯本。（論語，頁五五）

張氏略**論語疏**

七録：「八卷。」

佚。

隋書：「宋司空法曹張略等撰。」

① 「之」字，四庫薈要本脱漏。

伏氏曼容**論語義**

佚。

范氏廙**論語別義**

隋志：「十卷。」

佚。

孔氏澄之**論語注**

七録：「十卷。」

佚。

册府元龜：「孔澄之，字仲淵，爲新安太守，著①論語十卷。」

〔補正〕

册府元龜條内「著論語十卷」，「著」當作「注」。（卷九，頁四）

① 「著」，依補正、四庫薈要本應作「注」。

虞氏遐**論語注**

七録：「十卷。」

佚。

陸德明曰：「會稽人，齊員外郎。」

沈氏驎士**論語訓注**

佚。

〔校記〕

馬國翰有輯本。（論語，頁五五）

許氏容**論語注**

七録：「十卷。」

佚。

曹氏思文**論語注**

七録：「十卷。」

佚。

按：「思文，齊永元初，國子助教。」

戴氏詵**論語述議**

唐志：「二十卷。」

佚。

梁武帝論語

佚。

按：梁書、南史本紀不載帝訓釋論語，而陸氏釋文於「事君數」引武帝云：「數，色具反，數己之功勞也，又可使治其賦也，賦作傳。」

〔校記〕

馬國翰有輯本。（論語，頁五五）

陶氏弘景**論語集注**

七録：「十卷。」

佚。

太史氏叔明**論語集解**

七録：「十卷。」

佚。

南史：「太史叔明，吴興烏程人，吴太史慈後也。少善莊老，兼通孝經、論語、禮記，尤精三玄。每講説，聽者常五百餘人。爲國子助教。邵陵王綸好其學，及出爲江州，攜叔明之鎮。王遷郢州，又隨府，所至輒講授，故江州人士皆傳其學。」

〔校記〕

馬國翰有輯本。（論語，頁五五）

褚氏仲都**論語義疏**唐志作「講疏」。

隋志：「十卷。」

佚。

〔校記〕

馬國翰有輯本。（論語，頁五五）

皇氏侃**論語義疏**

隋志：「十卷。」

未見。

國史志：「皇侃疏雖時有鄙近，然博極群言，補諸家之未至，爲後學所宗。」

中興書目：「梁國子助教皇侃以何晏集解去取爲疏十卷，又列晉衛瓘、繆播、欒肇、郭象、蔡謨、袁宏、江厚①、蔡奚、李充、孫綽、周懷、范寧、王珉等十三人爵里於前，云此十三家是江熙所集，其解釋於何集無妨者，引取以廣異聞。」

〔補正〕

案：中興書目條内「江厚」本「江惇」，宋史避光宗諱，作江厚，當據晉書及文獻通考改正。（卷九，頁四）

〔四庫總目〕

康熙九年，日本國山井鼎等作七經孟子考文，自稱其國有是書，然中國無得其本者，故朱彝尊經義考註曰「未見」。（卷三五，頁七〇八）

〔校記〕

①「江厚」，依補正、四庫薈要本應作「江惇」。

内府及鮑氏均有重刊日本本。（論語，頁五六）

晁公武曰：「古今論語之注多矣。何晏集七家，復采古論語注爲集解行於世。侃今又引衛瓘、繆播、欒肇、郭象、蔡謨、袁宏、江厚、蔡奚、李充、孫綽、周懷、范寧、王珉，凡十三家之説成此書。」

張氏譏**論語義**

十卷。

佚。

顧氏越**論語義疏**

佚。

張氏沖**論語義疏**

隋志：「二卷。」吴中人物志作十卷。

佚。

陳氏奇**論語注**

佚。

册府元龜：「陳奇博通墳籍，嘗非馬融、鄭玄解經失旨。志①在著述五經，姑注孝經、論語，頗傳於世。爲搢紳所召，赴京，不得。叙其論語，注義多異鄭氏，往往與司徒崔浩同。」

徐氏孝充②**論語講疏文句義**

隋志：「五卷。」

佚。

隋書殘缺。

劉氏炫**論語述義**唐志作「章句」。

隋志：「十卷。」唐志：「二十卷③。」

佚。

史氏辟原**續注論語**

通志：「十卷。」

---

① 「志」，文淵閣四庫本誤作「在」。

② 「孝充」，四庫薈要本、文淵閣四庫本俱作「孝克」。

③ 「二十卷」，文津閣四庫本作「二十二卷」。

佚。

釋智略**論語解**

七錄：「十卷。」

佚。

司馬氏論語標指

隋志：「一卷。」

佚。

盈氏論語注

七錄：「十卷。」

佚。

〔補正〕

案：新舊唐志皆作論語集義。（卷九，頁五）

盧氏論語注

隋志：「七卷。」

佚。

王氏論語修鄭錯

七録：「一卷。」

佚。

徐氏古論語義注譜

七録：「一卷。」

佚。

亡名氏論語隱義

佚。

按：「論語隱義，隋志不載，但有其注載七録，未審即是郭象論語隱否？太平御覽載隱義文云：『衛蒯聵亂，子路與師往，有狐黯者當師，曰：『子欲入邪？』曰：『然！』黯從城上下麻繩鉤子。路半城，問曰：『爲師邪？爲君邪？』曰：『在君爲君，在師爲師。』黯因投之，折其左股，不死。黯開城，欲殺之，子路目如明星之光曜，黯不能前，謂曰：『畏子之目，願覆之。』子路以衣袂覆目，黯遂殺之。」

〔校記〕

王謨有輯本。（論語，頁五六）

論語隱義注

七録：「三卷。」

佚。

按：「論語隱義注，太平御覽載有一條，文云：『孔子至蔡，假于客舍。夜，人有取孔子一隻屐去，盜者置屐于受盜家。』孔子屐長一尺四寸，與凡人屐異。」

〔校記〕

馬國翰有輯本。（論語，頁五六）

論語義注

七録：「三卷。」

佚。

論語難鄭

隋志：「一卷。」

佚。

論語雜問

隋志：「一卷。」

佚。

論語義注圖

七録：「十二卷。」

佚。

經義考卷二百十三

論語三

賈氏公彥**論語疏**

唐志：「十五卷。」

佚。

陸氏德明**論語釋文**

宋志：「一卷。」

存。

王應麟曰：「陸氏釋文於申棖注曰：『申棖，包云魯人也；鄭云蓋孔子弟子申續；史記云申棠字周。家語云：申續字周也。今史記以「棠」爲「黨」、家語以「續」爲「績」，傳寫之訛也。後漢王政碑云：『有羔羊之絜，無申棠之欲。』亦以「棖」爲「棠」，則申棠、申棖一人爾。唐開元封申黨召陵伯；又封申棖魯伯。本朝祥符封棖文登侯，又封黨淄川侯，俱列從祀。黨即棠也，一人而爲二人，失於詳攷，論語釋文也。」

陳氏蜕**論語品類**「蜕」或作「鋭」。

宋志：「七卷。」

佚。

計敏夫曰：「蜕，肅代時人，生長江淮間。」

韓子愈**論語注**

唐志：「十卷。」

佚。

論語筆解

通志：「二卷。」中興書目：「二十卷。」①

---

① 「中興書目：『二十卷。』」七字，四庫薈要本脱漏。

存。

許勃序曰：「昌黎文公著筆解論語一十卷，其間『翺曰』者，蓋李習之同與切磨。世所傳率多訛舛，始愈筆大義則示翺，翺從而交相明辨，非獨韓製此書也。噫！齊魯之門人所記善言，既有同異；漢魏學者注集繁闊，罕造其精。今觀韓李二學勤拳淵微，可謂窺聖人之堂奧矣，豈章句之技所可究極其旨哉。予繕校舊本數家，得其純粹，欲以廣傳，故序以發之。」

王讜曰：「論語：『宰予晝寢。』梁武帝讀爲『寢室』之『寢』。晝，胡卦反，言其繪畫寢室，故夫子歎朽木不可雕也，糞土之墻不可污也，今人皆以韓文公所説非也。又『傷人乎？不！問馬』，今亦云韓文公讀『不』爲『否』，言大德聖人豈仁於人不仁於馬。故貴人所以前問，賤畜所以後問，然『不』字上豈必更助詞，其亦曲矣，況又未必韓公所説。」

邵博曰：「張籍祭韓退之詩云：『魯論未訖注，手跡今微茫。』是退之嘗有論語傳①未成也。今世所傳『宰予晝寢』，以『晝』作『畫』字；『三月不知肉味』，以『三月』作『音』字；『浴乎沂』，以『浴』作『沿』字，至爲淺陋，程伊川皆取之。何耶？」

〔補正〕

邵博條内，嘗有「論語傳」，「傳」當作「注」。（卷九，頁五）

晁公武曰：「唐韓愈退之、李翺習之撰。前有祕書丞許勃序云：『韓李相與討論，共成此書。』按：

① 「論語傳」，四庫薈要本作「論語注」。

唐人通經者寡，獨兩公名冠一代，蓋以此然。四庫邯鄲書目皆無之，獨田氏書目有韓愈論語十卷、筆解兩卷。此書題曰筆解，而兩卷亦不同。」

王楙曰：「李漢序退之集云『有論語注十卷』，後世罕傳。然搢紳先生往往有道其三義者。近時錢塘江充家有是本，王公存刻於會稽。郡齋目曰：『韓文公論語筆解，自學而至堯曰二十篇，文公與李翱指摘大義，以破孔氏之注，正所謂『三義』者。觀此不可謂『魯論未訖注』，後世罕傳也。然觀聞見録引『三月不知肉味』，『三月』作『音』字，今所行筆解無此語，往往亦多遺佚。或謂文公所解多改本，文近於鑿。僕又觀退之别集答侯生問論語一書，有曰：『愈昔注解其書，不敢過求其意，取聖人之旨而合之，則足以取信後生輩耳。』韓公以此自謂，夫豈用意於鑿乎？」

趙希弁曰：「右唐昌黎先生韓文公之説也。其間『翱曰』者，李習之也。韓文補云：『公作論語傳未成而殁，見於張籍祭詩，辨之於洪慶善者明矣。』今世所傳如『宰予晝寢』，以『晝』作『畫』；『子在齊聞韶，三月不知肉味』，以『三月』作『音』；『浴乎沂』，以『浴』作『沿』；『子在，回何敢死』，以『死』作『先』之類……雖未必然而爲。伊川之學者皆取之。」

陳振孫曰：「館閣書目云祕書丞許勃爲之序，今本乃王存序。」

都穆曰：「唐李漢序韓文曰：『有論語解十卷傳學者，不在集中，予家藏古本，韓文有之。但其説時與今不同，如『六十而耳順』，解云：『耳』當爲『爾』，猶言如此也。如『曾謂泰山不如林放乎』，解云『謂』當作『爲』，言冉有爲泰山非禮也。如『宰予晝寢』，解云『晝』當作『畫』。宰予——四科十哲，安得有晝寢之責？如『人之生也直』，解云：『直』，『德』字之誤，言人生稟天地之大德也。如『子所雅言』，解云『音』作『言』字之誤也。如

『三嗅而作』，解云『嗅』當作鳴鵙之『鵙』，雉之聲也。如『子在，回何敢死』，解云：『死』當作『先』。如『浴乎沂』，解云：『浴』當作『沿』。如『君子而不仁者有以夫①』，解云：『仁』當作『備』。如『以杖叩其脛』，解云：『叩』當作『指』。如『君子貞而不諒』，解云『諒』當作『讓』。如『孔子時其亡也』，解云：『時』當作『待』。如『鄉愿，德之賊』，解云：『鄉愿』當作『内柔』。已上諸説，朱子嘗謂其鄙淺。復曰：『爲伊川之學者皆取之，及觀韓文有答侯生問論語書，曰：『愈昔注其書而不敢過求其意，取聖人之旨而合之，則足以信後生輩耳。』然則朱子之所謂鄙淺，固韓公之欲求信於後生者耶！」

侯氏喜**論語問**

佚。

韓子曰：「侯生所示論語問甚善。」

按：喜，字叔迟。韓子贈詩云：『吾黨侯生字叔迟是也。官終國子主簿。韓子集有祭國子主簿侯君文是也。文云：『惟子文學，今誰過之。唱我和我，問我以疑。』所云『問我以疑』，則指論語問也。」

張氏籍**論語注辨**

唐志：「二卷。」

① 「君子而不仁者有以夫」，依四庫薈要本、文津閣四庫本應作「君子而不仁者有矣乎」。

佚。

計敏夫曰：「籍，字文昌。和州人，歷水部外郎①，終主客郎中。」

〔補正〕

計敏夫條内「歷水部外郎」，「外」上脱「員」字。（卷九，頁五）

馬氏總**論語樞要**

宋志：「十卷。」

佚。

晁公武曰：「總，字會元。」

陳振孫曰：「總仕至大理評事，嘗副裴晉公平淮者也。」

李氏涪**論語刊誤**

通志：「二卷。」

存。

---

① 「歷水部外郎」，依補正應作「歷水部員外郎」。

李氏（磎）**注論語**

佚。

孫光憲曰："司空圖侍郎撰李公磎行狀，以公有出倫之才，爲時輩妬忌，罹於非横。嘗注論語一部，倉卒之辰，焚於賊火，時人無所聞也。惜哉！"

亡名氏論語雜義

唐志："十三卷。"

論語剔義

唐志："十卷。"

俱佚。

宋徽宗皇帝論語解

二卷。

佚。

邢氏昺**論語正義**

宋志：「十卷。」

存。

〔校記〕

四庫本二十卷。（論語，頁五六）

中興書目：「論語正義十卷，翰林侍講學士邢昺等撰。咸平中頒其書，於章句、訓詁、名器、事物之際詳矣。」

晁公武曰：「亦因皇侃所采諸儒之説，刊定而成書。」

陳振孫曰：「唐人止爲五經疏，而不及孝經、論語，至昺始奉詔爲之。」

宋史：「邢昺字叔明，曹州濟陰人。太平興國初，擢九經及第。咸平初，爲國子祭酒，二年，始置翰林侍講學士，以昺爲之。受詔與杜鎬、舒雅、孫奭、李慕清、崔偓佺等校定周禮、儀禮、公羊、穀梁春秋傳、孝經、論語、爾雅義疏，官至禮部尚書，卒贈左僕射。」

宋氏咸**論語增注**

宋志：「十卷。」

佚。

長編：「嘉祐二年十一月，屯田員外郎宋咸上所注論語，降勅獎諭。」

王應麟曰：「宋咸增注論語序云：『韓愈注論語與筆解，大槩多竊先儒議①而遷易其辭，因摘二書是否，并舊注未安者辨正焉。』」

周氏式**論語集解辨誤**

宋志：「十卷。」續一卷。

佚。

王應麟曰：「式撰集解辨誤十卷，又有續辨誤一卷附其後。」

紀氏亶**論語摘科辨解**

宋志：「十卷。」

佚。

杜氏莘老**論語集解**

十卷。

---

①「議」，文淵閣四庫本、文津閣四庫本俱作「義」。

佚。

按：莘老，字起莘，青神人。官殿中侍御史，著論語集解，見查籥所撰行狀文，載杜大奎①名臣琬琰之集。

余氏象**論語集解**

佚。

閩書：「余象，仙遊人。慶曆六年進士，官禮部郎中。」

阮氏逸**論語增注**

佚。

勾氏微**論語精義**

二十卷。

佚。

按：紹興續到四庫闕書目有之。

---

① 「杜大奎」，四庫薈要本、文淵閣四庫本、文津閣四庫本、備要本俱作「杜大圭」。

周子惇頤**論語**

佚。

按：樂清劉氏𪅴蒙川集録目中載濂溪論語序文，疑當日有是書矣。

王氏令**論語注**

宋史：「十卷。」

佚。

王氏安石**論語解**

晁公武曰：「皇朝王令逢原撰，解堯曰篇云『四海不困窮，則天禄不永終矣』，王安石書新義取之。」

通考：「十卷。」

佚。

論語通類

宋志：「一卷。」

佚。

王氏雱**論語口義**

通考：「十卷。」

佚。

陸游曰：「元澤之殁，詔求遺書。荆公視篋中得論語、孟子解，皆細字書於策之四旁，遂以上之，然亦非成書也。」

王應麟曰：「王元澤口義有云：『教之化民也深於命，民之效上也捷於令，』上蔡論語解引之。」

吕氏惠卿**論語義**

宋志：「十卷。」

佚。

孔氏武仲**論語説**

宋志：「十卷。」

佚。

蔡氏申**論語纂**

宋志：「十卷。」

佚。

王氏端禮**論語解**

佚。

史氏通**論語説**

佚。

何氏執中**論語講義**

佚。

蘇氏軾**論語解**

宋志：「四卷。」通考：「十卷。」

未見。

蘇氏轍**論語拾遺**

一卷。

存。

轍自序曰：「予少年爲論語略解，子瞻謫居黄州，爲論語説，盡取以往，今見於其書者十二三也。太觀丁亥，閒居潁川，爲孫籀、簡、筠講論語。子瞻之説，意有所未安時，爲籀等言之。凡二十有七章，謂①之論語拾遺，恨不得一質之子瞻也。」

晁公武曰：「子瞻爲論語解，没後，子由以其説之未安者辨正之。」

王氏鞏論語注

佚。

通考：「十卷。」

秦觀序曰：「元豐二年，眉陽蘇公用御史言，文涉謗訕屬吏，獄具，天子薄其罪，責爲黄州團練副使。於是梁國張公、涑水司馬公等三十六人素厚善眉陽，得其文不以告，皆罰金。而太原王定國獨謫監濱州鹽税。定國相家子，少知名，一朝坐交遊，斥海上，人皆意其日飲無何，不復以筆硯爲職矣。而定國至濱，益自刻勵，晨起入局，視鹽税之事惟謹。退則窮經著書，或賦詩自娱，非疾病慶弔輒不廢。七年罷還，詣東上閤門奏書曰：『臣無狀，幸緣先人之故，獲齒仕版，不能慎事，陷於罪戾，念無以自贖，間因職事之暇，妄以所見注成論語十卷，未敢以進。惟陛下裁哀之。』明日詔御藥院，取其書去，未報，

①「謂」，文淵閣四庫本誤作「爲」。

而神宗棄天下。嗚呼！自熙寧初王氏父子以經術得幸，下其説於太學，凡置博士，試諸生，皆以新書從事，不合者黜罷之，而諸儒之論廢矣。定國於時，處放逐之中，蠻方瘴癘之地，乃能自信不惑，論著成一家之言，至天子聞之，取其書，非其氣過人，何以及此？傳曰：『天不爲人之惡寒而輟其冬，地不爲人之惡險而輟其廣，君子不爲小人之匈匈而易其行。』於斯言益信。予比多事，未獲請觀其書，而定國乃以副本來屬予爲序。顧予文之陋，豈能發定國之所蘊乎？姑掇其大槩，使夫覽之者知定國著書之時爲如此，又知神宗嚮經術，亦非主於一家而已。」

鄒氏浩**論語解義**

宋志：「十卷。」

佚。

浩自序曰：「聖人，體道者也。其發越以撫世，則所以益無疆者，皆見之行事。其韜晦以就閒，則所以規不朽者，惟載之空言。載之空言，固不如見之行事爲深切著明也。然而諱窮久矣，而不免求通；久矣，而不得道，固無積而時命礙之，則雖欲無言而言終不廢，豈其得已哉？論語之作，有由然矣。所以析理而使昧者之必達，謂之『論』；所以應問而使叩者之必受，謂之『語』。是書也，後世豪傑之士，隨繩望表以自立言者，猶能探賾索隱，中倫合度，凡學者虛心焉！況本出於聖人者，此傳所以莫大於論語也。且以六經之言，孰不出於聖人乎？然而其於易也，因伏羲之卦、文王之爻而繫之以辭而已；

其於詩書也，因衆多之辭、帝王之迹而删之，以趨全而已；其於春秋也，因紀實①之信史而修之，以示褒貶而已；其於禮樂也，因固有之情文而正之，以教中和而已。要之，雖皆出於聖人，而非純乎聖人之言者也。純乎聖人之言，意其爲論語乎！夫以論語爲純乎聖人之言，而二三子之言亦錯雜其間。如之何？曰：『冶金爲鐘，捖革爲鼓，聲固藏其中矣，不考則不鳴也。』聖人曷嘗先聲以邀彼之我應哉？亦隨所考而已矣！然則不有二三子之言，何以見純乎聖人之言也。是故達其所謂『五十而學易，可以無大過』之類，則易之道得矣；達其所謂『詩可以興、觀、群、怨』之類，則詩之道得矣；以至書也，春秋也，禮樂也，苟悟其一言，未有不冰解凍釋以詣於道者！從是觀之，其書雖簡，其所該則詳。其言雖近，其所根則遠。非自覃思而精之，豈能抽其緒以瑩晦焉。顧浩蹇淺，何足以與此？姑薦所聞，與有志於道者講之而已矣。」

劉氏正叟**重注論語**

宋志：「十卷。」

佚。

王應麟曰：「劉正叟謂筆解皆後人之學，託韓愈名以求行，徒玷前賢，悉無所取。爲重注十卷，以祛學者之惑。」

① 「紀實」，文淵閣四庫本誤作「實紀」。

〔補正〕

宋志作「劉正容」。（卷九，頁五）

龔氏原**論語全解**

佚。

陳氏祥道**論語全解**

十卷。

存。

祥道自序曰：「言理則謂之『論』，言義則謂之『議』。莊子曰：『六合之外，聖人存而勿論；六合之內，聖人論而弗議。』春秋經世，先王之志也，聖人議而弗辨。蓋夫論則及理耳，所虧者道；議則及義耳，所虧者理。聖人豈不欲廢去應問體道以自冥哉！道無問，問無應。不發一言，下與萬物同。患此特畸人耳，非聖人之所尚。然則孔子雖欲忘言，豈可得哉？不得已而言理，以答學者之問而已，夫是之謂論語。然而王者之迹熄，聖人雖言理以答學者①，猶未可以已也。故其言義則存乎春秋，言理則存乎論語。而春秋之作，是是以勸善，非非以懲惡，善惡之判，猶在權衡之上，輕重或差，予奪弗明，其賞不

① 「學者」下，四庫薈要本、文淵閣四庫本、文津閣四庫本、備要本俱有「之問」二字。

足以爲榮，其罰不足以爲辱矣，不得不議。若夫論語之言，則答學者之問而已，何事乎此。嘗謂希微者道，易簡者理。君子以理明道，以義明理，言至於義，去道遠矣。孔子之世，師道既明，異端咸服。由辨議無間而作。故聖人之答問，言理而足矣。平居之弟子在側，各言其志。故聖人察其所安，得其才性之病，處仁孝之言，隨分而應，不須屢諳而詳説之。大抵君子之教人，欲其思得之，孔子之於弟子，不憤則不啓，不悱則不發，有所罕言，有所不語，其歸則曰忠、恕、仁、義而已矣。一隅之舉，兩端之叩，近而遠，約而詳，思得之則會其所固有者耳。弟子之列，有聞一而知二者，有聞一而知十者。問詩而知禮，問伯夷而知夫子。小以成小，大以成大，我告之約，彼得之詳，以至於是歟！不足之冉求，不説之子路，聞理而不得叛，卒爲賢者，則後世之學士大夫豈宜置諸①口耳之間哉。論語之後，子思之中庸，孟子之七篇，尤得其傳。然而孟子之世，許行之言盈於天下，孟子思欲拒詖説、放淫辭，不得已而有辨焉。難疑答問②不直則道不見，故其言爲尤詳於論語。雖然聖人之言，或論或辨，非立異也，時焉而已矣！」

晁公武曰：「王介甫撰論語解，其子雱作口義，其徒陳用之作解。紹聖後，皆行於場屋。或曰用之書乃鄒浩所著，託之用之云。」

---

① 「諸」，文淵閣四庫本作「之」。
② 「答問」，四庫薈要本作「問答」。

晁氏說之**論語講義**

宋志：「五卷。」通考：「十卷。」

未見。

晁公武曰：「從父詹事公撰。多取古人之説，以正近世之失。」

朱子曰：「景迂論語解亦有好處。」

經義考卷二百十四

論語四

程子頤**論語説**

宋志：「二卷。」通考、玉海：「十卷。」

未見。

晁公武曰：「伊川門人記其師所解，不爲文辭，直以俚語記之。」

朱子曰：「論語惟伊川所解語意含蓄，旨味無窮。」

康紹宗曰：「伊川先生論語解，時氏本至『麻冕禮也』一章而止。然以大全集校之閣本，詳略不同。後人又自『子絶四』以下至堯曰，纂集遺書、外書之有解者以附益之。」

范氏祖禹**論語説**

宋志二十卷。通考、玉海：「十卷。」

佚。

晁公武曰：「元祐中所進，數稱引劉敞、程頤之説。」

伊洛淵源録：「淳夫家傳遺事，載其言行之懿甚詳，然不云其嘗受學於二程先生之門。獨鮮于綽傳信録記伊川事，而以門人稱之。又其所著論語説、唐鑑議論，亦多資於程氏。」

〔補正〕

伊洛淵源録：「淳夫家傳遺事，載其言行之懿甚詳，然不云其嘗受學於二程先生之門。獨鮮于綽傳信録記伊川事，而以門人稱之。又其所著論語説、唐鑑議論亦多資於程氏。」杰按：范祖禹太史集但於司馬光稱門生，其薦程子疏不言是師。又陳淵默堂集有答祖禹後人書云：「以某所聞於龜山。乃知先給事之學與程門無不同，據此則知祖禹非程門弟子也。此所引伊洛淵源録似誤。」（卷九，頁五）

吕氏大臨**論語解**

宋志：「十卷。」

佚。

晁公武曰：「與叔雖程正叔之徒，解經不盡用其師説。」

謝氏良佐**論語解**

宋志：「十卷。」

未見。

良佐自序曰：「天下同知尊孔氏，同知賢於堯舜，同知論語書弟子記當年言行不誣也。然自秦漢以來，開門授徒者不過分章析句耳。魏晉而降，談者益稀，既不知讀其書，謂足以識聖人之心，萬無是理。既不足以知聖心，謂言能中倫，行能中慮，亦萬無是理。言行不類，謂爲天下國家有道，亦萬無是理。君子於此盍闕乎？蓋溺心於淺近無用之地。聰明日就彫喪，雖欲讀之，顧不得其門而入也。聖人辭近而指遠。辭有盡，指無窮。有盡者，可以索之於訓詁；無窮者，要當會之以神。譬諸觀人，他日識其面，今日見其心，在我則改容更貌矣，人則猶故也，爲是故難讀。今試以讀此書之法語諸君焉，勿以爲淺近而忽，勿以爲太高而驚，勿以爲簡我而忿且怒，勿以爲妄誕而直不信。聖人之言，不可以訓詁形容其微意，今不復撰次成文，直以意之所到，辭達而已矣。蓋此書存於世，論其切於用而收近效則無之。與道家使人精神專一之學、西方見性之説，並駕争衡，孰全孰駁？未易以口舌争也。談天語命，偉辭雄辨，使人可駭可慕，曾不如莊周、列禦寇曼衍之言；籠絡萬象，葩華百出，讀之使人亹亹不厭，曾不如班馬雄深雅健之文；正名百物，分辨六氣，區味别性，可以愈疾引年，曾不如黄帝、岐伯之對問，神農之藥書；可以資聽訟折獄，可以飾簿書期會，曾不如申韓之刑名；陶冶塵思，模寫物態，曾不如顏、謝、徐、庾流連光景之詩，以至神怪卜相之書，書數博弈之技，其皆可玩，獲售於人，而此書乃一無有也。欲使敏秀豪俊之士留精神於其閒幾何！其不笑且受侮與遻乎。希聲一唱而三歎，誰其聽之？淡乎無味，酒玄而俎腥，誰其嗜之？雖家藏人有，人委塵埃者幾希矣。予昔者供灑掃於河南夫子之門，僅得毫釐於句讀文義之間，而益信此書之難讀也。蓋不學操縵，不能安絃；不學博依，不能安詩；不學雜服，不能安禮；惟近似者易入也。彼其道高深溥博不可涯涘如此，儻以童心淺智窺之，豈不大有逕庭乎？方其物我太深，胸中矛戟者讀之，謂終身可行之恕誠何味？方其脅肩諂笑以言餂人者讀之，謂巧言令色寧病仁；未能素貧賤而恥惡衣惡食者讀之，豈知飯疏食、飲水曲肱而枕之？未妨我樂，注心於利，未得而已。有顛冥之患者讀之，孰信不義之富貴，真如浮雲過此而往益高深矣！可勝數哉！是皆越人視秦人之肥瘠也。惟同聲然後相應，惟同氣然後相求，是心與是書聲氣同乎？不同乎？宜其卒無見也。是書遠於人乎？人遠於書乎？蓋亦勿思耳矣。能反是心者，可以讀是書矣。孰能脱去凡近以遊高明，莫爲嬰兒之態而有大人之器，莫爲一身之謀而有天下之志，莫爲終身之計而有後世之慮。不求人知而求天知，不求同俗而求同理者乎？是人雖未必中道，然其心能廣矣！明矣！不雜矣！其於讀是書也，能無得乎！當不惟念之於心，必能體之於身矣。油然内得，難以語人，謂聖人之言真不我欺者，其亦自知而已矣。豈特慮思之效，乃力行之功，至此蓋書與人互相發也。及其久也，習益察，行益著，知、視、聽、言、動，蓋皆至，理、聲、氣、容、色，無非妙用。父子、君臣，豈人能秩叙？仁義、禮①樂，豈人能强名？心與天地同流，體與神明爲一，若動若植，何物非我？有形無形，誰其間之？至此蓋人與書相忘也，則向所謂辭近而指遠者，可不信乎？宜其賢者，識其大者；不賢者，識其小者，好惡取舍之相遼也，學者儻以此言爲可信，則亦何遠之有？以謂無隱乎爾？則天何言哉！夫子之言性與天道不可得而聞也，以謂有隱乎爾，則四時行焉，百物生焉；夫子之文章可得而聞也，是豈真不可得而聞哉？

① 「禮」，四庫薈要本誤作「理」。

詩云：『鳶飛戾天，魚躍于淵。』此天下之至顯，聖人惡得而隱哉！所謂無行而不與二三子者也。上天之載，無聲無臭，此天下之至賾，聖人亦惡得而顯哉？宜其二三子爲有隱乎我者也！知有隱無隱之不二者，捨此書其何以見之哉？知有隱無隱之不二者，豈非閎博明允君子哉！諸君可無意於斯乎？」

胡寅後序曰：「論語一書，蓋先聖與門弟子問答之微言，學者求道之要也。而世以與諸子比，童而習之，壯而棄焉。訓詁所傳，雖未嘗絶，然智不足以知聖人之心，學不足以得道德之正，遂以私智簧鼓其説，以眩天下。夫其侮聖人之言，何足深罪，特以斯文興喪於此係焉，此憂世之士所爲動心者也。上蔡謝公得道於河南程先生。元祐中，掌秦亭之教，遂著論語解，發其心之所得，破世儒穿鑿附會、淺近膠固之論，如五星經乎太虚，與日月爲度數，不可易也，其有功於吾道也卓矣！而學者初不以爲然也。某年二十一，當政和戊戌，在太學得其書，時尚未盛行也，後五年，傳之者，蓋十一焉。嗚呼！師友道廢久矣。欲求吾資，莫與爲方圓，欲得吾助，莫與爲切磋，所可決信而不疑者，獨聖賢所餘紙上語爾。同舍建安謝襲智崇傳于山陽馬震知止，欲以其傳授粥書者，使刻板焉。庶以道好善君子，欲博文求徵而不得者，其志足稱矣。然某以往昔所見比智崇今本，文義有或不同。意先生年卲而智益明，有所是正，故更欲得善本參校，然後傳之。雖然，大略當不外是也。以今日好者漸衆，安知來者之不愈於今乎？使有誠好而力行焉，固將默識神受，見於參倚之間，不者幾何？不按劍而向夜光之投乎！此非某之志也，先生之志也。」

朱子曰：「胡侍郎嘗教人看謝氏論語，以其文字上多有發越處。」

宋史：「謝良佐，字顯道，壽春上蔡人。與游酢、吕大臨、楊時在程門號『四先生』。登進士第。建中靖國初，官京師，召對，忤旨去。監西京竹木場，坐口語，繫詔獄，廢爲民。所著論語説行於世。」

上蔡語録：「謝先生監西竹木場，朱子發自太學與弟子權偕往謁之，坐定，子發進曰：『震願見先生久矣！今日之來，無以發問，不識①先生何以見教？』先生曰：『好待與賢説一部論語。』子發私念日刻如此，何由親欸其講説。已而具飲②酒五行，只説他話。及茶罷，乃掀髯曰：『聽説論語首舉「子見齊衰」者一節；又舉「師冕見」一章，而曰：聖人之道無顯微，無内外，由灑掃應對進退而上達天道，本末一以貫之。一部論語只恁地看。』」

侯氏仲良**論語説**

宋志：「一卷。」

佚。

伊洛淵源録：「侯師聖，名仲良，河東人。二程先生舅氏華陰先生無可之孫。有論語説及雅言。」

朱子曰：「侯師聖論語解，大抵明白勁正，而無深潛縝密、沈浸醲郁之味，故於精微曲折之際，不免疏略。」

① 「識」，上蔡語録（文淵閣四庫本）作「知」。
② 「飲」，上蔡語録（文淵閣四庫本）作「飯」。

游氏酢**論語雜解**

宋志:「一卷。」

未見。

楊氏時**論語解**

宋志:「二卷。」

未見。

時自序曰:「學者之視聖人,其猶射之於正鵠乎! 雖巧力所及,有遠近中否之不齊,然未有不志乎正鵠而可言射也。士之去聖人,或相倍蓰,或相什百,所造固不同,然未有不志乎聖人而可以言學也。道廢千有餘年,百家之言盈天下,學者將安取正乎? 質諸聖人而已矣。夫論語之書,孔子所以告其門人,群弟子所以學於孔子者也,聖學之傳,其不在茲乎! 然而其言近,其指遠,世儒以其近也易之,以爲童子之習而莫之究入德之途,背而去之。如在荒墟之中,曾無蘧廬以託宿焉,況能宅天下之廣居乎? 善夫伯樂之論馬也,以爲天下馬不可以形容筋骨,相視其所視,而遺其所不視,則馬之絕塵弭轍者無遺矣。予於是得爲學之方焉。夫道之不可以言傳也,審矣。士欲窺聖學淵源而區區於章句之末,是猶以形容筋骨而求天下馬也,其可得乎? 予於是書,已於牝牡有不知者蓋多矣。學者能視其所視,而遺其所不視,則於予言其庶矣乎。」

尹氏焞論語解

宋志：「十卷。」又説一卷。

未見。

焞自序曰：「臣自布衣，入侍經筵，被旨解論語以進，臣備職勸解，不敢以寡陋辭。竊惟是書迺集孔子嘉言善行，苟能即其問答，如已親炙於聖人之門，默識心受而躬行之，則可謂善學矣。後之解其文義者數十百家，俾臣復措説其下，亦不過稱贊而已。恭惟陛下聖學高明，出乎天縱，如舜好問，如湯日新，舉措而遠不仁，修己以安百姓，固已合符乎夫子之道，施之於事業矣，復何有待於臣之説。然而學貴於力行，不貴於空言，若欲意義新奇，文辭華贍，則非臣所知也。姑摭所聞，以塞明詔。臣謹上。」

又後序曰：「焞紹興七年十一月被召到闕賜對，押赴經筵，承續講説論語衛靈公之末一章。次日有旨，給筆札解論語以進，念以説書爲職，不敢以固陋辭。方以病困殆，蒙賜寬假，病安日解進。明年二月，駕還錢塘，焞以病從百司先行。三月，病少愈，力疾日赴經筵。是月十三日，詔促成書以進。時手顫目昏，心思荒錯，深懼稽命之久，遂强爲之，姑塞上命。四月二十一日進呈，而學者祁寬、呂稽中、堅中在焉。書成，皆三子之助也。九年春，復病丐歸。蒙恩授以閒禄，聽其自便。遂寓居平江府虎邱寺之西庵，寬從予居。上方暇日，見此帙云：當潛録欲，終身誦之。甚矣！其嗜學也，相從既①久，若

---

①「既」，四庫薈要本作「日」。

是書也，講亦熟矣。豈不知此一時奉詔而成，皆前人成說，雖有一二臆見，坐以老病拙訥，心之精微，詞不能達。今取觀之，徒有愧汗先聖，不云乎『吾無行，不與二三子者，是丘也』。焞於諸公亦云何用此爲寬，復請藏之。因誌始末。并戒其勿以示人，幸諒區區之意。冬至後一日，書於三畏齋。」又進狀曰：「孔子以來，道學屢絶，語言文字，去本益賒。是以先聖遺書雖以講誦而傳，或以解説而陋，況其所論所趨，不無差謬，豈惟無益，害又甚焉。脱使窮其根本，謹其辭說，苟不踐行，等爲虚語，此先聖所以重講解，慎言辭也。況如臣者，材質甚愚，修爲無取，施之於己，未見其功；資以事君，亦將何有？其於聖賢言行，何足以窺測奥妙，發明指歸？强顔爲之，第塞詔旨，臣無任慚羞恐懼之至。」

吕稽中志墓曰：「先生於聖人六經之言，耳順心得如出諸己，天下知道者宗之，不知者慕之。然未嘗筆之於書。與群弟子言，據六經發明問答，不爲講解文書，獨嘗奉詔撰論語解。」

晁公武曰：「彦明，程氏門人。紹興中，自布衣召爲崇政殿説書，被旨訓解，多采純夫之説。」

朱子曰：「論語中，程先生及和靖說，只於本文上添一兩字，甚平澹，然①意味②深長，須當仔細看。」又曰：「尹氏解論語守得定，不走作，所少者，精神爾！」

王應麟曰：「紹興八年四月③，詔尹焞解論語，書成賜六品服。」

---

① 「然」，四庫薈要本作「而」。
② 「意味」，文淵閣四庫本誤作「味意」。
③ 「四月」二字，四庫薈要本脱漏。

宋史：「尹焞，字彦明，一字德充，世爲洛人。師事①程頤。靖康初，召至京師，不欲留，賜號和靖處士。紹興四年，授左宣教郎，充崇政殿説書。八年，除祕書少監，尋除太常少卿，權禮部侍郎兼侍講。九年，以徽猷閣待制提舉萬壽觀兼侍講，奏乞放歸。上以焞提舉江州太平觀致仕。其言行見於涪陵紀善録，有論語解傳於世。」

王氏蘋**論語集解**

佚。

按：著作論語解，成於崇寧三年。其自述曰：「讀書須求聖賢所以言，反覆翫味，優游涵泳，期於默識心通，洞達無閒，然後爲學。若秖循習詁訓，析文義，適足爲翫物爾。」今其書已佚，繹祝允明作先生集序云：「先生有論語解，刻成，當有序其旨者，是則弘治閒，其書尚存也。」

---

① 「師事」下，四庫薈要本有「伊川」二字。

經義考卷二百十五

論語五

劉氏弇論語講義

未見。

弇自序曰："窮一理之微，盡一性之妙，其命有以至於冥然無間之初，其神有以會於寂然不動之際，則宜若可以忘言矣。然而天下之言，常出於不勝其多，而言者遂至於不勝其衆，則將以寓道而使之有明，載道而使之有行故也。是故無言而道隱，未若有言而道不隱。有言而道不隱，未若言而與道兩傳而無所隱。此所以應對答問相與垂世而設教者，雖孔子猶不廢，而論語之書所爲起也。昔者孔子以無名之神功，無體之妙道，屈於不見：知其禮、義、信足以成德；其智、仁、勇足以成治；其温、良、恭、儉、讓足以成俗；其恭、寬、信、敏、惠足以成物，而屈於不見用。於衛靈公，見其際可矣，而弗與共天位也；於季桓子，見其行可矣，而弗與共天職也；於衛孝公，見其公養矣，而弗與食天禄也，以至再逐於魯，削跡於衛，絶糧而在陳，微服而過宋，則可謂畸朴人也，然未嘗不欲有爲於世也。是故出疆載質①，而有至於皇皇去父母國，而有至於遲遲而席不暇煖、轍不及環也。委吏乘田賤也，而不屑去者，蓋曰有官守而已；獵較簿正卑也，而不苟避者，蓋曰有官事而已。其有爲卒不可得矣。於是收其所欲聞焉而未已者，一切寓之以言，則詳而爲六經者是矣。論語者，特其緒餘而已。夫以學孔子者，其徒至於三千之盛，而上自國君、卿大夫，下逮閭巷一介之小民，與其爲時聞人而在所可許者，類皆有見於是書。及考其所歸，非資諸孔子者勿道也。方此之時，操筆而隨其後者，豈惟獵區區之空言也？并與其一嚬笑之微，一俯仰之細而得之也。雖然，若孔子者非學也，故曰『予非多學而識之』，『吾道一以貫之』而已矣，故曰『我非生而知之』，『好古敏以求之』而已矣。其成已有如此者。其於君也，求之以不求之求，而所至必聞其政；其於神也，禱之以不禱之禱，而所祭必受其福；於燕居則申申，於鄉黨則恂恂，於朝廷則侃侃，於宗廟則便便。其行己有如此者，見所不見於魯，禮所不禮於衛，則有似乎污而非污；應佛肸之召，諾陽虎之仕，則有似乎屈而非屈也。於齊則接淅，於魯則不脱冕以②去，其應變有如此者，皆聞斯行諸也，而對之不必同，然而非異也；皆崇德辨惑也，而語之不必一，然而非兩也。不教民戰是謂棄之，故於衛靈問陳，則恥其學；事君勿欺也而犯之，故於昭公失禮，則諱其過。仁也！孝也！以其有小大，故所陳非一端。勇也！智也！以其有本末，故所列非一序。利命與仁，則處之以罕言；怪、

---

① 「質」，文津閣四庫本作「贄」。
② 「以」，文淵閣四庫本作「而」。

力、亂、神，則要之以不言。其立説有如此者。臧孫要君，宜其不智也，而謂之智則①而已矣；管仲僭君，宜其不仁也，而謂之仁則仁而已矣。德行、文學、政事、言語，科雖不同，而同謂之才，則才而已矣。草創討論，修飾潤色，雖不徧而不害，同謂之命，則命而已矣。能具仁者，君子也，於子賤、南宫适則與之，苟無禮樂，亦可爲成人也。於冉求、公綽、卞莊子、臧武仲則略之，以至叩脛而誅原壤，鼓瑟而斥孺悲，進顔子以不愚之愚，黜子路以不禱之禱，其處人有如此者，凡此皆有見於孔子者也。夫聖人之在上者多矣，而制法不若孔子之爲詳，聖人之在下者衆矣，而制行不若孔子之爲備。宰我以爲賢於堯舜而不爲增，叔孫以爲不及子貢而不爲損，此孟子所謂集大成者。雖然，均法也，而孔子所爲備者，不以一行爲備，此達巷黨人之所謂博學而無所成名也。若夫千載而下，其去聖人遠矣！學論語者不幸，不見天地之純，古人之大體，類皆溺於傳注之卑，而不能自拔於污俗之中，絶行之後，往往以孔子而疑者皆是也。書雖非孔子所自爲，然其屬辭有要，成文有序，肆而通達，而閒其本末先後若出於一，而片言隻簡無自而不與孔子合，非深知先王之法言者孰能與？於此學者，要當熟讀而精思之，不必考乎其人也。」

林氏子充**論語詩**

五十首。

未見。

---

① 「則」字下，依四庫薈要本、文淵閣四庫本、文津閣四庫本、備要本應補「智」字。

閩書：「林子充，號拙齋，福清人。著論語詩五十首。林之奇解論語多引之。」

湯氏巖起**論語義**

十卷。

未見。一齋書目有。

姓譜：「湯巖起，貴池人。知營道縣，有清名。後通判徽州，奉祠歸居寶峰，有論語義十卷。」

汪氏革**論語直解**

宋志：「十卷。」

佚。

晁公武曰：「汪革信民，撫州人。紹聖中，試禮部爲天下第一。嘗語人曰：『吾鄉有二相，一爲天下之福，一爲天下之禍。』蓋指晏元獻、王荆公也。即此可見其解經淵源所自云。」

錢氏觀復**論語解**

二十卷。

佚。

盧熊曰：「錢觀復，字知原，常熟人。由太學登進士乙科，官至户部員外郎，尋領宫觀，出知廣德軍，有論語解二十卷。」

未見。

葉氏夢得**論語釋言**

宋志：「十卷。」

王應麟曰：「張衡思玄賦『匪仁里其安①宅兮，匪義跡其焉追』，注引論語『里人②爲美，宅③不處仁焉得知』，里、宅，皆居也。石林論語釋言云：『以擇爲宅，則里猶宅也。』蓋古文云。然今以『宅』爲『擇』，而謂『里』爲『所居』，乃鄭氏訓解，而何晏從之。當以古文爲正。」又曰：「石林解『執禮』云：『猶執射、執御之義。記曰：秋學禮。執禮者詔之。』蓋古者謂持禮書以詔人者，皆曰執。周官太史大祭禮④『宿之日，讀禮書；祭之日，執書以次位。』常凡射事執其禮事，此執禮之見於書者也。解『雅頌各得其所』云：『季札觀魯樂，以小雅爲周德之衰，大雅爲文王之德。小雅皆變雅，大雅皆正雅。楚莊王言武王克商作頌，以時邁爲首，而武次之，賚爲第三，桓爲第六。以所作爲先後，以此攷之，雅以正變爲大小；頌以所作爲先後者，詩未删之序也。論政事之廢興，而以所陳者爲大小，推功德之形容，而以可

---

①「安」，依補正、四庫薈要本應作「焉」。

②「人」，依補正、四庫薈要本、文淵閣四庫本、文津閣四庫本應作「仁」。

③「宅」，四庫薈要本誤作「擇」。

④「禮」，依四庫薈要本、文津閣四庫本、文津閣四庫本應作「祀」。

告者爲先後者，删詩之序也。』其説可以補注義之遺。」

〔補正〕

王應麟條内「其安宅兮」，「安」當作「焉」。「里人爲美」，「人」當作「仁」。「大祭禮」，「禮」當作「祀」。（卷九，頁六）

上官氏愔**論語略解**

佚。

曾氏元忠**論語解**

佚。

黄氏鍰**論語類觀**

佚。

閩書：「黄鍰，字用和，浦城人。從楊時學。政和五年，登第。高宗朝，拜監察御史，提點江西刑獄。」

朱氏申**論語辨**

佚。

江西通志：「朱申，字繼宣，贛州人，太學生。」

江氏奇**論語説**

五卷。

佚。

閩書：「江奇一作「錡」，字全叔，建陽人。宣和三年登第，仕永州學教授，終徽猷閣學士。」

倪氏登**論語解**

佚。

姓譜：「倪登，字彦及，福清人。」

程氏瑀**論語解**

佚。

徐自明曰：「知饒州洪興祖以經學得名。龍圖閣直學士程瑀嘗注論語，興祖爲之序。摘取瑀發明聖人忠厚之言，所謂不使大臣怨乎不以者，表而稱之。興祖嘗忤秦檜，檜疑興祖託經以議己，遂責昭州安置。」

林氏之奇論語講義

未見。一齋書目有之。

陳氏禾論語傳

宋志：「十卷。」

佚。

李氏綱論語詳説

十卷。

未見。一齋書目有之。

張氏浚論語解

四卷。

佚。

魏了翁序曰：「魏國忠獻張公之卒，距今六十有三年。精忠篤諒，凜凜猶有生意。予少嘗譜其言行，裒其論奏。今又得論語解於公之從曾孫希亮，此天厚我啫者也。希亮將鋟梓以傳，而使某識其篇端。粤惟論語一書，此孔門弟子之嗜學者，於聖人容貌詞氣，動容周旋之頃，身體而心會，氣感而機應。故其所書，親切有味，凡一時師傳友授，閱萬世如見然。自七十子終，然後大義乖；訖孟子死，盡失其傳。然而生乎千載之後，亦聖人所與共學之人也，豈終於乖失而不可復傳與？本朝全盛時，河洛之閒諸儒輩出，掃除末師之陋，隨事體習，切己研求，以上尋千載之緒，然後人知聖人之所以言，與群弟子之所以書，皆日用飲食間事。在立則見，無行不與，而非託諸空言也。至近世張氏、朱氏，父子傳家，源流湜湜，益大以肆。忠獻公資稟醇實，既從北方學者講誦遺言，又與南渡諸賢更歷事變，自事親而事君，治己而治人，反覆參驗，無一不合。故其爲是書也，非苟知之，凡能精察力踐之餘，先儒所謂篤其實而藝者書之也。學者誠能推尋究玩，而知前輩讀書異乎今之讀者，即是以約諸經，即經以驗諸己，不亦求端用力之要乎。」

王氏居正**竹西論語感發**

宋志：「十卷。」

佚。

向氏子愚**魯論集議**①

佚。

---

①「議」，文淵閣四庫本作「義」。

王庭珪狀曰：「公諱子懋，字宣卿，開封人。官右奉直大夫江南東路轉運副使。居衡陽之伊山，結茅以處。手抄諸書，尤喜觀魯論，取諸家之善爲集義，以己見繫於後，今行於世。」

劉氏安世**論語解**

二十卷。

佚。

許氏翰**論語解**

佚。

王氏庭珪**論語講義**

五卷。

佚。

王氏絢**論語解**

二十卷。

佚。

曾氏幾**論語義**

宋志：「二卷。」

佚。

朱子曰：「曾文清論語解，其中極有好處，亦有先儒道不到處。」

鄭可學曰：「文清每日必正衣冠讀論語一篇。」

陳振孫曰：「禮部侍郎曾幾吉甫撰，胡文定公門人也。」

許氏文瑞**論語解**

佚。

閩書：「福清許文瑞，家貧不娶，與弟人瑞以道自樂。解論語。莆泉之士稱『二許先生』。」

鄭氏剛中**論語解**

三卷。

佚。

經義考卷二百十六

論語六

朱氏震**論語直解**

十卷。

佚。

趙希弁曰：「右漢上先生朱文定公震所著也。紹興五年夏，肇建資善堂，時孝宗富於春秋，文定以起居郎與宗正卿范公沖同爲翊善，朝論皆以爲極天下之選。此解，資善堂録本也。其孫繼先刻於瀏陽學舍而識其後。」

吴氏棫**論語續解、考異、説例**

宋志：「共十二卷。」

佚。

中興藝文志：「吳棫撰。自謂考研甚衆，獨於何晏集解、邢昺疏所得爲多。又謂孔門弟子之言，多未盡善，而註信經疏，信註太過。嘗作指掌十卷，亡於兵火。僅追記大略，以解何晏集解之未盡未安者，故曰續解。又考他書之文之説異於論語者爲考異。又有説例，有集語、明原、微言、略例、答問、正統、權道、弟子、雜説，凡十篇，多發明。」

朱子曰：「建安吳才老作論語十説，世以爲游定夫作者，非也。其功淺，其害亦淺；又①爲論語考異，其功漸深，而有深害矣！徐蕆爲刊其書，越州以行。」

陳振孫曰：「其所援引百家諸史傳，出入詳洽，所稱欒肇駁王鄭之説，間取一二。肇，晉人。隋唐志載論語釋二卷，駁一卷②。按：董逌藏書志：『釋已亡，駁幸存。』而崇文總目及諸藏書家皆無有棫，蓋嘗見其書也。館閣書目亦不載。」

胡氏寅**論語詳説**

未見。

閩書：「寅，字明仲，安國弟淳之子也。宣和中進士，從侯師聖游，復從楊時受學，仕爲禮部侍郎

① 「又」，文淵閣四庫本誤作「人」。

② 「一卷」，四庫薈要本、文淵閣四庫本、文津閣四庫本俱作「二卷」。

兼侍講兼直學士院，以徽猷閣直學士提舉江州太平觀。秦檜當國，安置新州。」

寅自序曰：「道一而已，而有中偏大小，正邪粹駁之不同。何也？中故大，大故正，正故粹，粹故一。彼狹小、偏私、僻邪、駁雜爲道者失也，其所以失，或由師傳，或由鑿智，或由氣稟，故自殊殉面①，騖而不返，道無是也。先聖先師爲此，所以有教，救學者於多岐，欲歸之於至當，故曰『吾道一以貫之』，一者，仁也。聖門之途②，皆學爲仁，夫子言行莫非仁也，其在論語者著矣。某年十六七，見先君書案上有河南語録、上蔡謝公、龜山楊公論語解，間竊觀之，乃異乎塾之業。一日請諸塾師，曰：『河南楊謝所説，與王氏父子誰賢？』塾師曰：『彼不利於應科舉爾！將趨舍選，則當遵王氏。』於時某未能樹立，而輒萌好惡矣。既游庠序，方崇忌諱，肆諂諛，歌功頌德，陵跨唐虞，或道史書，及李杜詩章亂離之句，則衆以訕謗操切之。纔二十年，川壅大決，睦盜猝興，勢搖嵩岱，然後信王氏學術不本於仁，穿穴碎破，以召不仁之禍也。當兹時，天子臨軒策士，收採讜言，黨禁向弛，於是邵康節皇極書、張横渠正蒙篇、河南先生諸經諸③説、元祐忠賢言論風旨稍出，好之者往往傳寫襲藏，若獲希世之寶，而謝公語解則已鋟板盛行。噫！此豈人力也哉！後四載，歲在乙巳，女真入寇④，慢書騰聞，詔音夜頒，引慝孫位。靖康元禩，遂撤王安石配食坐像，廢字説勿得用，俾學者兼用

---

① 「殉面」，四庫薈要本作「途旁」，文淵閣四庫本作「軌交」。
② 「途」，依補正、四庫薈要本、文淵閣四庫本應作「徒」。
③ 「諸」字，文淵閣四庫本脱漏。
④ 「女真入寇」，文淵閣四庫本作「金人南牧」，文津閣四庫本作「金兵入境」。

先儒，收召遺老佚賢，欲改絃更化。雖狂瀾既倒，捧土莫遏，而遺書幸存出於良知者，如濟貫河，終不泯滅，然後益信仁者——人之本心，大中至正，是是昭昭，未嘗亡也，人自不求耳。今皇帝智勇中興，灼知禍敗之釁，本由王氏，以其所學，迷誤天下，變亂憲章，得罪宗廟，於是詔三省政事，並遵至和嘉祐，發自聖性，篤好孔子所作，王安石所廢之春秋，又於講筵進讀神祖所序司馬光所纂之通鑑，下楊時家取三經義辨置之館閣，選從程氏，學士大夫，漸次登用，甄叙元祐故家子孫之有聞者，仍追復其父祖爵秩，將以剗削蠱蠹，作成人物。朝冀賢才之賴，國培安固之基，此紹興五六年間。大哉王言！一哉王心！凡百臣子，所宜和衷將順，不忍違矣，而獨習舊者，染見王氏，言行不類，有同俗趨利之便，而於程氏，則如嫫母之惡軒鑑也。蓄忿伺間，伸其詭罔，反以專門，歸咎堂奧。夫學士大夫，意向殊乎王氏，則擯斥隨之，必如是說，始堪仕進，蔽離窮陷，百唱千和，既率天下，出一私口矣。又相與攘袂扼腕，柴柵闕里，禁人趨之，不亦甚乎。自古誓言之法，必觀其事，王氏宗派，效於紹聖、元符，崇觀、政宣已來，夫何可掩？試舉其大者，則纘瞿聃虛空之緒，亂鄒魯禮義之實，談二帝三皇之治，濟申商韓非之政，託人子繼述之孝，毀祖宗艱難之業，指豐亨盛大之象，肆窮奢極侈之欲，慕開疆闢土之績，速佳兵好還之禍，乘國破君亡之釁，扶背主僭命之賊，玩燕巢危幕之勢，致荆揚蹀血之苦，積刑賞不平之憤，起周廬干紀之變，假偃武息民之說，成外交固位之計，殄蒸民三綱之道，甘臣服讎虜①之辱，稱太平無事之美，導般樂怠傲之失，結忠賢諫説之舌，生隆家卑國之漸，皆背違先聖，操心不

---

①「虜」，文淵閣四庫本、文津閣四庫本俱作「敵」。

仁，而精於經義、字說，立乎本朝，據權斷論之大驗也。若君子私淑所被，曾微一人簉①其列焉，持用此觀之，明善、喻利之判，豈不昭灼，乃復營營翩翩，變移黑白，上欺君父，下蔑清議，不念率獸食人，近有覆轍，亦何意哉？愚不肖，幸聞伊洛至教，承過庭之訓，而冥頑怠廢，不早用力，葢嘗妄意論語一書，爲仁道樞管，欲記所見聞指趣，附於章句之下，内撰淺疏，久而未果，髮秃齒豁，恐負初志矣。適有天幸，投畀炎壤，結廬地偏，塵事遼絶，門挹山秀，牕涵水姿，簷竹庭梧，時動涼吹。朝夕飯一盂、蔬一盤，澹然太虛，不知浮雲之莽眇也，觀過宅心，自是始篤，乃得就稾，遺諸童丱，博學而詳說之，將以反說約焉。若夫推己及人，指南洙泗之路，放淫拒詖，分北荆舒之旅，非愚所能也。困而學之，期成功於不二而已矣。紹興甲戌三月。」

〔補正〕

自序内「聖門之途」，「途」當作「徒」。（卷九，頁六）

胡氏宏**論語指南**

通考：「一卷。」

未見。

樓鑰跋曰：「論語一書，自昔大儒不知幾人，未有能發明仁之一字。子夏問仁，夫子固嘗答以愛人

---

①「簉」，文淵閣四庫本、文津閣四庫本俱作「造」。

矣；韓昌黎原道首曰『博愛之謂仁，他何望焉』；自伊洛二先生始發千古之祕；洙泗言仁，深見本原。茲讀指南一卷，樞密黄公、□①院沈公，皆深於此者，五峰斷以一言，方見二公猶有差處，一曰有心於爲仁，則曰如此立言，恐不識心、不識仁也；一曰能惡人，則或者疑焉。於是復明仁者之心，曰本無所惡也，曰則是當始惡之時，胸中原未了了也，烏得爲仁？又顔淵問仁之下，有曰人有仁不仁，心無不仁。此要約處不可毫釐差。嗚呼！斯言旨哉？此論語之本體也。然而非二公相與講貫，亦無以發五峰之言，故亦以朋友講習爲説，蓋天下之説，未有過於此者。夫子以學之不講爲憂，蓋君子之憂未有甚於此者，學者可不勉哉？」

陳振孫曰：「胡宏仁仲評論黄祖舜、沈大廉之説。」

胡氏憲**論語會義**

佚。

閩書：「憲，字原仲，從從父安國學，既而學易於涪陵譙定。力田賣藥以養其親，從游者日衆，號籍溪先生。被召，賜進士出身，終祕書正字，卒謚簡肅。」

鄭氏耕老**論語訓釋**

佚。

---

① 「□」，文津閣四庫本、備要本據脱漏。

王氏賓**論語口義**

佚。

王應麟曰：「紹興十三年正月，王普進父賓講論語口義送史館。」

黄氏祖舜**論語解義**

宋志：「十卷。」

佚。

王應麟曰：「紹興三十二年三月，權刑部侍郎兼侍講黄祖舜進論語解義，詔給事中金安節等看詳。安節等言，辭義明粹，令國子監板行，賜詔獎諭。」

洪氏興祖**論語説**

宋志：「十卷。」

佚。

中興藝文志：「其説多可采。謂此書始於『不愠』，終於『知命』，蓋君子儒。」

畢氏良史**論語探古**

通志：「二十卷。」

佚。

楊萬里曰：「畢敷文少董。紹興初陷①金，居汴。閉户著春秋正辭、論語探古。書有宋城哲夫、李師魏良，執經師之好事者，寫爲繙經□②圖，繪少董坐榻上，兩生執卷，而前有二女奴各有所執，而阿冬者坐其間，少董之季子也。女奴之髽者孫壽，冠者馬惠真。」

藺氏敏修**論語解**

佚。

曹學佺曰：「敏修，龍游人。紹興中進士，官至朝奉郎。著論語解，時號中□③先生。」

黄氏開**論語發揮**

佚。

---

① 「陷」，文淵閣四庫本作「入」。

② 「□」，文津閣四庫本脱漏，備要本作「之」。

③ 「中□」，文津閣四庫本作「中一」。

程氏迥論語傳

佚。

徐氏椿年論語解

佚。

趙氏敦臨論語解

佚。

徐氏珣論語解

佚。

喻氏樗玉泉論語學

宋志：「四卷。」通考：「十卷。」

佚。

陳振孫曰：「工部侍郎喻樗子才撰。樗與張子韶諸公友善，坐此得罪秦檜。汪端明應辰其婿也。」

何氏逢原**論語集解**

十卷。

佚。

王十朋曰：「希深長於理學，尤精論語。覃思二十年，每見學者，必與講論集解。簡嚴明白，超詣處，諸儒所不到。」

張氏九成**論語解**

宋志：「十卷。」

未見。

周必大曰：「淳熙九年正月，御筆問張氏論孟傳是誰作？論議如何？必大回奏曰：『此是張九成撰，議論明白，而以洛中程氏爲主。』」

周煇曰：「張无垢甥于恕裒集語録十二卷，其閒論語絶句，讀者疑焉。蓋公自有論語解，亦何假此發明奧義？嘗叩公門人郎曄，曄云：『此非公之文也。』」

謝氏諤**論語解**

二十卷。

佚。

史氏浩**論語口義**

宋志：「二十卷。」

佚。

蘇氏總龜**論語解**

佚。

閩書：「總龜，字待問，泉州德化人。紹興三十二年，釋褐授衡州教授，累遷參淮東議幕。」

吴氏沆**論語發微**

二卷。

未見。一齋書目有之。

林氏栗**論語知新**

宋志：「十卷。」

佚。

卞氏圜**論語大義**①

宋志：「二十卷。」

未見。

陳振孫曰：「海陵卞圜撰」

寧波府志：「卞圜，字子車，象山人。紹興三十年進士第，授揚州倅。」

都穆曰：「予家舊藏論語大意及孟子大意兩書，皆宋刻本，而無著書人名。嘗觀文獻通考，以二書爲卞圜撰，亦不書其鄉郡。其後見劉禹錫嘉話有圜跋語，始知圜爲宋海陵人。海陵，即今之泰州。予友儲都憲静夫欲修州志，會問，予以圜語之。儲君愕然曰：『吾用心志事而不知此人，修志非君不能益我。』惜儲君已殁，志竟不成，念之未嘗不太息也。」

葉氏隆古**論語解義**

宋志：「十卷。」

佚。

胡寅跋曰：「學者得一官，皇皇於進取若不及，忽焉老死，莫知自憐，滔滔皆是也。超然年將六十，

① 「論語大義」，依後文「都穆曰」條、四庫薈要本、文淵閣四庫本、文津閣四庫本、備要本應作「論語大意」。

方且從事於童習之書，忘其饑寒之苦，可不謂賢乎！著書既難，釋聖人之言尤非易，要當多求博取以會至當。驗之於心，體之於事，則考諸前言往行而不謬矣。斯道也，有志者歿身而後已，超然其懋哉！」

劉氏懋**論語訓解**

佚。

陸元輔曰：「懋，字子勉，建陽人。從劉子翬、胡憲學。以文林郎奉祠，以朝奉大夫致仕。學者稱恆軒先生。文簡公爚，其子也。」

王氏炎**論語解**

未見。

經義考卷二百十七

論語七

朱子熹**論語集義**初名要義，又名精義。

宋志：「十卷。」通考：「三十四卷。」

存。

朱子論孟精義自序曰：「論孟之書，學者所以求道之至要。古今之爲説者，蓋已百有餘家。然自秦漢以來，儒者皆不足以與聞斯道之傳，其溺於卑近者，既得其言，而不得其意；其鶩於高遠者，則又支離踳駁，或乃并其言而失之，學者益以病焉。宋興百年，河洛之間，有二程先生者出，然後斯道之傳有繼。其於孔氏、孟氏之心，蓋異世而同符也。故其所以發明二書之説，言雖近而索之無窮，指雖遠而操之有要，使夫讀者非徒可以得其言，而又可以得其意；非徒可以得其意，而又可以并其所以進於此者，而得之其所以興起斯文、開悟後學，可謂至矣。間嘗蒐輯條疏以附本章之次，既又取夫學之有同於先生者，與其有得於先生者，若横渠張公、若范氏、二吕氏、謝氏、游氏、楊氏、侯氏、尹氏，凡九家之説以附益之，名曰論孟精義，以備觀省。而同志之士，有欲從事於此者，亦不隱焉。抑嘗論之，論語之言，無所不包，而其所以示人者，莫非操存涵養之要；七篇之指，無所不究，而其所以示人者，類多體驗擴充之功。夫聖賢之分，其不同固如此，然而體用一源也，顯微無間也。是則非夫先生之學之至，其孰能知之？嗚呼！兹其所以奮乎百世絶學之後，而獨得夫千載不傳之緒也與！若張公之於先生，論其所至，竊意其猶伯夷、伊尹之於孔子，而一時及門之士，考其言行，則又未知其孰可以爲孔子之顔曾也？今録其言，非敢以爲無少異夫先生而悉合乎聖賢之意，亦曰大者既同，則其淺深疏密、毫釐之間，正學者所宜盡心耳。至於近歲以來，學於先生之門人者，又或出其書焉。則意其源遠末分，醇醨異味，而不敢載矣。或曰：『然則凡説之行於世而不列於此者，皆無取已乎？』曰：『不然也！』漢魏諸儒①正音讀、通訓詁、考制度、辨名物，其功博矣。學者苟不先涉其流，則亦何以用力於此？而近世二三名家與夫所謂學於先生之門人者，其考證推説，亦或時有補於文義之間，學者有得於此而後觀焉，則亦何適而無得哉！特所以求夫聖賢之意者，則在此而不在彼耳。若夫外自託於程氏，而竊其近似之言以文異端之説者，則誠不可以入於學者之心。然以其荒幻浮夸，足以欺世也，而流俗頗已歸鄉之矣，其爲害豈淺淺哉？顧其語言氣象之間，則實有不難辨者，學者誠用力於此書而有得焉。則於其言雖欲讀之，亦且有所不暇矣。然則是書之作，其率爾之誚，雖不敢辭，至於明聖傳之統，采衆説之長，折流俗之謬，則竊亦

①「儒」，文淵閣四庫本作「書」。

妄意其庶幾焉！」又曰：「讀論語須將精義看。」

陳振孫曰：「朱子撰集二程、張氏及范祖禹、吕希哲、吕大臨、謝良佐、游酢、楊時、侯仲良、周孚先①，凡十二家②，初名精義，後刻於豫章郡學，始名集義。其所言『外自託於程氏，而竊其近似之言以文異端之説者』，蓋指張無垢也。無垢與宋杲③遊，故云爾。」

〔補正〕

陳振孫條内「周孚先，凡十二家」，當改云「尹焞，凡十有一家」。案：此沿書録解題及通考之誤，今據朱子論孟精義自序及玉海改正。（卷九，頁六）

王文貫曰：「晦庵讀書，古今注解自音而訓，自訓而義，自一字而一句，自一句而一章，以至言外之意，透徹無礙，瑩然在心，如琉璃然，方敢下筆。一字未透，即云未詳。」

論語詳説 初名訓蒙口義

佚。

真德秀後序曰：「建安太守三山陳侯既以武功戡寇難，又思以文教淑人心，曰論語一書，子朱子之所用力而終其身者也。其始有要義焉，其次有集義焉，又其次則有詳説而以集注終焉。今集注之書，

---

① 「周孚先」，依補正、四庫薈要本、文淵閣四庫本應作「尹焞」。

② 「十二家」，依補正、文淵閣四庫本應作「十有一家」，四庫薈要本誤作「十有一家」。

③ 「宋杲」，文淵閣四庫本作「僧宋杲」。

家傳人誦，若詳說則有問其名而勿思者矣。聖人之道大矣，善學如顏子，且親得聖人而師之，猶必仰鑽瞻忽，久而未獲，至於循循善誘之餘，既竭吾才，而後卓然有見於道之全體。況今之人，即書而求道，其難於顏子又倍矣。故雖以子朱子之學得之於天，而其進也，亦必以漸，蓋沈潛玩索，不知老之將至，迨乎集注之出，然後集其成而無憾，學者可不徧考之乎！媲之於玉，集注其圭璧琈瓚也，人見其温潤縝栗，無少瑕點，以爲出於天成，而不知追琢磨治之功，非一朝夕積也。故此書之視集注章句，詳略往往弗同，而於先儒之說，去取亦或小異。昔若乎而詳，今若乎而略，昔奚爲而取，今奚爲而去，斟酌權量之微，範鎔點化之妙，蓋不待從游於考亭雲谷之間，而言論風旨，若親承面命矣！是非求道之至要邪！故予欲學者以集注爲之本，而參之以此書，觀子朱子之所得月異而歲不同，庶乎知聖賢之旨爲無窮，而問學之功不可以已也。既以鏤諸梓，而俾某述其所以然，是用筆之篇末。」

按：是序又載劉壎雲莊集。

袁桷曰：「文公之教於家也，謂集義之作，義理詳而訓詁略，別爲一書，曰訓蒙口義，今此書不存。」

論語集注

宋志：「十卷。」

存。

朱子自述曰：「集注乃集義之精髓。」又曰：「集注後來改定處多，遂與或問不相應，又無工夫修得或問，故不曾傳出，今莫若只就正經上玩味，有未通處，參攷集注，更自思索爲佳，不可恃此未定之書，便以爲是也。」又曰：「集注蓋熹十年前本，爲朋友間傳去，鄉人遂不告而刊，及知覺，則已分裂四出而不可收矣，其間多有未穩。」

□□①曰：「集注發明程子之說，或足其所未盡，或補其所未完，或白其所未瑩，或貫其所未一，其實不離乎程說之中，必如是而後有功於程子，未可以優劣較之。」

黃榦曰：「朱子集注於一字未安、一語未順，覃思靜慮，更易不置，或一二日而未已。用心如此，學者顧以易心讀之，安能識聖賢之意哉？」

陳淳曰：「集注遍閱諸家說，雖一字一句皆爲抄掇，旋加磨刮，翦繁趨約，不啻數百過。」又曰：「學者須專事集注爲標準，復讀饜飫，胸中已有定見，然後參以集義，方識諸家是非得失，始知集注明潔親切，辭約而理富，義精而味長，信爲萬世不刊之書。」

陳振孫曰：「集注大略本程氏學，通取注疏、古今諸儒之說，間復斷以己意，晦庵先生平生講解，此爲第一，所謂毫髮無遺憾者矣。」

魏了翁朱氏語孟集注序曰：「王師北伐之歲，予請郡以歸，輔漢卿廣以語孟集注爲贈。曰：『此先生晚年所授也。』謹拜而受之。較以閩浙間書肆所刊，則十已易其二三。趙忠定公帥蜀日成都所刊，則十易六七矣。前輩講學工夫，皆於躬行日用間，真實體驗以自明厥德，非以資口筆也。故歷年久，閱天下之義理多，則知行互發，日造平實，語若近而指益遠。余慕之累歲，每讀輒異他日，故不敢祕其本，以

① □□，文津閣四庫本作「蔡沈」。

均淑同志之士云。」

子在曰：「集注於正文之下，止解説字訓文義與聖經正意。如諸家之説，有切當明白者即引用，而不没其姓名。如學而首章，先尹氏而後程子，亦只是順正文解下來，非有高下去取也。章末用圈而列諸家之説者，或文外之意，而於正文有所發明，不容略去。或通論一章之意，反覆其説切要，而不可不知也。」

黄震曰：「南軒論語多是統説大體，又多於本意上生新意。晦庵則分文釋句，只依本意，而使學者自得之。」又曰：「晦庵集注論語，祖詁訓，明字義，使本文坦然易知，而後擇先儒議論之精者一二語附之，以發其指要。諸説不同，恐疑誤後學，又爲或問以辨之。近世闢晦庵字義者，固不屑事此，其尊而慕之者，又争欲以著解名家，浩浩長篇，多自爲之辭，於經漸相遠。甚者或鑿爲新奇，反欲求勝，豈理固無窮耶！」

論語或問

宋志：「二十卷。」

存。

陳淳曰：「論孟須以集注爲正，如或問後來置之不脩，未得爲成書。今細觀之時，覺有枯燥處，亦多有不穩處，亦多有失之太甚處，比之大學、中庸或問之書大不同，若姑借之以參訂集注之所未詳則可矣，未可全案以爲定論也。」

陳振孫曰：「朱子撰集注既成，復論次其取舍之所以然，别爲一書，而篇首述二書綱領與讀者之要法，其與集注實相表裏，學者所當並觀也。」

王應麟曰：「文公初編次集義，輯二程之説，又取張、范、二吕、謝、游、楊、侯、尹氏九家，初名要義，改名精義，最後名曰集義，三十四卷。又本注疏，參以釋文，會諸老先生之説，間附以聞於師友、得之心思者爲詳説，舊云訓蒙口義者也。既而約其精粹，爲集注十卷，又疏其所以去取之意，爲或問十卷，其後集注删改，日以精密，而或問不復釐正，故其去取間有不同者。」

黄氏幹**論語注義問答通釋**

宋志：「十卷。」

未見。一齋書目有之。

陳振孫曰：「其書兼載或問，發明婦翁未盡之意。」

趙希弁曰：「右勉齋黄先生幹通釋晦庵先生集注、或問之書也。」

魏了翁序通釋曰：「勉齋黄直卿合朱文公三書爲論語通釋，吾友復齋陳師宓叙所以作，張敏則刻之潭、之湘鄉、之連谿。予首從蕭定夫得善本以歸里，趙心傳請刻諸梓以幸惠學士，而屬予申其義。嗚呼！是書之有傳，士得之以增益智慮，而益卲所學士之幸也。論説之益廣，士竊之以紿取利録，而罔聞於行予之憂也。嗚呼！學者其亦知所擇哉！」

輔氏廣**論語答問**

未見。

袁桷曰："輔公此書直彰其義，衍者隱之，幽者暢之，文理炳著，不別爲標的，以盡事師之道。微文小義簡焉，以釋經爲急，其子季章舊刻之武岡，兵禍散佚，其從孫政與其子華亭丞友仁復刻於家塾。"

馮氏椅**論語輯説**

佚。

劉氏砥**論語解**

佚。

八閩通志："劉砥，字履之，長樂人。與弟礪同事朱子。"

陳氏易**論語解**

佚。

閩書："陳易，字復之，泉州永春人。受業朱文公。慶元二年，登第仕爲懷來丞。"

吴氏英**論語問答**

未見。

蔣垣曰:「吴英,字茂實,邵武人。從學朱子,有論語問答。」

何氏鎬**論語説**

佚。

鄒氏補之**論語注**

佚。

滕氏璘**論語説**

佚。

徽州府志:「滕璘,字德粹,婺源人。淳熙八年進士,官至朝奉大夫。與弟珙俱從朱子學,璘爲論語説,朱子善之。」

經義考卷二百十八

論語八

張氏栻**南軒論語解**

宋志：「十卷。」

存。

栻自序曰：「學者，學乎孔子也。論語之書，孔子之言行莫詳焉，所當終身盡心者，宜莫先乎此也。聖人之道至矣，而其所以教人者，大略則亦可睹焉。蓋自始學，則教之以爲弟爲子之職。其品章條貫，不過於聲氣容色之間、灑掃應對進退之事，此雖爲人事之始，然所謂天道之至賾者，初亦不外乎是，聖人無隱乎爾也。故自始學則有致知力行之地，而極其終，則有非思勉之所能及者，亦貴乎行著習察，盡其道而已矣。孔子曰：『道之不行也，我知之矣！知者過之，愚者不及也。道之不明也，我知之矣！賢者過之，不肖者不及也。』秦漢以來，學者失其傳，其間雖或有志於力行，而其知不明，擿埴索塗，莫適所依，以卒背於中庸。本朝河南君子，始以窮理居敬之方，開示學者，使之於致知力行，有所循守，以入堯舜之道。然近歲以來，學者又失其旨，汲汲求所謂『知』，而於『躬行』則忽焉。本之不立，故其所知特出於臆度之見，而無以有諸躬，識者蓋憂之。此特未知二者互相發之故也。孔子曰『學而不思則罔，思而不學則殆』，歷考聖賢之意，蓋欲使學者於此二端兼致其力，始則據其所知而行之，行之力則知愈進，知之深則行愈達，是知嘗在先而行未嘗不隨之也。知有精麤，必由麤以至精；行有始終，必自始以及終，内外交正，本末不遺，條理如此，而後可以言無弊，然則聲氣容色之間、灑掃應對進退之事，乃致知力行之原也，其可舍是而他求乎？顧栻何足以與聞斯道，輒因河南餘論推以己見，輯論語説，爲同志者切磋之資，而又以序冠於篇首焉。①」

〔補正〕

自序末應補云「乾道九年五月」。（卷九，頁六）

〔校記〕

四庫本作癸巳論語解。（論語，頁五六）

薛氏季宣**論語少學**

宋志：「二卷。」

---

①「而又以序冠於篇首焉」下，依補正應補「乾道九年五月」六字。

佚。

季宣自序曰：「推步占天，未足與言天道之至；縉絲測海，未足與窺溟海之深；膚見謏聞，以求聖人之言，我知其無以議爲也。然則聖人之道，其終不可學邪？曰：『無句求之則得，不求則不得也。』自明其德，道積於厥躬，誠以思之，睿以通之，問學以參之，神而明之，天之高、地之厚、鬼神之盛，遂古方來之遠，將無所藏其用。聖人之道其無以外此。夫魯侯得之喬梓，而周公識其見賢；曾蒧鼓瑟詠雩，而仲尼與之言志，聖人之學果可以意知而事得乎。走於論語之書，願學焉而終身者也，謂其旁通倫類，細淪幽眇，就之而不見，挹之而愈深，雖一本諸人情，曾非力行可到。嘗朝而誦，莫而思，忘寢食而求，但見其源源而泉，混混而淵，灝灝而天，進於前無以從而後，取諸右無以逢其左，泯泯默默而未得以臻其極也。卷之有以自樂行之，足以迨時，走於夫子之言，知其一而不知其二矣。強筆少學，識之於書，庶乎他日見之，有以知其不足。戾之斯改，得之斯尚，天未喪道，或將可質諸聖人之門也。曰以此明孔氏之言，則庸敢不知量。」

論語直解 王瓚温州志作「約說」。

佚。

季宣自序曰：「巧匠不世出，其法具乎規矩繩墨；聖人不世作，其言在乎禮、易、詩、書。然則禮、易、詩、書與夫規矩繩墨，往之所以貽後，今之所以求古也，即規矩繩墨以爲圓方，雖非巧匠，而巧匠之制作於此乎在。由禮、易、詩、書以趨禮義，雖非聖人，而聖人之精誠①備於吾身。學者爲道而舍經，猶工人而去其規墨也，雖有工垂之指，其能制器乎？孔子，聖之至也，顥乎其渾！邈乎其宏！其静也坤，其動也乾，道貫古今，而體之以虚，神偕造化，而終之以愚，望之平平，即之峩峩，寂如其若忘歸，如其若存挹而愈沖，撓而愈清。觀其行則不過乎物，察其言則適當人心。無色無形，既高且明，無墉無隍，肅肅茫茫，止止而安安者歟？盡性而參天者歟？贊焉以辭，猶日而禆螢，鑿之竅死，均無事焉，適亡其所存而已。自伏羲以至文公，其時亨，其政行，其言事具乎禮、易、詩、書。曰闇而弗明，得孔子而彌章。非聖人無以知聖人，固莫知孰賢，傳是道以貽將來，斯其爲集大成。孔氏有春秋、孝經，通禮、易、詩、書，曰『經其弟子門人，又雜記其難疑答問之言，别爲論語一書』。參乎六經之間，六經固妙且玄，必論語而後行，論語之於六經，其道學之中和、大易之乾坤乎？元龜無窮，指南諸儒性命仁義之淵源，諸子百家之蹊途，覆載而叢薄之宜莫此其究且詳也。傳記稱孔子之言衆矣，率多踳駮，不疑乎貞，其周而曲，當觸而咸獲，純而靡類，約而兼該者，宜莫前乎論語之書，後之學孔子者將折中夫六經之奥，返求其性命之正者，舍論語其何稽乎？先儒之傳此書，行乎今者多矣，如川瀆之容流，各極其量，而莫不有合焉。其於滄溟也，不亦微哉。走誠庸愚，學而未能有得，願法孔子其素心也。研窮此書久矣，訖未知其趨嚮，自求諸己以求合於前言，譬諸蟻之緣嵩，烏之沖霄，不至必也，亦惟其力行之，又何憚夫穹崇也。敢自信其所自知，筆而釋其句讀，名直解，示無曲説者焉。不事辭文，貴全旨要，分章無取，爲其失於本

① 「誠」，文淵閣四庫本作「識」。

真，匪敢言傳述，逝將終身於此，庶幾明德之見有補不逮云。」

沈氏文炳**論語解**

佚。

周必大序曰：「揚子曰：『聖人之言遠如天，賢人之言近如地。』易更三聖，詩、書、禮、樂、春秋皆删定筆削於孔子之手，此聖言也。孟、荀、揚、韓發明經訓，羽翼治道，此賢言也。兼是二者，其惟論語乎？蓋齊家、治國、立身、行道，夫子平居形諸言者，如三辰著明，有目咸睹，莫知所以明；如四時運行，無物不遂，莫知所以行，非天乎？門弟子或求益，或質疑，往往指事而請。譬之山川有定體，高深猶可度；草木有定形，名物或可辨，非地乎？是誠五經之錧鎋，六藝之喉襟，學者如欲時習聖人之言，舍此何以哉？吴興沈文炳，字堯夫，家世儒者，少有聲國學，養親不仕，惟留意於是書。其子數抱遺編，求予一言，易不云乎？『仁者見之謂之仁，知者見之謂之知。』亦資道以盡吾之分而已，其視作無益而攻異端者，蓋相萬也。」

胡氏公武**論語集解**

佚。①

---

①「佚」字，文津閣四庫本脱漏。

周必大序曰：「論語記夫子善言，簡易明白，而褒貶勸戒實同春秋。群弟子總而述之之時，於稱謂尤有法。凡門人問答，率稱子。若夫子及對諸國君臣，則①姓以別之，如是者十八九，獨季氏一篇皆切責冉求之言，每章必稱孔子，無他，絶之也。此謂春秋夷杞何異？推類以求，則行夏之時，從周之文，管仲之稱仁，昭公之知禮，筆削之微旨，皆行乎其中矣。學林胡英彦辨博該貫，泛通六藝諸子百家之書，而以論語爲宗。古今注解自漢賈生、揚子、晉何氏、唐韓柳氏、周熙時子、本朝邢氏、劉原父、歐陽子、司馬温公、程正叔、二蘇、謝顯道數十家，片言之相涉，一説之可取，如醫、儲、藥、賈、居、貨，惟患其不備，所得既富，則徐爲折衷，而以其先君子隱居口講，與夫從叔侍讀公新説繫之，又爲叢書二卷，掇拾遺餘；集音二卷，考證同異，博觀約取，期明道而後止。謂余使序卷首，予聞聖人之言若近而其旨甚遠，仁者見之謂之仁，知者見之謂之知，雖大賢有不能盡，況後學乎？自漢以來，乃始擅專門之業，黨同而伐異，欲以一説盡聖人之藴，斯亦過矣。惟胡氏世傳春秋學，英彦尤致意焉，是書也，集諸儒②之説而以道爲之權衡，是非取舍，不敢銖兩輕重其心，間有旨雖殊而理通，亦並存不廢，務使學者優柔而自求饜飫而自趨。非深於春秋能如是乎？其用心過漢儒遠矣，予故樂爲之書。」

楊萬里曰：「胡英彦，諱公武，澹庵先生猶子，覃思經訓，謂求聖道當自論語，始取賈誼、揚雄、李翱等解爲集注論語若干卷，傅以新意。自鄭康成、王肅、馬融之外，史漢所引，臣瓚顔祕書注，闕文異義，

---

① 「則」，文淵閣四庫本作「及」。
② 「儒」，文淵閣四庫本作「書」。

靡不畢萃，成一家言，今參政周公甚愛其書，爲之序。」

陳氏知柔**論語後傳**

佚。

林氏亦之**論語解**

佚。

林希逸曰：「先生字學可，吾邑龍江人。受學於艾軒，自號網山山人月魚氏。生高宗丙辰，終孝宗乙巳。」

劉克莊曰：「網山林氏，福清人。一號月魚先生。」

梁氏億**論語集解**

佚。

姓譜：「億，字伯安，晉江人。克家子，以父任補官，累遷通判福州。嘗著論語集解，上之祕府，進官一秩。」

諸葛氏說**論語説**

佚。

李氏舜臣**家塾編次論語**

五卷。

佚。

沈氏大廉**論語説**

佚。

繆泳曰：「大廉，字元簡。」

邱氏義**論語纂訓**

一卷。

佚。

朱子序曰：「論語纂訓，書無卷第，合一篇。凡古今論語訓義，見録者十四家，而大抵宗程子，蓋熹外兄邱子野所述，子野亦以意附見其是非取舍之説，熹讀之，其不合於聖人者寡矣，因爲之序。論曰：

『士生乎聖人既殁數千百歲之下，而欲明聖人之心於數千百載之上，推其立言垂訓之旨，約其辭義於衆説淆亂之中，以爲一家之書，而又欲其是非取舍不謬於聖人，亦難矣。蓋聖人之書，其爲意微，其爲辭約，苟不明乎其宗①而識乎其本，多見其以私見臆説亂之也。昔之大儒，其猶有不免乎此者，況後世之紛紛乎？此其所以難也。抑又有甚難者焉——孔子曰『文，莫吾猶人也。躬行君子，則吾未之有得』，此其所以爲甚難者也。夫其所以難者如此，所以爲甚難者又如此，則是書之作，亦將以明乎其所難者，求至乎其所甚難而已，其可已乎？故其求之，能博取之，能審推是言之，其寡過矣。孟子曰『博學而詳説之，將以反説約』，此之謂已。如是則後聖人數千百歲而生，而欲明其心於數千百歲之上，無難矣。夫學之所以盡其心如此，又安有放其邪心以窮乎外物之患哉！其行之也不遠矣，則其所以爲甚難者，又得而庶幾焉。熹是以樂道之，而爲之序，所以明子野之爲是書其難如此，而亦以著其從事於聖人者不易焉。紹興三十二年十月。」

倪氏思**論語義證**

宋志：「二十卷。」

佚。

---

① 「宗」，文淵閣四庫本誤作「中」。

章氏服**論語解**

三卷。

佚。

徐氏存**論語解**

佚。

高氏元之**論語解**

宋志：「一卷。」

佚。

馬氏之純**論語説**

佚。

黄氏補**論語人物志**

佚。

閩書：「補，字季全，莆田人。乾道八年，登特科，授高州文學，調高要尉。」

宋氏蘊**論語略解**魏了翁集作解義。

二十卷。

佚。

張氏琥**論語拾遺**

二十篇。

佚。

王應麟曰：「淳熙五年六月，軍器少監張琥，凡二十篇。付祕閣。」

許氏奕**論語講義**

二卷。

佚。

姜氏得平**論語本旨**

宋志：「一卷。」

佚。

陳振孫曰：「建昌軍教授永嘉姜得平撰。」

楊氏泰之**論語孟子類**

七卷。

佚。

論語解

三十卷。

佚。

胡氏泳**論語衍説**

未見。

胡炳文曰：「泳，字伯量，南康人。」

湯氏烈**集程氏論語説**

宋志：「二卷。」

佚。

戴氏溪**石鼓論語答問**

宋志：「三卷。」

佚。

陳振孫曰：「戴溪岷隱撰。溪初仕，領石鼓書院山長，所與諸生講説者也。其説淺近明白，晦庵亦稱其近道。」

潘氏好古**論語説**

佚。

孫氏應時**論語説**

佚。

王應麟曰：「孫季和説論語『舉直錯諸枉』，謂舉直而加之枉之上，則民服枉，固服於直也。『舉枉錯諸直』，謂舉枉而加之直之上，則民不服直①，固非枉之所能服也。」

① 「直」字，文淵閣四庫本脱漏。

姓譜：「孫應時，字季和，餘姚人。學於象山。登進士第，官邵武軍通判。自號燭湖居士。」

陳氏藻**論語解**

佚。

劉克莊曰：「樂軒陳氏藻，字元潔，居福清縣之横塘。初綱山師艾軒，綱山之徒又推樂軒爲高弟，開門授徒，不足自給。至浮游江湖，崎嶇嶺海，歸買田數畝，輒爲人奪去。士之窮，無過於此矣，而以樂自扁。此固先生所聞於師者與！」

王氏時會**論語訓傳**

佚。

葉氏秀發**論語講義**

佚。

金華志：「秀發，字茂叔。師事吕祖謙，爲慶元府學教授，著論語講義以訓諸弟子，一時鉅儒皆相器重，願與之交。而楊簡問難尤詳，謂得所啓發，後知高郵軍。」

時氏少章**論語大義**

佚。

陳氏耆卿**論語記蒙**

宋志：「六卷。」

佚。

陳振孫曰：「國子司業臨海陳耆卿壽老撰，葉水心爲之序。耆卿，學於水心者也，嘗主麗水簿，嘉定初年成此書。」

謝鐸曰：「論語、孟子記蒙，陳耆卿著，今亡。」

羅氏維藩**論語解**

二卷。

佚。

陳氏宓**論語注義問答**

佚。

章氏良史**論語探古**

宋志：「二十卷。」

佚。

黄氏宙**論語解**

佚。

閩書：「黄宙，字繇仲，晉江人。居鄉講授，有論孟解。」

夏氏良規**論語解**

佚。

閩書：「夏良規，字道矩，福清人。」

丁氏明**論語釋**①

二十篇。

佚。

陸元輔曰：「明，字子公，金壇人。」

---

① 「論語釋」，文淵閣四庫本作「論語解」。

傅氏子雲**論語集傳**

佚。

姓譜：「子雲，字季魯，金溪人。主甌寧簿。」

馮氏誠之**復庵讀論語**

十卷。

佚。

王氏萬**論語説**

佚。

經義考卷二百十九

論語九

真氏德秀**論語集編**

宋志：「十卷。」

存。

魏氏了翁**論語要義**

宋志：「十卷。」

未見。

趙氏善湘**論語大意**

十卷。

未見。一齋書目有之。

鄭氏汝諧**論語意原**

二卷。

存。

〔校記〕

四庫本四卷。汝諧，字舜舉，號東谷，處州人。陳振孫書録解題云「仕至吏部侍郎」。（論語，頁五六）

汝諧自序曰：「或問鄭子曰：『論語之書，釋者甚多，子復爲之説，不亦贅乎？』予曰：『非贅也。聖人之言，溥博①淵深，非若諸子可俄而測度也。漢唐以來，鮮有識其旨者，本朝二程、横渠、楊、謝諸公互相發明，然後此書之義顯，謂諸公有功於此書則可，謂此書之義備見於諸公之書則不可，何者？言有盡，旨無窮，譬之山海之藏，隨取而獲，取者雖夥，未見能竭其藏也。學者志於自得而已，徒取信於他人之得，不知反吾心以求其得，謂是口耳之學，君子無取焉。予於此書，少而誦，長而辨，研精覃思以求其指歸，積有年矣。日進月化，頗窺聖心之萬一，既斷以己説，復附以諸公之説。理之所在，不知其出於人也，出於己也，期歸於當而已。雖然，予豈敢自以爲當哉！尚賴同志者有以教之。』又曰：『論語意原嘗鋟版於贛、於洪，始意欲以誘掖晚學，失之太詳，輒掇其簡要者，復鋟版於池陽。今之所見，稍異

① 「博」，文津閣四庫本作「溥」。

於昔，若得若失，必有能辨之者。』」

真德秀序曰：「東谷鄭公之學本於伊洛諸君子，而沈潛玩繹，必求至於深造自得之地。易與論語皆其用力書也，德秀於翼傳已序其篇末矣，至讀意原，則以其己意而逆聖人之志，蓋多得之於八佾篇，謂其傷權臣之僭，竊痛名分之紊亂，大指與春秋相表裏。於子賤章謂其爲人沈厚簡默，非魯多君子不能取其爲君子。於聞韶章謂以揖遜之樂作於僭竊之國，聖人蓋傷之。於三仁章謂『微子之去』爲去王朝，而『之國』非歸周也。若是者不可殫書，其言雖若異於先儒，而未嘗不合於義理之正！有微顯闡幽之益，而無厭常求異之過，蓋信乎其爲自得也。前輩問學之不苟如此，可以爲法矣！」

鄭如岡跋曰：「意原之作，蓋將發明先聖之奥旨，而爲學問有成者之助也。先君留心於此，殆將終身。昔者嘗鋟於章貢豫章，晚歲由禁橐守池陽，取二本而較之，删潤殆居其半。踐履益至，議論益深，乃知學問固未始有止也。如岡來閩歲餘，思所以淑諸人，謹取池陽本鋟木以廣其傳，且求印可於先覺君子，庶無負先君之素志。」

鄭陶孫跋曰：「曾大父東谷先生，宋紹興初由江南西路提點刑獄遷轉運副使，會帥府諸臺適皆闕官，躬佩五司之印而總聽之，曾不知其爲煩劇也。暇則詣學，親爲諸生講析①疑義，未幾被召，取所著論語意原捐金畀學官，鋟板以便學者之玩繹，蓋豫章此書之自始也。後百十有八年，陶孫叨忝勸學江右，一日，諸生有口講『子在齊聞韶』一章，以爲揖遜之樂作於僭竊之國，宜夫子聞之而三月之久不知肉味

---

① 「析」，文津閣四庫本誤作「祈」。

也。坐人有咋咋責其叛於集註者，以父師所傳授對，蓋意原之説然也。因訪舊板存否，則散軼久矣。曾大父此書晚年更定，尤簡而要，曁由小宰出刺池陽日，亦曾鋟板學官，㪟①之亦不復存，遂取家藏者以應諸生之求，教授嚴陵姜材之願，得重鋟以補其亡，陶孫學業荒陋，無以私淑，忝其祖甚，於此何敢靳？因念自晦庵先生集注之行於世，學者往往不復求自得之學，間有取集注以前先儒之説者，輒加②驚詫，以爲叛於考亭，西山先生亦嘗追序意原矣，西山豈叛考亭者哉？理本無終窮，學者尚不可以集注自畫，況可謂集注之外可盡廢乎？此非不肖孫之私心，乃學者之通論也。既增鋟西山先生序文，復綴數語卷末，或者議其泥於家學，陶孫則知過矣，然亦天理人情之所在也。」

朱子曰：「贛州所刊論語解，乃是鄭舜舉侍郎者③，中間略看，亦有好處。」

孫氏繪**拙齋論孟説**

佚。

魏了翁序曰：「論孟之書，自秦漢以來，何啻千有餘家，或蒐輯文義，或考質訓故，或稽合同異，或參訂舛訛。至於孟子之書，則又有『刺之、删之、疑之、辨之』常語以闢之者，是否淺深所未論，大要各隨

---

① 「㪟」，文淵閣四庫本作「求」。
② 「加」，文淵閣四庫本誤作「如」。
③ 「者」，文淵閣四庫本作「著」。

其仁知之見，以自靖自獻，庶幾萬一補之焉耳。至於二程先生者出，始發明本學於道喪千載之餘，而同時又有張、范、呂、謝、游、楊、侯、尹諸君子相與左右助益之，極乎近世，胡、張、朱、呂氏繼之，而聖賢之心昭昭然，揭日月於天下，蓋庶乎無復遺憾者矣。今眉山孫繪子華乃始萃集衆善，貫融異端而傳之，以見將以效其自獻之區區，嗚呼！斯不亦可尚矣乎！道之無窮，而善之難擇也；風氣之洮①漓，而習俗之卑下也；人物之陵替，而學術之晻昧也，有能從事於聖賢之事，則無問其精麤得失，皆足以扶世教而益我道也，況其用力②勤勩，亦既有所發明矣乎。子華卒，其子蒙仲乞予言以冠篇，嗚呼！命之不融，而子華止此也。又不幸而予不得識其人，與之上下其議以求爲真是之歸也。悲夫！」

佚。

陳氏孜**論語發微**

真德秀序曰：「學者所習，莫先於論語，而讀論語者，莫先於知仁，先儒有是言矣。然嘗思之仁者，夫子所罕言，當時門人弟子有問仁者，有問爲仁者，有問人之仁者，大約纔十餘章，而夫子所自言者亦復亡幾，學者獨於是焉？求之可乎？曰：『不然！夫子之所罕言者，仁之體而已，至若求仁之方，爲仁之要，則舉凡二十篇之中，莫非是也。姑以首章言其論學也，若無與乎仁，然『時習』之說，以熟乎仁而

①「洮」，文淵閣四庫本作「澆」。
②「用力」二字，文淵閣四庫本脱漏。

説也,『朋來』之樂,以輔乎仁而樂也。至於不知而不愠,則庶幾安乎仁矣。其他所論有即身而言者,有即事而言者;即身而言仁之成乎身者也,即事而言仁之達乎事者也,不特見於言者爲然,凡聖人之動容周旋,皆仁之符也;仕止久速,皆仁之則也。學者而有志於仁,舍是將奚先哉?東嘉陳君孜,少而服膺,晚益有見,著爲發微一編,學者重之,或謂此書之指,自河南二先生以來,闡幽析微,亡復餘藴,尚奚君之待邪?是不然!道之妙無窮,而學者於道欲其自得,諸老先生之於此書,闡明之功可謂至矣。然其措意之精深,立言之簡遠,有非後學所可遽窺者,因其所已發而推其所未發,豈非後學之事乎!陳君此編,大略不外乎河洛之傳,而其間亦有所自得者,此其爲可貴也。然聖人之言窮而測之益深益遠,有志斯道者,没身而後可也。陳君其尚懋之哉。」

按:是序又載劉壎雲莊集。

趙氏(燮)**論語説**

一卷。

佚。

魏了翁跋曰:「自秦漢以後爲語孟者,何啻千有餘家!稽合同異,參訂舛訛,亦云麤備。極於二程先生以後,聖賢之心蓋已暴白,庶幾無復餘憾矣。廣漢趙君燮一日以語説一篇示予,爲之喟然嘆曰:『聖人之道如彼衢尊之不禁,有味之而知其旨,樂焉而不厭者矣。』又有得其涓滴而知好之者,有不知而唾棄勿顧者,今趙君爲之躊躇四顧,蓋亦知其可好者充之,而至於樂焉。則更以勉之。」

魏氏天祐**論語説**

佚。

梁氏椅**論語翼**

佚。

括蒼彙紀：「梁椅，字子奇，麗水人。嘉熙戊戌進士，除太常寺①丞，權禮部郎官。」

柴氏中行**論語童蒙説**

佚。

蔡氏元鼎**論語講義**

佚。

錢氏文子**論語傳贊**

宋志：「二十卷。」

① 「寺」字，文淵閣四庫本脱漏。

佚。

徐氏煥**論語贅言**

宋志：「二卷。」

佚。

張氏演**魯論明微**

宋志：「十卷。」

佚。

曹氏密**論語注**

十篇。

佚。

姓譜：「密，字宗山。第進士，仕至朝奉郎。」

葉氏由庚**論語纂**

佚。

金華志：「葉由庚，字成父，義烏人。從學於徐僑，絶意仕進，學者稱通齋先生。」

柴氏元祐**論語解**

佚。

鍾氏宏**論語約説**

佚。

江西通志：「鍾宏，字遠之，樂平人。擢上第，官貴溪丞，入爲太學録。」

胡氏侁**論語釋**

佚。

陳氏如晦**論語問答**

佚。

陸元輔曰：「陳如晦，字日昭，長樂人。從黄勉齋游，以趙汝騰薦充經筵，不果，授本州教授。」

王氏汝猷論語歸趣

宋志：「二十卷。」

佚。

蔡氏模論語集疏

未見。

劉應李合語孟集疏序曰：「論孟集疏者，皆至理之所寓，至言之所在也。理無往而不存，言無微而可略。孔子與門人問答而成論語二十篇，孟子與門人問合而成孟子七篇，文公朱先生竭其精力而集注之，其中有疑而未曉者，後學不得不考究而詳釋之也。覺軒先生，諱模，字仲覺，爲論孟集疏，無非補文公之未完，以成二書之大義，若商高宗『諒陰』，集注始曰『未詳其義』，末年乃口授九峰以『諒陰』即『梁闇』，則前所未詳者，今得而詳矣。舉此一端，其餘可以類推矣。則夫集疏之作，所以有益於文公也，有功於後學也。先生之子公湛挈以示予，拜而言曰：『先君作此集疏，望子序諸首以指南學者，不亦美且大乎！』予徧讀之，見其旨遠，其義彰，其立言富而贍，其持論中而當，其微顯闡幽，合文體之宜，非精深於學者莫能作也！顧予小子弗克揄揚先生著述之盛，而使四方有志爲學之士得以共講明焉，是亦不失作書之意也。」

孔氏元龍**論語集説**

佚。

山東通志："孔元龍，字季凱，孔子五十世孫。從真德秀游，任餘干縣簿，後爲柯山精舍山長，以宣教郎致仕。"

李氏用**論語解**

佚。

陳璉表墓曰："先生諱用，字叔大。李忠簡公昂英嘗以其著論語解進於朝，授校書郎，不就，尋遷承務郎，以旌其高。理宗御書竹隱精舍賜之。"

廣東通志："李用，東莞人。所著論語解，究明伊洛奥旨，以遡洙泗之源，訓詁明白，便於講誦，學者傳習之。"

潘氏墀**論語語類**

二十七卷。

佚。

金華志："潘墀，字經之，金華人。仕至祕書監修撰。嘗因蜀人所編朱子語類，取其中論語一門，補其未備，爲論語語類行於世。」

林氏文昭論語解

一卷。

佚。

閩書：「林文昭，字宗範，福清人。」

蕭氏山論語講説

佚。

蔣垣曰：「延平人。」

傅氏蒙論語講義

佚。

黄氏方子論語講義

佚。

呂氏中**論語講義**

佚。

鄭氏奕夫**論語本義**

佚。

寧波府志：「鄭奕夫，字景允，鄞人。丞相清之曾孫，爲慈谿、麗水、常山三縣教諭，調徽州紫陽書院山長，陞浮梁州教授。時稱爲習齋先生。」

蔡氏節**論語集説**

二十卷。

存。

〔校記〕

四庫本十卷。（論語，頁五六）

節進表曰：「臣節言，五月十一日具奏，乞投進所編論語集説，奉聖旨許令投進者。伏以求知行之實，誠莫切於魯論，加講習之功，端有裨於聖學，喜數年之編集，幸一旦之際逢，竊惟洙泗垂訓之書，莫非帝王傳道之要，存心爲大，主敬以勝百邪，克己實難，爲仁以該衆善，能博文而約禮，復篤志而近思，視明聽聰，截然天理人欲之辨；直舉枉錯，判乎君子小人之分。思君位之至艱，畏天命之不易，欲如北辰之衆共，當正南面以篤恭。權不至於下移，禮樂征伐之自出，俗必期於丕變，德禮刑政之並行。嘗念四海之困窮，用濟群生於富庶，寧菲衣而菲食，庶足國以足民，放鄭聲，遠佞人，邦政①以立，舉逸民，繼絶世，人心攸歸。詳味聖言，悉關后德，豈惟一王之程式，抑亦百代之宏規！兹蓋恭遇皇帝陛下，性本生知，學由時習，洞明一貫之旨，深省四勿之幾，伏願惟精惟一以執中，克勤克儉而無間，體成湯之罪己，簡在帝心；法帝堯之則天，大兹君道。臣干冒天威，無任激切屏營之至，臣所編到論語集説二十卷，繕寫成一十册，用黄羅夾複封全，謹隨表上進以聞。臣節惶懼惶懼頓首頓首謹言。淳祐五年五月日朝散郎試太府卿兼樞密副都承旨臣蔡節上表。」

姜文龍跋曰：「晦庵先生嘗語門人曰：『看集注熟了，更看集義，方始無疑。』又曰：『不看集義，終是不浹洽。』永嘉蔡先生集説之作，自集義中來，本之明道、伊川二先生，參以晦庵或問。而於晦庵、南軒先生，尤得其骨髓。蓋南軒學於五峰先生，又與晦庵相講磨，故語説多親切。是書也，説雖博而所會者約，文雖約而所該者博大，有益於後學，遂請刊於湖頖。」

劉氏元剛**論語演義**

佚。

① 「邦」，文淵閣四庫本作「國」。

李氏春叟**論語傳説補**

佚。

廣東通志：「春叟，字子先。寶祐丙辰既中省試，被黜，以薦授惠州司户，遷肇慶府司理，尋除德慶教授。著論語傳説補，大抵撮晦庵之要語。爲之家居，以經學訓後生，嶺海名士多出其門，朝廷聞其名，除軍器大監，辭不就，賜號梅外處士。」

饒氏魯**論語石洞紀聞**

十七卷。

未見。

黄虞稷曰：「内閣書目有石洞紀聞二册，云：『元泰定間人，不知姓氏。釋論語義。』按：饒魯嘗建石洞書院，著論孟紀聞，與其門人史詠等相問答，當即此書，以爲泰定間人，誤也。」

黄氏震**讀論語日抄**

一卷。

存。

何氏基論語發揮

佚。

王氏柏論語通旨

二十卷。

佚。

論語衍義

七卷。

佚。

魯經章句

佚。

金氏履祥論語集注考證

十卷。一齋目二卷①。

① 「一齋目二卷」，四庫本闕脱。

未見。

柳貫曰：「文公於論孟製集注，多因門人之問而更定之。其問所不及者亦或未之備也，而事物名數又以其非要而略之，先生皆爲之修補，附益成一家言，題其編曰論語孟子攷證。」

許謙曰：「聖賢之心盡在四書，而四書之義備於朱子，顧其立言，辭約意廣，讀者或得其觕，而不能悉究其義，或以一偏之致自異，而初不知未離其範圍。世之詆訾貿亂，務爲新奇者，其弊正在此耳！此金先生考證之所由作也。」

〔四庫總目〕

書凡一十七卷，首有許謙序，後有呂遲刊書跋，猶爲舊本。朱彝尊經義考稱一齋書目作二卷，註曰「未見」，蓋沿襲之誤，不足據也。（卷三六，頁七二六）

〔校記〕

四庫著録十卷。（論語，頁五六）

經義考卷二百二十

論語十

周氏失名論語解

佚。

朱子曰：「周教授論語解，篤實似尹公，謹嚴過之，而純熟不及。」

亡名氏論語井田義圖

宋志：「一卷。」

佚

崇文總目：「不著撰人名氏，述周井田之法，其曰論語者，蓋爲論語學者引用之。」

論語玄義

宋志：「十卷。」

佚。

論語要義

宋志：「十卷。」

佚。

論語口義

宋志：「十卷。」

佚。

論語展掌疏

宋志：「十卷。」

佚。

論語閔義疏

宋志：「十卷。」

佚。

論語世譜

宋志：「三卷。」

佚。

論語撰人名

通志：「一卷。」

佚。

論語意原

通考：「一卷。」

佚。

陳振孫曰：「不知作者。」

論語樞要

佚。

習齋論語講義①

未見。

楊萬里序曰：「讀書必知味外之味，不知味外之味而曰我能讀書者，否也！國風之詩曰：『誰謂荼苦，其甘如薺。』吾取以爲讀書之法焉。夫食天下之至苦，而得天下之至甘，其食者同乎人，其得者不同乎人矣！同乎人者，味也；不同乎人者，非味也。不稻□糧②，吾猶以爲淡也，而欲求薺於荼乎哉？論語之書，非吾道之稻粱而奚也，天下可無稻粱，則是書可無矣。雖然匹夫匹婦一日而無稻粱，死不死也，死也，一匹夫匹婦而已矣，況未必死乎；然則稻粱者，無之不可也，一日而無之亦可也。至於是書，一日而無之，則天下其無人類矣；非無人類也，有人類而無人心也，有人類而無人心，其死者一匹夫匹婦而已乎？然則論語之書，非止於吾道之稻粱而已也。故學者不自五六歲讀之不見然，讀之之不遲，知之又不早，不以其食之而淡與食之而淡也，食如不食也。吾友習齊子杜門三年，忘其爲三年也，夫三

① 「習齋論語講義」，文津閣四庫本脱漏作「齋論語講義」。
② 「□糧」，四庫薈要本、文淵閣四庫本作「闕糧」，文津閣四庫本作「粱」，備要本作「衍糧」。

年不爲不淹矣，杜門不爲不幽矣，忘其爲淹且幽也。不惟忘之而又樂之。問之則曰：『吾方論語之讀，而不百家之讀；聖人之覿，而不今人之覿，是以樂也。』始吾之讀是書也，屬乎其趨其若狂酲而不可紲也已，凝乎其瞻其若失亡①而不可補也已，今也勃乎其辭，其若決溢而不可窒也已。於是筆之於書，以其副遺予，予取而讀之，欣然嘆曰：『快哉！是非所謂苦而甘者與？是非所謂淡而非淡者與？是非所謂得味外之味者與？甚矣乎！習齋子之於斯道，其劬如此，其得若此，其發若此也。予聞書與人相變，書變則人矣，人變則書矣，然讀申韓之書而不申韓者，未始加少；讀孔顏之書而不孔顏者，未始不加少，彼之變也，奚以亟此之變也，奚以舒願與習齋子評之。』」

釋贊寧**論語陳説**

通考：「一卷。」

佚。

潘耒曰：「宋端拱中，左街天壽寺僧，賜號通慧大師。」

金氏仁存**論語新義**

佚。

---

① 「亡」，文淵閣四庫本作「忘」。

高麗史：「金仁存，字處厚，少登科，直翰林院。睿宗在東宮講論語，仁存撰新義進講，移中書舍人，歷開府儀同三司檢校太師門下侍中，卒謚文成。」

按：高麗國史所稱睿宗者，文孝王俁也。以宋徽宗崇寧五年嗣立。」

幹氏道沖**論語小義**

二十卷。

佚。

趙氏秉文**删存論語解**

十卷。

佚。

王氏若虛**論語辨惑**

五卷。

存。

若虛自序曰：「解論語者，不知凡幾家，義略備矣。然舊説多失之不及，而新説每傷於太過。夫聖人之意或不盡於言，亦不外於言也。不盡於言而執其①言以求之，宜其失之不及也；不外乎言，而離其言以求之，宜其傷於太過也。盍亦揆以人情而約之中道乎！嘗謂宋儒之議論不爲無功，而亦不能無罪焉！彼春推明心術之微，剖析義利之辨，而斟酌時中之權，委曲疏②通，多先儒之所未到，斯固有功矣。至於消過深，揄揚過侈，以爲句句必涵氣象，而事事皆關造化，將以尊聖人而不免反累。名爲排異端，而實流入於其中，亦豈爲無罪也哉？至於謝顯道、張子韶之徒，迂誕浮誇，往往令人發笑，噫其甚矣！永嘉葉氏曰：『今世學者以性爲不可不言，命爲不可不知，凡六經孔子之書，無不牽合其論而上下其辭，精深微妙，茫然不可測識，而聖賢之實猶未著也，昔人之淺，不求之於心也；今世之妙，不止之於心也，不求於心，不止於心，皆非所以至聖賢者。』可謂切中其病矣。晦庵删取衆說，最號簡當，然尚有不安及未盡者，竊不自揆，嘗以所見正其失而補其遺，凡若干章，非敢以傳世也，姑爲吾家童蒙之訓云。」

又自述曰：「解論語者有三過焉：過於深也，過於高也，過於厚也。聖人之言亦人情而已，是以明白而易知，中庸而可久學者。求之太過，則其論雖美，而要爲失其實，亦何貴於此哉。夫子之言性與天道，子貢自謂其不得聞，而宋儒皆以爲實聞之。問死、問鬼神，夫子不以告子路，宋儒皆以爲實告之。終篇堯、舜、禹、湯之事寥寥殘缺，不當强解，而或謂聖學所傳，所以著明二十篇之大旨……若是之類，

---

① 「其」，文淵閣四庫本作「於」。

② 「疏」，文淵閣四庫本作「流」。

皆過於深者也。聖人雖無名利之心，然嘗就名利以誘人，使之由人欲而識天理，故雖中下之人皆可企而及，茲其所以爲教之周也。如曰『不患莫己知，求爲可知也』，此正就名而使之求實也。而謝顯道曰：『是猶有求名之意，非聖人之至論。』子張學干祿，夫子爲言得祿之道，此正就利而使之思義耳，而張九齡曰『聖人之門，無爲人謀求利之說，祿之爲義亦自足而已』，甯武子『邦無道則愚』，夫子以爲不可，及楊龜山曰『有知愚之名，則非行其所無事，言不可及，則過乎中道矣』，蘧伯玉『邦無道，則卷而懷之』，夫子以爲君子。而張南軒曰：『此猶有卷懷之意，未及乎潛龍之隱見，果聖人之旨乎？』若是之類，皆過於高者也。凡人有好則有惡，有喜則有怒，有譽則有毀，聖人亦何以異哉？而學者一以春風和氣期之，凡忿嫉譏斥之詞，必周遮護諱而爲之説，子曰：『十室之邑，必有忠信如丘者焉，不如丘之好學也。』此蓋篤實教人，欲其知所勉耳；而衛瓘以『焉』字屬下句，意謂聖人不敢以不學待天下也，此正繆戾，而世或喜之。子曰：『四十五十而無聞焉，斯亦不足畏也。已年四十而見惡焉，其終也已。』人固有晚而改節者，然概觀之，亦可以見其終身矣。而蘇東坡皆疑其有爲。而言子貢問當時從政者，夫子比之斗筲而不數，蓋師弟之間商評真語何害於德，而張九成極論以爲自稱之詞。至於杖叩原壤，呼之爲賊，此其鄙棄，無復可疑，而范純夫猶有『因其才而教誨』之語，若是之類，皆過於厚者也。知此三者，而聖人之實著矣。」

杜氏瑛**緱山論語旁通**

四卷。

未見。

黃虞稷曰：「緱山杜氏論語旁通三卷，或作四卷，中山李桓序之。」

按：聚樂堂目有之。

劉氏莊孫**論語章指**

佚。

王氏鶚**論語集義**

一卷。

佚。

元史：「王鶚，字百一，曹州東明人。金正大元年中進士第一，授應奉翰林文字。世祖召對進講孝經、書、易，中統建元，首授翰林學士承旨，卒謚文康。」

齊氏履謙**論語言仁通旨**

二卷。

佚。

單氏庚金**增集論語説約**

佚。

戴表元曰：「君範讀論語，去取諸儒，本題爲增集論語説約。」

戴氏表元**論語講義**

一卷。

存。

元史：「戴表元，字帥初，一字曾伯。慶元奉化州人。咸淳中登進士乙科，教授建寧府，後遷臨安教授。大德八年，起信州教授，調婺州。」

按：戴氏講義共二卷。論語一卷，凡一十六條，其餘易、書、詩、禮、中庸、孟子參雜，載剡源集。

陳氏櫟**論語訓蒙口義**

未見。

櫟自序曰：「讀四書之序，必以大學爲先，然綱三目八布在十有一章，初學未有許大心胸包羅貫穿也。論語或一二句、三數句爲一章照應，猶易啓發侗蒙，宜莫先焉。朱子集注渾然猶經，初學亶未易悟，坊本句解率多膚舛，又祇爲初學語，豈爲可哉！櫟沈酣四書三十餘年，授徒以來，可讀集注者固授之，唯謹遇童生鈍者，困於口説，乃順本文，推本意，句釋筆之，其於集注，涵者發，演者約，略者廓，章旨必揭，務簡而明。旬積月累以成編，襲名論語訓蒙口義。自集注外，朱子之語録、黄氏之通釋、趙氏之纂疏，洎餘諸儒之講學所及者咸采之，廣漢張氏説亦間取焉。櫟一得之愚，往往附見，或有發前人未發者，實未嘗出朱子窠臼外。丙申春，質之弘齊曹先生，一見可之，畀之序，勉之刊，願同志襄之。歷四年始成，自揆晚生懼賈僭踰罪，抑不過施之初學，俾爲讀集注階梯，非敢爲長成言也。昔程子傳易，猶曰只説得七分，而況晚生，又況爲侗蒙計哉！」

林氏起宗**論語圖**

佚。

姓譜：「起宗，内邱人，嘗從劉因游，得道學之指，教授於鄉。」

郭氏好德**論語義**

佚。

袁桷序曰：「唐儒作五經正義疏，必先之衍義，而始明其傳注，其先之者，何懼汨於經也。釋之以義疏焉者，有訓詁焉，有制度焉，至於名、物、象、器、疆、理、飛、走、潛、動之辨，不博不足以盡，約之以衍義，非背於傳經之説也。理惟約足，以見漢『稽古』三萬言，後世嗤之。至朱文公承濂洛之正傳，始爲語孟精義，久之，慊然曰：『宜尊所聞，今所傳集注具訓中外，下逮荒陬絶島，家有而人誦，文奥義古，至於不揣者，斷章譏駁，識者哂之。京兆郭君好德秉彝，父授徒於鄉塾，懼世之不達於辭者，習譏駁之病，撮其精微，合於簡易，將使夫初學者若循途以進，遇險以休，使少窒焉，必由是而達，在易之蹇曰「險而能止知」矣哉。蹇斯通知。』抑嘗聞文公之教於其家也，謂集義之作，義理詳而訓詁略，别爲一書曰訓蒙口義，今此書不存，秉彝是書，殆深得文公之意，近世東南諸儒，旁行側注，鄰於釋教之學，濫觴而不可禁，予得讀是書，深有合於訓蒙之説。孔賈遺旨能以遠紹，其不在兹書也歟！」

歐陽氏溥**魯論口義**

四卷。

未見。

黄虞稷曰：「溥，一作博，或作淖。其書一名曰論語口義正字新書。」

任氏士林**論語指要**

佚。

吴氏簡**論語提要**

佚。

黄虞稷曰：「簡，字仲廉，吴江人，元紹興路學録。」

劉氏豈蟠**論語句解**

十二卷。

佚。

張萱曰：「蘆陵人，即用朱注分析之，附以圖説。」

沈氏易**論語旁訓**

未見。

俞氏杰**論語訓蒙**

未見。

括蒼彙紀：「俞杰，字仁仲，麗水人，將仕郎，處州路儒學教授。」

經義考卷二百二十一

論語十一

周氏是修**論語類編**

二卷。

佚。

楊氏守陳**論語私抄**

十卷。

未見。

守陳自序曰：「經以注而明，亦以注而晦。注之下復有注焉，經宜益明而或反晦焉者，蓋燭籠添骨則障其明，朱子嘗言之矣。論語自漢魏以來，傳注日衆，然何晏所集八家之解，惟訓詁而已。至宋邢昺之疏，稍陳文義，猶有未詳説奥論也。厥後，説寖詳，論寖奥，經從而寖明，然或流於蕪蔓，或墮於幽玄。至有假儒先以文異端如張無垢者，經其不晦乎？朱子以論語與孟子、大學、中庸合爲『四書』，初取程張以下九家之説爲論孟精義，尋改名集義，復因之而作集注，辭簡而盡，義精而周，經於是乎大明矣！後儒乃復雜取其集義、或問、語録及諸儒之説，皆附注其下，若『纂疏』、『輯釋』、『發明』、『大全』之類，皆博而寡要，初學讀之，茫乎若泛巨漲，棼乎若治亂絲，徒足以弊精神、惑心志，雖集注亦反爲之晦，而況經乎？夫經之言，不過人心之理耳。使微傳注，人但熟讀詳味之，久將見吾心之理，亦與經遇而自無不明。其有難明者，集注既明之矣，何用雜説以反晦之哉？彼燭籠之剩骨，良可除也。故蒙獨抄經與集注以誦味之，集注間有義尤深，辭甚簡者，擇抄他説以明之，然亦罕矣。若蒙見未逮朱子而不能無疑者，以附之各篇之末，俟異日學進而無疑直削耳！」

〔補正〕

自叙内「初取程張以下九家之説爲論孟精義」，杰按：「朱子論孟精義自序張子以下凡九家，蓋在二程子之外，此以程張竝稱，而云九家，似誤。」（卷九，頁六）

羅氏用俊**論語類編**

佚。

楊廉志墓曰：「公諱用俊，字舜臣，號栗齋，晚號西岡，泰和人。天順乙卯領鄉薦，就青田教諭，遷安慶教授，陞南京國子監學正轉助教。以子欽順貴，累封南京吏部右侍郎。」

王氏承裕**論語近説**

未見。

論語蒙讀

未見。

童氏品**魯經**

佚。

林氏士元**論語衍義**

未見。

黄虞稷曰："字舜卿，瓊州人。正德甲戌進士，浙江按察使。"

黄氏省曾**論語洙泗萬一本旨**

未見。

省曾自序略曰："論語之書，素王日覺羣英之昭訓也。後代儒家不究厥奥，輒以偏長局識繁釋穢詁，二千餘年本旨晦遏未顯。説者每欲獨誦經文，盡削注解，良有感也。省曾少涵魯訓，侵尋三十，聞道師門，存泳之餘，頗有微緒。乃敢搜揃古今，兼闡鄙藴，庶幾求獲仲尼之心。然聖道如海，學者如川，安能必達於歸墟乎？故命曰萬一本旨，若曰得本旨萬分之一爾。用傳子孫，以爲家訓，非敢通之於四方之哲彦也。」

萬氏表**論語心義**

未見。

劉氏教**論語筆義**

未見。

吉安府志：「劉教，字道夫，廬陵人。嘉靖乙酉舉人，歷官梧州知府。」

蔡氏國熙**論語偶見**

未見。

陳氏士元**論語解**

二十卷。

存。

〔校記〕

四庫本作論語類考。（論語，頁五七）

士元自序曰：「論語者，孔子答弟子、時人，及弟子相與言而所聞於孔子之語也。論語讖謂子夏六十四人撰；鄭玄謂仲弓、游、夏輩撰；而程正叔以爲成於有子、曾子之門人；洪景盧又謂兼成於閔子之門人云。其書古論二十一篇，齊論二十二篇，魯論二十篇。漢孝文置論語博士；平帝召通論語者，駕軺詣京師，蓋慎其選而重兹科也。張禹本受魯論，兼講齊論，合而考之，删其煩複，主魯論二十篇，除齊論問王、知道二篇稱爲『張侯論』，今所傳論語是已。齊、古二學遂不傳。明興，設科舉士，初試七義，論語居先。而世之學子，幼時即承斯業，及從政爲邦，則目爲筌蹄，不復省覽，予於是蓋病焉。昔人有言：『論語始於不愠，終於知命，爲君子儒。』洙泗爲仁之方，一貫之道具於此，可終身違乎！予素檮昧，有一得，輒出入口耳之間，見子弟即與談字義，越旬季復訊之，忘矣，乃著此編，貯之右塾，凡二十卷，爲類十有八目，四百九十有四。云：『於乎！論語八十策①，較六經之策，三居二②。聘禮疏可稽也。傳録者誤爲八十宗，徐遵明曲爲之解，爲王應麟所詆誚。予兹曲解，不但八十宗三言耳，其不免覽者詆誚哉！』嘉靖三十九年。」

①「八十策」，依補正、四庫薈要本、文淵閣四庫本、文津閣四庫本應作「八寸策」。

②「三居二」，依補正、四庫薈要本、文淵閣四庫本應作「三分居」。

〔補正〕

自序内「論語八十策」，「十」當作「寸」。「三居二」當作「三分居一」。（卷九，頁七）

許氏孚遠①**論語述**

三卷。

未見。

章氏潢**論語衍言**

未見。

李氏栻**論語外編**

十卷。

未見。

沈氏懋孝**論語類求**

未見。

① 「孚遠」，文津閣四庫本脱落作「遠」。

懋孝自序曰："孔子自稱'述而不作'，第與來學者講説堯舜以來人生日用之常道，以定千古學法，蓋具在魯論之書，其言平易明白，中正確當，可由可知，可傳可久，下學循此，可以上達。而自宋以來，學道之士，各從其資之近，溺其師之説，據其見之獨，以諸子之膺胸，而欲入仲尼數仞之牆，亦何由得入哉？某昔在館下，嘗言學六籍者，宜以魯論爲衡，必類求其故，然後六籍可論，百家之統紀可得而一。此顔氏之子所以潛心守約，竭才不厭，而如有卓然參前者，其真體見也。其他門人高第弟子之言與其所記，自宜列之後簡，使各成家，不相淆亂。其因問以對，因事以發者，又可自爲一類。以觀聖人接物應機之概，惟其曠然獨發，一言半詮，折衷千古，若易曉，若不能盡曉者，此中多極致之言，以俟默成上士從容玩思以有得焉。吁！亦甚微矣！蓋宇内書籍不可勝原，惟此書宜終身誦習而默會之，有終古不能盡其妙者。仍令兒子代爲類鈔，予手加損益，乃始成編。嗟乎！微言猶在，規矩可循，果能如孔子之信而好古，發憤敏求乎？庶幾得門而可入矣。"

余氏懋學**讀論勿藥**

四卷。

存。

管氏志道**論語訂釋**

十卷。

存。

李氏材**論語大意**

十二卷。

未見。

袁氏黃**論語箋疏**

十卷。

存。

郝氏敬**論語詳解**

二十卷。

存。

王氏肯堂**論語義府**

二十卷。

存。

王綱振曰：「損庵先生見世所行講説，類多蕪陋，不足發明聖賢本旨，乃裒集儒先語録，下及近儒諸説經者，凡數百家，選而輯之。時折衷以數語，名曰義府。論語最先脱稾，計四十餘萬言，因先刻之。」

楊氏惟相**論語臚義**

未見。

王氏衡**論語駁異**

二十卷。

存。

陸元輔曰：「緱山王氏駁異，方具草而疾作。既殁，其子太常時敏刊行之，嘉定婁堅爲之序。」

鍾氏韶**論語逸編**

三十一卷。

存。

鄭心材曰：「牙臺先生此編，根據六籍，節取百家。其體近，其旨遠，其文簡，其味長，蓋尊聖也篤，故其彙輯也周；爲書也正，故其悦心也同。愚荷先生之教，信先生之學不容以不傳也。」

李氏頻論語測

未見。

論語或問臆説

未見。

劉氏宗周論語學案

四卷。

存。

〔校記〕

四庫本十卷。（論語，頁五七）

陳氏懿典論語貫義

二卷。

存。

懿典自序略曰：「論語註疏各篇之首，有正義論次一篇，次第之意，孔穎達所著也。朱子傳註亦間①有之。予偶爲推廣聯貫，始於微子一篇，後因漸演積久成帙。考之曾子、有子兩家弟子序次之意，未必盡合，不無牽強。聊用以發明分篇之意而已。」

葛氏寅亮**論語湖南講**

四卷。

存。

周氏宗建**論語商**

二卷。

存。

繆泳曰：「公字季侯，吴江人。萬曆癸丑進士，除知武康縣事，調仁和，擢福建道御史，巡按湖廣。坐忤魏璫，逮問，死鎮撫司獄，後贈太僕卿，謚忠毅。論語商二卷成於武康官廨。」

羅氏喻義**論語分篇**

二卷。

①「間」，文津閣四庫本誤作「問」。

存。

諭義自序曰：「論語二十篇，其別爲二分：前十篇聖賢分，開宗言學，終之以時，易之道也；後十篇帝王分，開宗言用，終之以中，書之道也。一者顯諸仁，一者藏諸用，一者可與立，一者可與權。題曰讀論語分篇，詒予同好。」

虞氏世愷**論語傳習**

二卷。

存。

陸元輔①曰：「淳安虞世愷字百揆。纂論語傳習二卷，邑人商氏宗爲之序。」

孫氏奇逢**論語近指**

二十卷。

未見。

奇逢自序曰：「學者，學爲聖人而已。孟子曰『乃所願則學孔子仲尼』，猶天之不可階而升，烏能學？亦學吾之心而已。心以天地萬物爲一體，其操功卻在日用飲食之間。盡心知性以知天，而聖人之

①「陸元輔」，文淵閣四庫本誤作「陸氏輔」。

能事畢矣！魯論二十篇，無一言不傳聖人之精神色笑，而出二千餘年。學聖人之學者，戴聖人之天而忘其高，履聖人之地而忘其深，此仲尼之天地所以爲大也。劉静修著有四書指要，惜久失傳，鹿忠節説約一編刻畫生動。予老矣！偶讀論語，謹識數言於其首，標曰近指，以告吾黨士之讀論語者，亦以示不可求之於遠且難之意。」

李氏弘明**論語測疑**

未見。

萬時華曰：「李公弘明紹見羅先生止修之學，比謝公車，授閿鄉教諭，不就官而歸。弟子益進，或請其書，示之論語測疑，而弟子傳之。」

毛氏奇齡**論語稽求篇**

七卷。

存。

〔校記〕

四庫本四卷。（論語，頁五七）

亡名氏論語對偶

二卷。

未見。

按：論語對偶不知誰氏所撰？見吴興書估目録，索之，則已售矣。大約與徐氏春秋類對賦相似，然不敢臆定也。

孔子三朝記

漢志：「七篇。」

佚。

〔補正〕

聘珍按：漢藝文志「孔子三朝七篇」，師古注：「今大戴禮有其一篇。」高帝紀注臣瓚曰：「孔子三朝記云：『蚩尤，庶人之貪者。』」師古曰：「瓚所引者同是大戴禮，出用兵篇，而非三朝記也。」蜀志秦宓傳：「昔孔子三見哀公，言成七卷。」裴松之注：「劉向七略曰：孔子三見哀公，作三朝記七篇，今在大戴禮。臣松之案：中經部有孔子三朝八卷，一卷目録，餘者所謂七篇。」今撿大戴記中「千乘四代虞戴德誥志小辨用兵少閒」，皆對哀公之言，然大戴無「三朝記」之名，未知師古所謂「一篇」者，意何屬也？（卷九，頁七）

孔子徒人圖法

漢志：「二卷。」

佚。

按：徒人圖法、三朝記，漢藝文志俱在論語部。所謂徒人圖法者，殆即家語所云「弟子解」、史記所云「弟子籍」也。

又按：論語出於子夏等六十四人所撰。其意專主尊其師，故於弟子之過，具書之，以明師之善誘，宰我之短喪，冉有之聚斂，季路之鼓瑟，樊須之學稼、學圃——孔子以爲野，爲小人，甚者，謂非吾徒，皆紀於策。若後人爲之曲爲同，學者徇没而不書矣。乃議者因子禽之問子貢、子服景伯之欲肆、公伯寮遂欲黜其配食，不知弟子獲載於論語，悉以六藝表見者也。其餘姓名僅存，無行事可攷者，翻得免罷祀。若是則非之，無舉刺之；無刺之鄉愿，賢於狂狷遠矣。非六十四人意也。

鄭氏玄**論語孔子弟子目録**

隋志：「一卷。」

佚。

〔校記〕

王謨、袁鈞、孔廣林、馬國翰均有輯本。（論語，頁五七）

蘇氏過孔子弟子別傳

佚。

晁説之志墓曰："通直郎蘇過叔黨，東坡先生之季子也。元祐元年，先生知杭州，叔黨年十有九，以詩賦解兩浙路。七年，先生爲兵部尚書，任右承務郎。明年，先生出帥定武，即謫知英州，繼貶惠州，安置三年，遷儋耳。安置既四年，漸徙廉州、永州居住，邈乎萬死不測之險也。獨叔黨侍先生，往來於先生飲食服用，凡生理晝夜寒暑之所需，一身百爲而不知其難。翁版則兒築之，翁樵則兒薪之，翁賦詩著書，則兒更端起拜之。先生嘗命作孔子弟子別傳。先生不至永州，稍還仕版，居陽羨，不幸疾不起。叔黨兄弟得吉地於汝州郟城縣小娥嵋山①以襄事，遂事於潁昌。叔黨偶從湖陰營水竹，可賞者數畝，名之曰『小斜川』，自號斜川居士，以示終焉之志。曰吾未即從先大夫於地下，則生也何事，爲泯泯浮沉里巷，或時一至京師，自得於醉醒，而徜徉一世之外，嘻笑謔浪間，節概存焉。惟知之者知之也。惜乎！以暴疾卒於鎮陽行道中，年五十有二。時宣和五年十二月乙未。悲夫！"

〔補正〕

晁説之志墓内"小娥嵋山"，"娥"當作"峨"。（卷九，頁七）

按：晁以道所撰墓志，則叔黨可謂孝子矣。攷東坡先生以徽宗建中靖國元年辛巳卒於常州。先生

① "小娥嵋山"，依補正應作"小峨嵋山"。

既卒，而蔡京由尚書左丞進左右僕射，蔡卞旋知樞密院事。自崇寧元年，迄於四年，籍黨人，榜朝堂，定上書人，上中下六邪等責逐責降，而又編管子弟不許到闕。一刻石於端禮門，再刻石於諸州，三刻石於文德殿門。帝既親書之，京復自書頒之天下，是時叔黨潛身救過之不給，寧有富貴利達之念萌於中哉？惟因梁師成自言爲東坡出子，嘗愬於裕陵曰：「先臣何罪？禁誦其文章，滅其尺牘。」於是先生遺文手蹟始稍稍復出。叔黨之不忍顯絶師成者此也。然黨禁初弛，後雖得入京，師借詼諧以翫世，未嘗薰染。以道所云「嘻笑謔浪，節概存焉」是已。乃毁之者，謂叔黨諂事師成，自居乾兒。夫師成既以東坡爲父，稱曰「先臣」，則必以昆弟遇叔黨，豈有業爲兄弟而又降稱『乾兒』之理？此助洛攻蜀者謗之。貝錦南箕，尚論者不可不白其冤也。」

夏氏洪基**孔門弟子傳略**

二卷。

存。

洪基自述曰：「家語弟子解止記姓名、邑里大概，而言行散見别卷，不相統攝。史記則雜撮經書，語無倫次。是編各傳，首叙聖賢教學，次及行事，終以評論。其有歲年可考者，則依先後審定。有一事而諸賢同見，則審所歸重。止載一傳者：如顏子傳、孔子游農山之類是也；有兩賢共一事，而彼此叙次詳略各異者：如『冉有、樊遲戰於郊』之類是也；有一事而兩傳俱載，各有取義者：如『子游爲武城宰』、於子羽則表其行己、於子游則表其得人之類是也；有事相類而疑載兩傳者：如閔子、曾子聽音之類是也。」

經義考卷二百二十二

孝經一

今文孝經

一卷。

存。

荀爽曰：「漢制，使天下誦孝經。」

隋書：「孝經遭秦焚書，爲河間人顏芝所藏。漢初，芝子貞出之，凡十八章，而長孫氏、江翁①、后蒼②、翼

①「江翁」，依補正應作「博士江翁」。
②「后蒼」，依補正應作「少府后蒼」。

奉①、張禹②皆名其學。又有古文孝經與古文尚書同出，而長孫有閨門一章，其餘經文大較相似，篇簡缺解，又有衍出三章，并前合爲二十二章，③至劉向校經籍，以顔本比古文，除其繁惑，以十八章爲定，鄭衆、馬融並爲之注。」

〔補正〕

隋書條内，「江翁」上脱「博士」二字，下脱「少府」二字。「翼奉」上脱「諫議大夫」四字，下脱「安昌侯」三字。「合爲二十二章」下當補云「孔安國爲之傳」。（卷九，頁七）

陸德明曰：「孝經者，孔子爲弟子曾參説孝道，因明天子庶人五等之孝、事親之法，亦遭焚燼。河間人顔芝爲秦禁，藏之，漢氏尊學，芝子貞出之，是爲今文。長孫氏、博士江翁、少府后蒼、諫大夫翼奉、安昌侯張禹傳之，各自名家，凡十八章。」

徐彦曰：「孝經者，尊祖愛親，勸子事父，勸臣事君，理關貴賤，臣子所宜行，故孔子云：『行在孝經也。』」

朱子曰：「孝經與尚書同出孔壁，是後人綴輯。程沙隨説：『向時汪端明亦嘗疑此書是後人僞爲者。』」又曰：「孝經疑非聖人之言，且如『先王有至德要道』，此是説得好處，然下面都不曾説切要處。

---

① 「翼奉」，依補正應作「諫議大夫翼奉」。

② 「張禹」，依補正應作「安昌侯張禹」。

③ 「并前合爲二十二章」，依補正應補「孔安國爲之傳」六字。

如論語中説『孝』皆親切有味，都不如此。」又曰：「孝經獨篇首六七章爲本經，其後乃①傳文，然皆齊魯間陋儒纂取左氏諸書之語爲之。至有全然不成文理處，傳者又頗失其次第，殊非中庸、大學二傳之儔也。」

鄭耕老曰：「孝經一千九百三字。」

胡寅曰：「孝經非曾子所自爲也。曾子問孝於仲尼，退而與門弟子言之，門弟子類而成書。」

晁公武曰：「何休稱『子曰：「吾志在春秋，行在孝經。」』則孔子自著也。今首章云：『仲尼居。』則非孔子所著矣，當是曾子弟子所爲書。」

陳騤曰：「孝經三才章首，似摭子産言禮之辭。聖治章末，似删北宫文子論儀之語，事君章曰：『進，思盡忠；退，思補過。』此乃士貞子諫晉景公之辭。聖治章曰：『以順則逆，民無則焉；不在於善，而皆在於凶德。』此乃季文子對魯宣公之辭。聖人雖遠稽格言，不應雷同若此。」

馮氏曰：「子思作中庸，追述其祖之語，乃稱字，是書當成於子思之手。」

方岳曰：「孝經非純聖人書，文公疑之矣。不惟文公，致堂先生疑之。不惟致堂，玉山先生疑之。」

何異孫曰：「論語是七十子門人所記；孝經止是曾子門人所記。」

孫本曰：「顔芝今文以恬筆、斯隸，漆書於帛，非有斷章錯簡，乃孔曾全經也。文景置博士，且令衛士通習矣。逮昭帝時，魯三老復獻古文，而成帝命劉向典校經籍，除其繁惑。夫既經向校定，則世所傳

---

① 「乃」字，文淵閣四庫本作「爲」。

者，乃劉向之今文，而非顏芝之今文矣。司馬貞削閨門章，而更其次叙。則石臺所刻，又非劉向今文矣。世所傳今文直解，即石臺本也。是後名專門者數十百家，分裂尤甚，又去石臺今文遠矣，世安得有真今文也？」

朱鴻曰：「魯論語二十篇，古論語二十一篇，齊論語二十二篇。齊魯間記者各以其意而記之。古文孝經二十二章，今文孝經一十八章，齊魯間記者，亦各以其意而記之，非頓殊也。今若不分章第，今古何殊？學者於聖言，但當默識心融，身體力行可也！奚必論篇數多寡、章次先後也哉？」

虞淳熙曰：「王儉七志，孝經爲初；何休二學，孝經居一。」

古文孝經

漢志：「一篇。」

存。

孝經鈎命決曰：「六經册長尺四寸，孝經册長尺二寸。」

劉向曰：「古文字也，庶人章分爲二也，曾子敢問章爲三，又多一章。凡二十二章。」

桓譚曰：「古孝經千八百七十二字，今異者四百餘字。」

班固曰：「孝經，漢興長孫氏、博士江翁、少府君①后蒼、諫大夫翼奉、安昌侯張禹傳之，各自名家，

---

① 「少府君」，依補正應作「少府」。

經文皆同。惟孔氏壁中古文爲異。父母生之，續莫大焉，故親生之膝下，諸家説不安處，古文字讀皆異。」

〔補正〕

班固條内，「少府君」，「君」字當删。（卷九，頁八）

許沖曰：「古文孝經者，孝昭帝時魯國三老所獻，建武時，議郎衛宏所校，皆口傳。官無其説。」

隋書：「古文孝經與古文尚書同出。」

李士訓曰：「大曆初，予帶經鉏瓜于灞水之上，得石函，中有絹素古文孝經一部，二十二章，一千八百七十二言。」

王應麟曰：「古文孝經，漢志、書序謂出孔壁，而許沖上其父説文曰：『孝昭帝時，魯國三老所獻』，其説不同。至唐玄宗時，議者排毁古文，以閨門一章爲鄙俗不可行。」

黄震曰：「按孝經一爾，古文、今文特所傳微有不同，如首章：今文云『仲尼居，曾子侍』；古文則云：『仲尼閒居，曾子侍坐。』今文云：『子曰先王有至德要道』，古文則云：『子曰參先王有至德要道。』今文云：『夫孝，德之本也，教之所由生也。』古文則云：『夫孝，德之本，教之所由生。』文之或增或減，不過如此，於大義固無不同。至於分章之多寡，今文三才章『其政不嚴而治』，與『先王見教之可以化民』通爲一章。古文則分爲二章。今文聖治章第九，『其所因者本也』與『父子之道天性』通爲一章，古文則分爲二章。『不愛其親而愛他人』者，古文又分爲一章。章句之分合，率不過如此，於大義亦無不同。古文又云『閨門之内具禮矣乎！嚴父嚴兄妻子臣妾猶百姓徒役也』，此二十二字今文全無之，而古文自爲一章，與前之分章者三，共增爲二十二。所異者又不過如此，非今文與古文各爲一書也。」

孫本曰：「昭帝時，魯三老獻古文，劉向典校經籍，以顏本比對，未免稍加修飾，故有除其繁惑之語，然則古今文稍異者，乃劉向爲之也。世儒疑閨門一章乃劉炫僞造，不知古文流傳，本末亦有可據。唐司馬貞欲削閨門章爲國諱，不得不以古文爲僞。然閨門章，漢初長孫氏傳今文即有之，劉向以顏本考定，雖云『除其繁惑』，然謂經文大較相同，則閨門章未嘗削矣，豈後人所僞爲耶？是則聖人遺經，秦不能燬於火，魯不能壞於壁，漢不能散於巫蠱，六朝不能已於兵革，而唐乃殘闕於殿廷之議，司馬貞之罪可勝言哉！至宋王安石從而擯棄之，其罪又浮於貞矣。幸而孔壁之全文至今存也。」

魏文侯孝經傳

佚。

〔校記〕

王謨、馬國翰均有輯本。（孝經，頁五七）

史記魏世家：「文侯受子夏經藝。」

王應麟曰：「蔡邕明堂論引魏文侯孝經傳曰：『大學者，中學明堂之位也。』」

虞淳熙曰：「孝經自魏文侯而下至唐宋傳之者，百家九十九部二百二卷，由元迄今，抑又多矣。」

按：賈氏齊民要術耕田篇引文侯之言云：「民春以力耕，夏以鎒耘，秋以收斂。」當是孝經「用天之道，分地之利」注也。

孔氏安國古文孝經傳

隋志：「一卷。」

佚。

〔校記〕

四庫著録日本古寫本一卷。（孝經，頁五七）

家語後序：「孔安國爲古文論語訓二十一篇，孝經傳二篇，皆壁中科斗文也。」

隋書：「梁代，安國及鄭氏二家並立國學，而安國之本，亡於梁亂。陳及周、齊，惟傳鄭氏，至隋，秘書監王劭於京師訪得孔傳，送至河間劉炫。炫因序其得喪，述其義疏，講於人間，漸聞朝廷，遂著令與鄭氏並立，而秘府先無其書，儒者諠諠，皆云『炫自作之，非孔舊本』。」

〔補正〕

案：隋志「古文孝經一卷」下云：「孔安國傳，梁末亡逸，今疑非古本。」（卷九，頁八）

崇文總目：「漢侍中孔安國注。前世與鄭康成注並行，今孔注不存。而隸古文與章數存焉。」

〔四庫總目〕

舊本題漢孔安國傳，日本信陽太宰純音。據卷末乾隆丙申歙縣鮑廷博新刊跋：稱其友汪翼滄附市舶至日本，得於彼國之長崎澳。核其紀歲干支，乃康熙十一年所刊，前有太宰純序稱：古書亡於中夏，存於日本者頗多。昔僧奝然適宋，獻鄭注孝經一本，今去其世七百餘年，古書之散逸者亦不少，而孔傳古文孝經全然尚存。惟是經國人相傳之久，不知歷幾人書寫，是以文字訛謬，魚魯不辨。純既以數本校讐，且旁採他書所引，苟有足徵者，莫不參考，十更裘葛，乃成定本。其經文與宋人所謂『古文』者，亦不全同，今不敢從彼改此。傳中間有不成語，雖疑其有誤，然諸本皆同，無所取正，故姑傳疑，以俟君子。今文唐陸元朗嘗音之，古文則否。今因依陸氏音例並音經傳，庶乎令讀者不誤其音」云云。考世傳海外之本，別有所謂七經孟子考文者，亦日本人所刊，稱「西條掌書記山井鼎輯，東都講官物觀補遺」，中有古文孝經一卷，亦云「古文孔傳，中華所不傳，而其邦獨存」。又云「其真僞不可辨，末學微賤，不敢輒議云云則日本所傳，原有是書，非鮑氏新刊贋造此本。核其文句與山井鼎等所考，大抵相應，惟山井鼎等稱每章題下有「劉炫直解」，其字極細寫之，與注文麤細弗類。又有引及邢昺正義者，爲後人附録，此本無之，爲少異耳。雖證以論衡、經典釋文、唐會要所引，亦頗相合，然淺陋冗漫，不類漢儒釋經之體，併不類唐、宋、元以前人語。殆市舶流通，頗得中國書籍，有桀黠知文義者，摭諸書所引孔傳影附爲之，以自誇圖籍之富歟！考元王惲中堂事紀曰：「中統二年，高麗世子植來朝，宴於中書省。問曰：『傳聞汝邦有古文尚書及海外異書？』答曰：『與中國書不殊』」，高麗、日本比鄰相接，海東經典大槩可知，使果有之，何以奝然不與鄭注並獻？至今日而乃出？足徵彼國之本出自宋、元以後，觀山井鼎亦疑之，則其書固可知矣。特以海外秘文，人所樂覩，使不實見其書，終不知所謂古文孝經孔傳不過如此，轉爲好古者所惜，故特録存之而列其始末如右。（卷三二，

頁二一三)

長孫氏孝經説

漢志:「一卷。」

佚。

〔補正〕

當作二篇。(卷九,頁八)

〔校記〕

馬國翰有輯本。(孝經,頁五七)

隋書:「長孫有閨門一章,其餘經文大較相似。」

江翁孝經説

漢志:「一篇。」

佚。

漢書:「博士江公,世爲魯詩宗,至江公著孝經説。」

翼氏奉**孝經説**

漢志：「一篇。」

佚。

后氏蒼**孝經説**

漢志：「一篇。」

佚。

〔校記〕

馬國翰有輯本。（孝經，頁五七）

張氏禹①**孝經説**

漢志：「一篇。」

佚。

〔校記〕

①「禹」，備要本作「禺」。

馬國翰有輯本。（孝經，頁五七）

何氏休**孝經訓注**

佚。

鄭氏衆**孝經注**

七録：「一卷。」

佚。

馬氏融**孝經注**

七録：「一卷。」

佚。

黄震曰：「孝經，鄭康成諸儒主今文；孔安國、馬融主古文。」

鄭氏玄**孝經注**

唐志：「一卷。」

佚。

〔校記〕

王謨、袁鈞、孔廣林均有輯本。（孝經，頁五七）

康成自序曰："「孝經者，三才之經緯，五行之綱紀。孝爲百行之首，『經』者，至易之稱。僕避兵於城南之山，棲遲於巖石之下，念昔先人，餘暇述夫子之志而注孝經焉。」

後漢書曰：「鄭玄，漢末遭黄巾之難，客於徐州。今孝經序，鄭氏所作。南城山西上可二里所有石室焉，周迴五丈，俗云是康成注孝經處。」

右見太平御覽所引，考范史無其文，則未知爲袁山崧、華嶠之書，抑薛瑩之書與？

唐會要：「開元七年三月一日勑：孝經、尚書有古文本孔鄭注，旨趣頗多踳駁，令諸儒質定。六日詔曰：孝經，德教所先，頃來獨宗鄭氏，孔氏遺旨，今則無聞，其令儒官詳定所長，令明經者習讀。四月七日，左庶子劉知幾議曰：謹按：今俗所傳孝經，題曰鄭注，爰在近古，皆云鄭注即康成，而魏晉之朝無有此説。至晉穆帝永和十一年，及孝武帝太元元年，再聚羣臣，共論經義，有荀茂祖者，撰集孝經諸説，始以鄭氏爲宗。自齊梁以來，多有異論，陸澄以爲非玄所注，請不藏於秘省，王儉不依其請，遂得見傳於時。魏齊則立於學官，著於律令，蓋由膚俗無識①，故致斯訛舛。然則孝經非玄所著，其驗十有二條，按：鄭君自序云：『遭黨錮事起，逃難注禮。黨錮事解，注古文尚書、毛詩、論語。爲袁譚所逼，來

---

① 「識」，文淵閣四庫本作「説」。

至元城，乃注周易。』都無注孝經之文，其驗一也。鄭君卒後，其弟子追論師著所述①，及應對時人，謂之鄭志。其言鄭所注者，惟有毛詩、三禮、尚書、周易，都不言鄭注孝經，其驗二也。又鄭志目録記鄭之所注五經之外，有中候書傳②、七政論、乾象曆、六藝論、毛詩譜、答臨碩難禮、駁許慎異義、發墨守、鍼膏肓及答甄子然等書，寸紙片言，莫不悉載，若有孝經之注，無容匿而不言，其驗三也。鄭之弟子分授門徒，各述師言，更相問答，編録其語，謂之鄭記，惟載詩、書、禮、易、論語，其言不及孝經，其驗四也。趙商作鄭先生碑文，具稱諸所注箋駁論，亦不言注孝經。晉中經簿：『周易、尚書、尚書中候、尚書大傳、毛詩、周禮、儀禮、禮記、論語』凡九書，皆云『鄭氏注，名玄』，至於孝經則稱『鄭氏解』，無『名玄』二字，其驗五也。春秋緯演孔圖云：『康成注禮③、書④、易、尚書、論語，其春秋、孝經則有評論。』宋均於詩譜序云『我先師北海鄭司農』，則均是玄之傳業弟子也。師所注述，無容不知，而云『春秋、孝經惟有評論』，非玄之所注，於此特明，其驗六也。又宋均孝經緯注引鄭六藝論叙孝經云『玄又爲之注』，司農論如是，而均無聞焉。有義無辭，令予昏惑，舉鄭之語而云『無聞』，其驗七也。宋均春秋緯注云『爲春秋、孝經略説』，則非注之謂，所言『玄又爲之注』者，汎辭耳，非事實。其序春秋亦云『玄又爲之注』也，寧可復責以實注春秋乎？其驗八也。後漢史書存於代者，有謝承、薛瑩、司馬彪、袁山崧等，其爲鄭玄傳者，載其所

---

①「著所述」，依補正、文淵閣四庫本、文津閣四庫本應作「所著述」。
②「中候書傳」，依補正、文淵閣四庫本應作「中候大傳」。
③「禮」，依補正、文淵閣四庫本應作「三禮」。
④「書」，依補正、文淵閣四庫本應作「詩」。

注，皆無孝經，其驗九也。王肅孝經傳首有司馬宣王之奏，云奉詔令諸儒注述孝經，以肅説爲長。若先有鄭注，亦應言及，而都不言鄭，其驗十也。王肅注書，發揚鄭短，凡有小失，皆在訂①證，若孝經此注亦出鄭氏，被肅攻擊，最應繁多，而肅無言，其驗十一也。魏晉朝賢論辨時事，諸注②無不撮引，未有一言引孝經之注，其驗十二也。凡此證驗，易爲討覈，而代之學者不覺其非，乘彼謬説，競相推舉，諸解不立學官，此注獨行於代。觀夫言語鄙陋，義理乖疎。固不可以示彼後來，傳諸不朽。至古文孝經孔傳，本出孔氏壁中，語其③詳正，無俟商搉，而曠代亡逸，不復流行。至隋開皇十四年，秘書學士王孝逸於京市陳人處買得一本，送與著作郎王劭，劭以示河間劉炫，仍令校定，而此書更無兼本，難可依憑。炫輒以所見，率意刊改，因著古文孝經稽疑一篇。劭以爲此書，經文盡正，傳義甚美，而歷代未嘗置於學官，良可惜也。然則孔鄭二家，雲泥致隔，今綸音發問，校其所長，愚謂行孔廢鄭，於義爲允。國子祭酒司馬貞議曰：今文孝經是漢河間王所得顔芝本，至劉向以此本參校古文，省除繁惑，定爲此一十八章，其注相承，云是鄭玄所注，而鄭志及目録等不載，其④故往賢共疑焉。惟荀昶、范曄以爲鄭注，故昶集解孝經，具載此注，而其序以鄭爲主，是先達博選，以此注爲優。且其注縱非鄭氏所作，而義旨敷暢，將爲得所，其數處小有非穩，實亦未爽經傳。其古文二十二章，元出孔壁，先是安國作傳，緣遭巫蠱，代未之

---

① 「訂」，依補正、文淵閣四庫本應作「聖」。
② 「諸注」，依補正、文淵閣四庫本應作「鄭氏諸注」。
③ 「其」，依補正應作「甚」。
④ 「其」字，依補正、文淵閣四庫本應删。

行。荀昶集注之時，尚有孔傳，中朝遂亡其本，近儒欲崇古學，妄作此傳，假稱孔氏，輒穿鑿改更，又僞作閨門一章，劉炫詭隨，妄稱其善。且閨門之義，近俗之語，非宣尼之正説。按其文云『閨門之内，具禮矣乎！嚴兄①妻子臣妾，繇百姓徒役也』，是比妻子於徒役，文句凡鄙，不合經典。又分庶人章從『故自天子』已②下，别爲一章，仍加『子曰』二字，然『故者』，連上之詞，即③爲章首，不合言故。是古文既亡，後人妄開此等數章，以應二十二章之數，非但經文不真，抑亦傳習淺僞，至④注『用天之時，因地之利』，其略曰『脱衣就功，暴其肌體，朝暮從事，露髮塗足，少而習之，其心安焉』。此語雖傍出諸子，而引之爲注，何言之鄙俚乎？與鄭氏之所云『分别五土，視其高下。』『高田宜黍稷，下田宜稻麥』，優劣懸殊，曾何等級。今議者欲取近儒詭説，殘經缺傳，而廢鄭注，理實未可，望請準式，孝經鄭注與孔傳依舊俱行。五月五日詔鄭⑤仍舊行用。孔注傳習者稀，亦存繼絶之典，頗加獎飾。」

〔補正〕

唐會要條内「著所述」，當作「所著述」。「中候書傳」，「書」當作「大」。「注禮書、易」，當作「注三禮、詩、易」。「訂證」，當作「聖證」。「論辨時事諸注」，「諸」上脱「鄭氏」二字。「語其詳正」，「其」當作

---

① 「嚴兄」，依補正、文淵閣四庫本、文津閣四庫本應作「嚴親嚴兄」。
② 「已」，文津閣四庫本作「以」。
③ 「即」，依補正、文淵閣四庫本、文津閣四庫本應作「既」。
④ 「至」，備要本作「其」。
⑤ 「鄭」，依補正、文淵閣四庫本應作「鄭注」。

「甚」。「不載其故」，「其」字衍。「具禮矣乎」，下脱「嚴親」二字。「即爲章首」，「即」當作「既」。「詔鄭仍舊行用」，「鄭」下脱「注」字。（卷九，頁八）

陸德明曰：「鄭注，相承以爲鄭玄。按鄭志及中經簿無，惟中朝穆帝講習孝經，云以鄭玄爲主。檢孝經注與康成注五經不同，未詳是非。」

劉肅曰：「梁載言十道志解南城山引後漢書云：『鄭玄遭黄巾之難，客於徐州。』今者有孝經序，相承云鄭氏所作，蓋康成胤孫所爲也。陸德明亦云『鄭注孝經，與注五經體不同』，則劉子玄①所證②，信有徵矣。」

崇文總目：「先儒多疑其書，惟晉孫昶③集解以此注爲優，請與孔注並行。詔可。今太學所立陸德明釋文與此相應。五代兵興，中原久逸其書，咸平中，日本僧以此書來獻，議藏秘府。」

陳振孫曰：「世傳秦火之後，河間人顔芝得孝經藏之，以獻河間王，今十八章是也。相承云康成作注，而鄭志目録不載，故先儒並疑之。古文有孔安國傳，不行於世，劉炫爲作稽疑一篇，序所謂『劉炫明安國之本，陸澄譏康成之注』者也。及唐開元中，詔議孔鄭二家，劉知幾以爲宜行孔廢鄭，諸儒非之，卒行鄭學。按：三朝志：五代以來，孔鄭注皆亡，周顯德中，新羅獻別序孝經即鄭注者，而崇文總目以

---

① 「劉子玄」，文津閣四庫本脱漏作「劉子」。
② 「證」，文津閣四庫本作「徵」。
③ 「孫昶」，備要本作「荀昶」。

爲咸平中日本僧奝然所獻，未詳孰是？世少有其本。乾道中，熊克子復、袁樞機仲得之，刻於京口學官，而孔傳不可復見矣。」

王應麟曰：「鄭氏注相承言康成作，鄭志目録不載，通儒皆驗其非。開元中，孝明纂諸説，自注以奪二家，然尚不知鄭氏之爲小同。」

按：孝經鄭注久逸，然猶有僅存者。經曰「仲尼居」，注云「居講堂也」。「曾子侍」，注云「卑在尊者之側，曰侍」。「先王有至德要道」，注云：「禹，三王最先者。五帝官天下，三王禹始傳於殷，於殷配天，故爲孝教之始。至德，孝悌也。要道，禮樂也。」「以顯父母」，注云「父母得其顯譽也」。「資於事父」，注云「資者，人之行也」。「用天之道」，注云「謂春生、夏長、秋收、冬藏」。「分地之利」，注云「分别五土，視其高下，若高田宜黍稷，下田宜稻麥，邱陵阪隰，宜種桑、栗、棗，敎是也」。「謹身節用以養父母」，注云「行不爲非，度財爲費，什一而出，無所復謙，其政不嚴而治」，注云「政不煩苛也」。「先王以敬讓，而民不争」，注云「若文王敬讓於朝，虞、芮推畔於田，則下效之」。「詩云：赫赫師尹」，注云「師尹，若冢宰之屬也」。「不敢遺小國之臣，而況於公侯伯子男乎」，注云「昔聘問天子無恙，五年一朝，郊迎芻禾百車，以客禮待之。夜設庭燎。庭燎者，在地曰燎，執之曰燭，樹之門外曰大燭，於内曰庭燎。五年一巡狩，勞來别優。侯者，候伺，伯者長，男者任也」。「言思可道」，注云「言中詩、書」。「五刑之屬三千」，注云「科條三千，謂墨、劓、宫、割、大辟，穿窬盜竊者劓，賊傷人者墨，男女不以禮交者宫、割。□□①人垣牆開人闔者□②，手殺人者，大辟」。「教以孝」，注云「天子事三老兄弟五更」。「天子有争臣七人」，注云「左輔右弼，前疑後丞，使不危殆」。「光於四海，無所不通」，注云「孝悌之至，則重譯來貢」。「哭不偯」，注云「偯，痛聲也」。「食旨不甘」，注云「禮，三年之喪，食無鹽，酸而食粥，朝③一溢米，暮一溢米」。「喪不過三年」，注云「再期，不肖者企而及之，賢者俯而就之」。「陳其簠簋」，注云「方曰簠，圓曰簋」。「擗踊哭泣」，注云「啼號竭情也」。「卜其宅兆」，注云「兆，卦也」。「爲之宗廟，以鬼享之」，注云「無遺憾也」。「生民之本盡矣」三句，注云「尋繹天經地義，究竟人情也，行畢孝成」。蓋自石臺注行，後學無讀鄭注者，并見亦罕矣，故抄撮及之。

高氏誘**孝經解**

佚。

宋氏均**孝經皇義**

七録：「一卷。」

佚。

①「□□」，文津閣四庫本作「凡窬」。
②「□」，文津閣四庫本作「刖」。
③「朝」，文淵閣四庫本作「早」。

王氏肅孝經解

隋志：「一卷。」

佚。

劉知幾曰：「王肅孝經傳，首有司馬宣王之奏，『奉詔令諸儒注述孝經，以肅説爲長』。」

〔校記〕

馬國翰有輯本。（孝經，頁五七）

衛氏覬孝經故

一卷。

佚。

聞人牟準曰：「敬侯所著述、注解、故訓及文筆等甚多，皆已失墜，所注有孝經固①。」

章樵曰：「漢儒注釋詩書有故，此注釋孝經之名，恐字誤。」

① 「固」，文淵閣四庫本作「故」。

蘇氏林**孝經注**

七録：「一卷。」

佚。

陸德明曰：「林，字孝友，陳留人，魏散騎常侍。」

何氏晏**孝經注**

七録：「一卷。」

佚。

劉氏邵**孝經古文注**

七録：「一卷。」

佚。

陸德明曰：「邵，字孔才，廣平人，魏光禄勳。一云劉熙。」

孫氏熙**孝經注**

唐志：「一卷。」

佚。

按：阮氏七録有『孫氏注孝經一卷』；釋文序録云：『不詳何人，當即熙也。』

虞氏翻**孝經**

佚。

王應麟曰：「孝經序『六家異同』，今考經典序録有孔、鄭、王、劉、韋五家，而無虞翻注。隋唐志，皆不載。」

韋氏昭**孝經解讚**

隋志：「一卷。」

佚。

〔校記〕

馬國翰有輯本。（孝經，頁五七）

嚴氏畯**孝經傳**

佚。

陸德明曰：「吳嚴畯著孝經傳。」

經義考卷二百二十三

孝經二

晉元帝孝經傳

佚。

元帝序曰：「天經地義，聖人不加，原始要終，莫踰孝道，能使甘泉自涌，鄰火不焚，地出黄金，天降神女，感通之至，良有可稱。」

晉孝武帝總明館孝經講義

七録：「一卷。」

佚。

徐氏整**孝經嘿注**

隋志：「一卷。」唐志：「二卷。」

佚。

謝氏萬**集解孝經**

隋志：「一卷。」

佚。

〔校記〕

馬國翰有輯本。（孝經，頁五七）

荀氏昶**集議孝經**唐志作集解。

隋志：「一卷。」七録：「二卷。」

佚。

袁氏敬仲**集義孝經**①

隋志：「一卷。」

佚。

隋志：「晉東陽太守袁敬仲集。」

〔補正〕

案：「義」當作「議」。（卷九，頁八）

虞氏喜**孝經注**

佚。

楊氏泓**孝經注**

七録：「一卷。」

佚。

陸德明曰：「天水人，東晉給事中。」

---

① 「集義孝經」，依補正、文淵閣四庫本應作「集議孝經」。

袁氏宏**孝經注**

一卷。

佚。

陸德明曰：「宏，字彦伯，陳郡人，東晉東陽太守。」

虞氏槃佑**孝經注**或作盤佐

七録：「一卷。」

佚。

陸德明曰：「字弘猷，高平人，東晉處士。」

殷氏仲文**孝經注**

七録：「一卷。」

佚。

〔校記〕

馬國翰有輯本。（孝經，頁五七）

陸德明曰：「東郡人，東晉東陽太守。」

册府元龜：「殷叔道爲東陽太守，注孝經一卷①。」

車氏胤**孝經注**唐志作講義

七録：「一卷。」唐志：「四卷。」

佚。

晉書：「字武子，南平人，輔國將軍丹陽尹，遷吏部尚書。」

孔氏光**孝經注**

七録：「一卷。」

佚。

陸德明曰：「光，字文泰，東莞人。」

宋大明中東宮講義

七録：「一卷。」

佚。

---

① 「注孝經一卷」五字，文淵閣四庫本脱漏。

何氏約之**大明中皇太子講義疏**

唐志：「一卷。」

佚。

何氏承天**孝經注**

七録：「一卷。」

佚。

陸德明曰：「東海人，宋廷尉卿。」

荀氏昶**孝經注**

一卷。

佚。

陸德明曰：「昶，字茂祖，潁川人，宋中書郎。」

費氏沈**孝經注**

七録：「一卷。」

佚。

謝氏稚**孝經圖**

一卷。

佚。

張彦遠曰：「謝稚，陳郡陽夏人。初爲晉司徒主簿。入宋，爲寧朔將軍西陽太守。」

右見貞觀公私畫史。

齊永明東宮講義

七録：「一卷。」

佚。

南齊書：「永明三年，太子於崇政殿講孝經。」

永明諸王講義

七録：「一卷。」

佚。

〔校記〕

馬國翰有輯本。（孝經，頁五七）

王氏玄載孝經注

七録：「一卷。」

佚。

陸德明曰：「字彦運，齊光禄大夫。」

周氏顒孝經義疏

佚。

明氏僧紹孝經注

七録：「一卷。」

佚。

李氏玉之孝經義疏

七録：「二卷。」

佚。

阮孝緒曰：「齊臨沂令李玉之爲始興王講孝經，作義疏二卷，亡。」

陸氏澄**孝經義**

佚。

按：陸澄孝經義，隋唐志、經典序録皆不載。然在開元所采六家之例，故特著之。

梁武帝孝經義疏

隋志：「十八卷。」

佚。

〔校記〕

馬國翰有輯本。（孝經，頁五七）

梁書武帝紀：「中大通四年三月，侍中領國子博士蕭子顯上表置制，旨孝經助教一人，生十人，專通高祖所釋孝經義。」

昭明太子統**講孝經義**

七録：「三卷。」又一卷。

佚。

梁書：「昭明太子講孝經殿中，中庶子徐勉、祭酒張充執經。天監八年九月，於壽安殿講孝經。」

簡文帝孝經義疏

七録：「五卷。」

佚。

孝明帝巋**孝經義記**

佚。

蕭氏子顯**孝經義疏**

七録：「一卷。」

佚。

孝經敬愛義

隋志：「一卷。」

佚。

隋志：「梁吏部尚書蕭子顯撰。」

皇氏侃**孝經義疏**

隋志：「三卷。」

佚。

〔校記〕

馬國翰有輯本。（孝經，頁五七）

嚴氏植之**孝經注**

七録：「一卷。」

佚。

〔校記〕

馬國翰有輯本。（孝經，頁五七）

南史：「嚴植之，字孝源，建平秭歸人，五經博士。館在潮溝，生徒常百數，講説有區段次第，析理分明。每當登講，五館生畢至，聽者千餘人。」

賀氏瑒**孝經講義**

七録：「一卷。」

佚。

孝經義疏

七録：「一卷。」

佚。

陶氏弘景**集注孝經**

七録：「一卷。」

佚。

曹氏思文**孝經注**

七録：「一卷。」

佚。

隋志：「梁尚書功論郎。」

諸葛氏循**孝經序**

七録：「一卷。」

佚。

江氏係之**孝經注**

七録：「一卷。」

佚。

江氏遜**孝經注**

七録：「一卷。」

佚。

太史氏叔明**孝經義**唐志作發題

隋志：「一卷。」

佚。

册府元龜：「太史叔明爲揚州從事文學，撰孝經義，又集解論語。」

〔補正〕

册府元龜：「太史叔明爲揚州從事文學。」案：隋志作「揚州文學從事。」（卷九，頁九）

趙氏景韶**孝經義疏**

隋志：「一卷。」

佚。

張氏譏**孝經義**

八卷。

佚。

南史：「簡文在東宮，出士林館，發孝經題，譏論議往復，甚見嗟賞。譏所撰孝經義八卷。」

周氏弘正**孝經私記**

隋志：「二卷。」

佚。

沈氏文阿**孝經義記**

佚。

顧氏越**孝經義疏**

佚。

徐氏孝克**孝經講疏**

隋志：「六卷。」

佚。

册府元龜：「徐孝克爲散騎常侍，入隋爲國子博士，撰孝經講疏六卷、論語句義五卷。」

張氏沖**孝經義**

三卷。

佚。

王氏元規**孝經義記**

二卷。

佚

熊氏安生孝經義

一卷。

佚。

陳氏奇孝經注

一卷。

佚。

樊氏深孝經疑

一卷。

佚。

樂氏遜孝經序論

佚。

何氏妥孝經義疏

三卷。

佚。

劉氏炫古文孝經義疏隋唐志作述義

隋志：「五卷。」

佚

〔校記〕

王謨、馬國翰均有輯本。（孝經，頁五七）

宇文氏弢孝經注

佚

釋氏慧琳孝經注

隋志一卷。

佚。

陸德明曰：「宋世沙門，秦郡人。」

琳著辨正論曰：「孝經者，自庶達帝，不易之典。從生暨死，終始具焉。略十八章，孝治居其一揆，吏任所奉，民胥是賴，貫神明，釐道風俗，先王奉法，則乾象著明，哲后尊親，則山川表瑞。遂有青鷹合節，白雉馴飛；墳柏春枯，潛魚冬躍。行之邦國，政令刑於四海；用之鄉人，德教加於百姓。故云『孝者，始於事親，中於事君，終於立身也。』秦懸呂論，一字番成可責，蜀□①揚言，千金更招深怪。惟孝經川阜無資，功侔造化，比重則五嶽山輕，方深則四海流淺，風雨不能亂其波濤，處虛未足棲其令譽。」

釋氏慧始**孝經注**

七録：「一卷。」

佚。

釋氏靈裕**孝經義記**

續高僧傳：「靈裕，鉅鹿曲陽人，相州演空寺僧。隋大業中卒。釋孝經義記。」

佚。

---

① 「□」，文津閣四庫本作「採」，備要本作「捕」。

亡名氏孝經私記隋志稱「無名先生」。

隋志：「四卷。」

佚。

孝經義

隋志：「一卷。」

佚。

孝經玄

七録：「一卷。」

佚。

孝經圖

七録：「一卷。」

佚。

孝經孔子圖

七録："二卷。"

佚。

魏國語孝經

隋志："一卷。"

佚。

隋書："魏氏遷洛，未達華語，孝文帝命侯伏、侯可、悉陵，以其①言譯孝經之旨，教於國人，謂之國語孝經。"

① "其"，應作"夷"。

經義考卷二百二十四

孝經三

唐明皇孝經注唐志作孝經制旨；別見石經。

通考：「一卷。」

存。

明皇序曰：「朕聞上古，其風樸略，雖因心之孝已萌，而資敬之禮猶簡。及乎仁義既有，親譽益著。聖人知孝之可以教人也，故因嚴以教敬，因親以教愛。於是以順移忠之道昭矣！立身揚名之義彰矣！子曰：『吾志在春秋，行在孝經。』是知孝者德之本歟！經曰：『昔者明王之以孝治天下也，不敢遺小國之臣，而況於公侯伯子男乎！』朕嘗三復斯言，景行先哲，雖無德教加於百姓，庶幾廣愛刑于四海。嗟乎！夫子没而微言絶，異端起而大義乖。況泯絶於秦，得之者皆煨燼之末；濫觴於漢，傳之者皆糟粕之餘。故魯史春秋，學開五傳，國風、雅、頌分爲四詩，去聖逾遠，源流益別。近觀孝經舊注，踳駁尤甚。至於跡相祖述，殆且百家；業擅專門，猶將十室。希升堂者，必自開戶牖；攀逸駕者，必騁殊軌轍。是以道隱小成，言隱浮僞。且傳以通經爲義，義以必當爲主，至當歸一，精義無二，安得不翦其繁蕪，而撮其樞要也。韋昭、王肅，先儒之領袖，虞翻、劉邵，抑又次焉；劉炫明安國之本，陸澄譏康成之注；在理或當，何必求人？今故特舉六家之異同，會五經之旨趣，約文敷暢，義則昭然。分注錯經，理亦條貫。寫之琬琰，庶有補於將來。且夫子談經，意在垂訓。雖五孝之用則別，而百行之源不殊。是以一章之中，凡有數句，一句之內，意有兼明。具載則文繁，略之又義闕，今存於疏，用廣發揮。」

李齊古表曰：「臣聞孝經者，天經地義之極，至德要道之源，在六籍之上，爲百行之本。自文宣既没，後賢所注，雖事有發揮，而理甚乖舛。伏惟開元天寶聖神文武皇帝陛下，敦睦孝理，躬親筆削。以無方之聖，討正舊經，以不測之神，改作新注，朗然如日月之照，邈矣合天地之德，使家藏其本，人習斯文，普天之下，罔不欣載。仍以太學王化所先，孝經聖理之本，分命璧①沼，特建石臺，義展睿詞，書題御翰，以垂百代之則，故得萬國之歡。今刊勒既終，功績斯著。天文炳焕，開七曜之光輝；聖札飛騰，奪五雲之氣色，烟花相照，龍鳳沓起，實可配南山之壽，增北極之尊，百寮是瞻，四方取則，豈比周官之禮，空懸象魏；孔氏之書，但藏屋壁②。臣之何幸，躬覩盛事，遇陛下興其五孝，忝守國庠，率胄子歌其六德，敢揚文教，不勝忭躍之至。謹打石臺孝經本，分爲上下兩卷，謹於光順門奉獻兩本以聞。天寶四載九

① 「璧」，四庫薈要本、文淵閣四庫本、文津閣四庫本俱作「壁」。
② 「壁」，文淵閣四庫本作「辟」。

月一日，特進行尚書左僕射兼右相吏部尚書集賢殿學士修國史上柱國晉國公臣林甫、光禄大夫行左相兼兵部尚書弘文館學士上柱國渭源縣開國公臣李適之、光禄大夫行門①侍郎兼集賢院學士副知院事仍兼侍講兼崇玄館大學士上柱國臨潁縣開國侯臣陳希烈、朝議大夫守中書舍人兼判刑部侍郎上柱國臣孫逖、正議大夫行中書舍人集賢院學士上柱國平樂郡開國公臣韋斌、朝散大夫守中書舍人兼知史官②事臣李玄成、太中大夫行給事中臣李巖、朝請大夫守給事中臣韋良嗣、銀青光禄大夫國子祭酒上柱國臣李齊古、朝請大夫守國子司業臣韓倩、朝議大夫檢校國子司業臣薛巘、正議大夫行國子司業員外置同正員臣張倜、通議大夫檢校禮部尚書上柱國襄陽縣開國男賜紫金魚袋臣席豫、正議大夫檢校工部尚書上柱國賜紫金魚袋東京留守臣陸景融、通議大夫守尚書左丞上柱國清水縣開國男臣崔翹、太中大夫守吏部侍郎上柱國趙郡開國公臣李彭年、吏部侍郎上柱國彭城縣開國男臣韋陟、正議大夫行兵部侍郎賜紫金魚袋上柱國燕國公臣張均、正議大夫行兵部侍郎賜紫金魚袋上柱國臣宋鼎、中散大夫守户部侍郎上輕車都尉臣郭虚己、中大夫行禮部侍郎上輕車都尉臣達奚珣、朝議郎行丞上柱國賜緋魚袋臣韋騰、朝議郎行丞臣蔣漾、大學助教别勑兼判丞臣李德賓、儒林郎守主簿崔少容、朝議大夫守國子博士上柱國臣留元鼎、朝散郎守大學博士兼諸王侍讀臣蕭郢容、朝散郎守四門博士兼諸王侍讀臣任嶷、承奉郎守四門博士臣劉齊會、朝議郎行四門助教臣梁德裕、承奉郎四門助教臣闞玄直、承奉郎四門助教臣

① 「門」，依補正、文淵閣四庫本、備要本應作「門下」。
② 「官」，依補正、文淵閣四庫本應作「館」。

王思禮、承奉郎守四門助教上柱國臣劉大均、登仕郎守四門助教臣秦龜、從儒林郎守四門助教臣胡鎖、釋奠坐主四門教授臣王南金、文林郎守律學博士臣劉嘉祥、算學博士臣張元貞、文林郎行直講賜緑①臣王乂，宣義郎行直講臣顔挺、文林郎行直講臣王璋、高陵縣丞翰林院學士直國子監賜緋魚袋臣丁景、文林郎守義王府參軍兼國子監文史直知進士臣司徒臣源、朝散郎行醫學博士兼直監解休一、文林郎行國子録事王思恭。」明皇勑曰：『孝者，德之本，教之所由生也。故親自訓注，垂範將來。今石臺畢功，亦卿之善職。覽所進本。深嘉用心。』」

〔補正〕

李齊古表内「行門侍郎侍」上脱「下」字。「兼知史官事官」，當作「館」。（卷九，頁九）

唐會要：「開元十年六月，上注孝經，頒天下及國子學。天寶二年五月，上重注，亦頒天下。三載十二月，詔天下家藏孝經。五載二月詔：孝經書疏，雖觕發明，未能該備。今更敷暢，以廣闕文，令集賢院寫頒中外。」

秦再思曰：「玄宗開元中，親注孝經，并製八分書之，立於國學②，以層樓覆之。」

薛放曰：「漢立論語於學官，光武令虎賁士習孝經。玄宗親爲註訓。論語，六經菁華；孝經，人倫之本也。」

---

① 「緑」，文津閣四庫本作「録」。

② 「學」字，文淵閣四庫本脱漏。

孫奭序曰：「夫孝經者，孔子之所述作也。述作之旨，聖人藴大聖德，生不偶時，適周室衰微，王綱失墜，君臣僭亂，禮樂崩頹；居上位者，賞罰不行，居下位者，褒貶無作。孔子乃定禮樂、删詩書、贊易道以明道德仁義之原，修春秋以正君臣父子之法，又慮雖知其法，未知其行，遂説孝經一十八章以明君臣父子之行所寄。知其法者修其行，知其行者謹其法。故孝經緯曰：孔子云：『欲觀我褒貶諸侯之志在春秋，崇人倫之行在孝經。』是知孝經雖居六籍之外，乃與春秋爲表矣。先儒或云夫子爲曾參所説，此未盡其指歸也。蓋曾子在七十弟子中，孝行最著，孔子乃假立曾子爲請益問答之人，以廣明孝道。既説之後，乃屬與曾子。洎遭暴秦焚書，並爲煨燼。漢膺天命，復闡微言。孝經河閒顔芝所藏，因始傳之於世。自西漢及魏歷晉、宋、齊、梁，注解之者，迨及百家。至有唐之初，雖備存秘府，而簡編多有殘缺，傳行者惟孔安國、鄭康成兩家之注，并有梁博士皇侃義疏，播於國序，然辭多紕繆，理昧精研。至唐玄宗朝，乃詔羣儒學官，俾其集議，是以劉子玄辨鄭注有十謬七惑，司馬堅①斥孔注多鄙俚不經，其餘諸家注解，皆榮華其言，妄生穿鑿，明宗②遂於先儒注中，摭拾菁英，芟去煩③亂，撮其義理允當者，用爲注解，至天寶二年注成，頒行天下。仍自八分御札，勒於石碑，即今京兆石臺孝經是也。」

按：孫奭序或作「成都府學主鄉貢傅注奉右撰」。

① 「司馬堅」，即司馬貞，因避宋仁宗諱而改。
② 「明宗」，依補正、文淵閣四庫本應作「明皇」。
③ 「煩」，文淵閣四庫本作「繁」。

〔補正〕

孫奭序内「明宗遂於先儒注中」，「宗」當作「皇」。（卷九，頁九）

崇文總目：「取王肅、劉邵、虞翻、韋昭、劉炫、陸澄六家之説，參倣孔鄭舊義，今行於太學。」

賈氏公彦**孝經疏**

唐志：「五卷。」

佚。

陸氏德明**孝經釋文**①

一卷。

存

孔氏穎達**孝經義疏**

佚。

唐書本傳：「太宗時，穎達爲太子右庶子。承乾令穎達撰孝經章句，因文箴諷。」

① 「孝經釋文」，文淵閣四庫本作「孝經説文」。

任氏希古**越王孝經新義**

唐志：「十卷。」

佚。

龐元英曰：「新義者，以越王爲問目，釋疏文之義。」

高麗史：「光宗光德十年秋，遣使如周，進越王孝經新義八卷。」

王氏元感**注孝經**

唐志：「一卷。」

佚。

舊唐書：「長安三年，元感表進書、禮、春秋，并所注孝經草稾，請官給紙寫，上秘閣。詔曰：『王元感質性温敏，博聞强記，手不釋卷，老而彌篤。犄前達之失，究先聖之旨，是謂儒宗，不可多得，可太子司議郎兼集賢學士。』」

魏氏克己**孝經注**

唐志：「一卷。」

佚。

〔校記〕

馬國翰有輯本。（孝經，頁五八）

王氏漸**孝經義**

五十卷。

佚。

龍城録：「國初有孝子王漸作孝經義成五十卷，事亦該備，而漸性鄙朴，凡鄉里有鬭訟，漸即詣門，高聲誦義一卷，反爲漸謝。後有病者，即請漸來誦書，尋亦得愈。」

元氏行沖**御注孝經疏**

唐志：「二卷。」宋志：「三卷。」

佚。

〔校記〕

馬國翰有輯本。（孝經，頁五八）

唐書：「玄宗自注孝經，詔行沖爲疏，立於學官。」

崇文總目：「明皇既作注，故行沖奉詔作疏。」

尹氏知章**孝經注**

唐志：「一卷。」

佚。

舊唐書：「尹知章，絳州翼城人，神龍初，太常博士。睿宗即位，拜禮部員外郎轉國子博士。」

李氏嗣真**孝經指要**

唐志：「一卷。」

佚。

舊唐書：「李嗣真，滑州匡城人，永昌中拜右御史中丞知大夫事。爲來俊臣所陷，配流嶺南，萬歲通天年徵還，至桂陽，卒。神龍初，贈御史大夫。」

李氏陽冰**科斗書孝經**

佚。

韓子記略曰：「李監陽冰能篆書。貞元中，愈事董丞相幕府於汴州，識開封令服之者，陽冰子，授予以其家科斗孝經，予寶蓄之而不暇學。後來京師，爲四門博士，識歸公登歸，公好古書，能通之，愈曰：『古書得其據依，蓋可講。』因進其所有書屬歸氏。元和來，思凡爲文辭，宜略識字，因從歸公乞觀，留月餘，張籍令進士賀拔恕寫以留愈，蓋得其十四五，而歸其書於歸氏。」

平氏貞賚**孝經義**

唐志，卷亡。

佚。

〔補正〕

案：新唐志，「賚」作「眘」。（卷九，頁九）

蘇氏彬**孝經疏**

宋志：「一卷。」

佚。

任氏奉古**孝經講疏**

宋志：「一卷。」

佚。

高麗別叙孝經

一卷。

佚。

龐元英曰："別叙者，叙孔子所生，及弟子從學之事。"

高麗史："光宗光德十年秋，遣使如周，進別叙孝經一卷。"

經義考卷二百二十五

孝經四

邢氏昺等**孝經正義**

宋志：「三卷。」

存。

宋會要：「至道二年，判監李至請命李沆、杜鎬等纂孝經正義，從之。咸平三年三月，命祭酒邢昺代領其事，杜鎬、舒雅、李維、孫奭、李慕清、王煥、崔偓佺、劉士元預其事。取元行沖疏，約而修之。四年九月，以獻，賜宴國子監，進秩有差。十月，命杭州刻板。」

崇文總目：「孝經正義三卷，邢昺撰。初，世傳元行沖疏外，餘家尚多，皆猥俗褊陋，不足行遠。咸平中，昺等奉詔據元氏本而增損焉。」

龍氏昌期**孝經注**

佚。

宋氏綬**孝經節要**

一卷。

佚。

東都事略：「宋綬，字公垂，隨州①平棘人。官至兵部尚書，參知政事，贈司徒，兼侍中，謚宣獻。」

〔補正〕

東都事略條內「隨州平棘人」，「隨」當作「趙」。（卷九，頁九）

吕氏公著**孝經要語**

一卷。

佚。

東都事略：「吕公著，字晦叔，宰相夷簡子也。舉進士，累官司空，同平章軍國事，贈太師、申國公，

① 「隨州」，依補正、四庫薈要本、文淵閣四庫本、文津閣四庫本應作「趙州」。

謚正獻。」

司馬氏光古文孝經指解

一卷。

存。

光自序曰:「聖人言則爲經,動則爲法。故孔子與曾參論孝,而門人書之,謂之孝經。及傳授滋久,章句浸差,孔氏之人畏其流蕩失真,故取其先世定本,雜虞、夏、商、周之書及論語,藏諸壁中。苟使人或知之,則旋踵散失,故雖子孫,不以告也。遭秦滅學,天下之書,掃地無餘。漢興,河間人顔芝之子,得孝經十八章,儒者相與傳之,是爲今文。及魯共王壞孔子宅,而古文始出,凡二十二章。當是之時,今文之學已盛,故古文排擯,不得列於學官,獨孔安國及後漢馬融爲之傳。諸儒黨同疾異,信僞疑真,是以歷載累百,而孤學沈厭,無人知者。隋開皇中,秘書學士王逸①於陳人處得之,河間劉炫爲之作稽疑一篇,將以興墜起廢,而時人已多譏笑之者。及唐明皇開元中,詔議孔、鄭二家,劉知幾以爲宜行孔廢鄭,於是諸儒爭難蠭起,卒行鄭學。及明皇自注,遂用十八章爲定。先儒皆以爲孔氏避秦禁而藏書,臣竊疑其不然。何則?秦世科斗之書,廢絶已久,又始皇三十四年始下焚書之令,距漢興纔七年耳,孔氏子孫豈容悉無知者,必待恭王然後乃出?蓋始藏之時,去聖未遠,其書最真,與夫他國之人,轉

① 「王逸」,依補正、文淵閣四庫本應作「王孝逸」,四庫薈要本誤作「王少逸」。

相傳授，歷世疏遠者，誠不侔矣。且孝經與尚書俱出壁中，今人皆知尚書之真，而疑孝經之僞，是何異信膾之可咍，而疑炙之不可食也！嗟乎！真儒之明，皦若日月，而歷世爭論，不能自伸，其中異同不多，然要爲得正，此學者所當重惜也。前世中，孝經多者五十餘家，少者亦不減十家。今秘閣所藏，止有鄭氏、明皇及古文三家而已，其古文有經無傳。按孔安國以古文時無通者，故以隸體寫尚書而傳之，然則論語、孝經不得獨用古文，此蓋後世好事者，用孔氏傳本，更以古文寫之，其文則非，其語則是也。夫聖人之經，高深幽遠，固非一人所能獨了，是以前世並存百家之説，使明者擇焉，所以廣思慮、重經術也。臣愚雖不足以度越前人之胸臆，闚望先聖之藩籬，至於時有所見，亦各言爾志之義，是敢輒以隸寫古文，爲之指解。其今文舊注有未盡者，引而伸之；其不合者，易而去之。亦未知此之爲是，而彼之爲非。然經猶的也，一人射之，不若衆人射之，其爲取中多也。臣不敢避狂僭之罪，而庶幾於先王之道萬一有所裨焉！」

〔補正〕

自序内「祕書學士王逸」，「王」下脱「孝」字。（卷九，頁九）

又進表曰：「臣聞聖人之德，莫加於孝，猶江河之有源，艸木之有本，源遠則流大，本固則葉繁。是以由古及今，臣畜四海，未有孝不先隆，而能宣昭功化者也。伏惟皇帝陛下，純孝之性，發於自然，動静云爲，必咨訓典，起居出入，不忘先烈。以爲滁州者，太祖皇帝所以擒馘奸桀，肇開王跡；并州者，太宗皇帝所以芟除僭亂，混一九圍；澶州者，真宗皇帝所以攘卻貪殘，乂寧華夏。皆大勳懿業，威靈所存。遂命有司，分建原廟，圖繢聖容，躬題扁榜。嚴奉之禮，備盡恭勤，羽衛供帳，率從豐衍。……茲有以見陛下尊顯祖宗之意，無不至矣。經曰：『愛敬盡於事親，而德教加於百姓，刑於四海。』夫以陛下天授之資，愛敬之志，而又念夫百官者，祖宗之百官，不可以私非其人；府庫者，祖宗之府庫，不可以賞非其功；法令者，祖宗之法令，不可以罰非其罪；慎之！重之！益自儆戒如是，則爲無不成，求無不給。榮名之彰，炳如日月，基緒之固，巍如泰山。黎民乂安，艸木蟲魚，靡不茂豫。此誠孝德之極致也。臣愚幸得補文館之缺，以經史爲職，竊覩秘閣所藏古文孝經，先秦舊書，傳注遺逸，孤學堙微，不絕如綫，是敢不自揆量，妄以所聞，爲之指解。雖才識褊淺，無能發明，庶幾因聖人之言，得少關省覽，則糞土之臣，榮願足矣！其古文孝經指解一卷，謹隨表奏進。」

又進劄子曰：「臣竊惟自古五帝三王，未有不由學以成其聖德者。所謂學者，非誦章句、習筆札、作文辭也；在於正心、修身、齊家、治國、明明德於天下也。恭惟皇帝陛下肇承基緒，雖年在幼沖，而執喪臨朝，率禮弗越，體貌尊嚴，舉止安重，顒顒卬卬，有老成之德，萬方瞻仰，無不愛戴。此乃聖性自然，不聞亦式，實天祐皇家宗廟，社稷生民之盛福也。然玉不琢，不成器，人不學，不知道，儻復資學問以成之，則堯、舜、禹、湯、文、武，何遠之有！伏見近降聖旨，過冬至，開講筵。臣竊以聖人之德，無以加於孝，自天子至於庶人①，莫不始於事②親，終於立身，揚名於後世，誠爲學所宜先也。臣向不自揆，嘗撰古文孝經指解，皇祐中，獻於仁宗皇帝。竊慮歲久，遺失不存，今繕寫爲一卷上進，伏乞聖明，少賜

① 「庶人」，文津閣四庫本誤作「聖人」。
② 「事」，文津閣四庫本誤作「自」。

省覽。」

晁公武曰：「古文蓋孔惠所藏者，與顏芝十八章大較相似，而析出三章。又有閨門一章，不同者四百餘字。劉向校書，以十八章爲定，故世不大傳，獨有孔安國注，今亡。然諸家説不安處，古文字讀皆異。推此言之，未必非真也。司馬公爲之指解併音。」

中興藝文志：「自唐明皇時，議者排毁古文，以閨門一章爲鄙俗，而古文遂廢，國朝司馬光始取古文爲指解。」

陳振孫曰：「按唐志，孝經二十七家。今温公序言：『秘閣所藏，止有鄭氏、明皇及古文三家而已。』古文有經無傳，以隸體寫之，而爲之指解，仁宗朝表上之。」

王應麟曰：「至和元年十二月，殿中丞直秘閣司馬光上古文孝經指解表曰：『聖人之德，莫加於孝，猶江河之有源，艸木之有本，源遠則流大，本固則葉繁。秘閣所傳古文孝經，先秦舊書，傳注遺逸，孤學堙微，不絶如綫。妄以所聞，爲指解一卷。』詔送秘閣。」

王氏安石**孝經解**

通考：「一卷。」

佚。

晁公武曰：「經云：『當不義，則子不可以不諍於父。』而孟子猥曰『父子之間不責善』，夫豈然哉？今介甫以爲當不義則諍之，非責善也。噫！不爲不義，即善矣。阿其所好，以巧慧侮聖人之言至此，君子疾夫！」

趙希弁曰：「右荊國文公王安石所著也，凡十七章，喪親章闕之。」

存。

范氏祖禹**古文孝經說**

宋志：「一卷。」

晁公武曰：「元祐中，侍經筵時上。」

祖禹進呈序曰：「古文孝經二十二章，與尚書、論語同出於孔氏壁中，歷世諸儒，疑眩莫能明，故不列於學官。今文十八章，自唐明皇爲之注，遂行於世。二者雖大同而小異，然得其真者，古文也。臣今竊以古爲據，而申之以訓說，雖不足以明先生①之道，庶幾有萬一之補焉。臣謹上。」

又劄子曰：「臣伏覩國史，章獻明肅太后嘗命侍讀宋綬，擇前代文字可以資孝養、補政治者，以備仁宗觀覽。臣職勸讀，雖不足以跂望前人之髣髴，然區區忠益，敢不盡愚？竊以聖人之行，莫先於孝，書莫先於孝經。孝經有古文、有今文。今文即唐明皇所注十八章。古文凡二十二章，由漢以來，惟孔安國、馬融爲之傳，自餘諸儒多疑之，故學者罕習。仁宗朝，司馬光在館閣，爲古文指解一卷表上之。臣竊考二書，雖不同者無幾，然古文實得其正，故嘗妄以所見，又爲之說。非敢好異尚同，庶因聖言，少

① 「先生」，文津閣四庫本作「先王」。

闕省覽。伏惟陛下方以孝治天下，此乃羣經之首，萬行之宗，儻留聖心，則天下幸甚！其古文孝經說，謹繕寫爲一册上進。」

真德秀曰：「自唐玄宗御注孝經出，世不復知有古文。先正司馬公作爲指解，太史范公復爲之説，於是學者始得見此經舊文。」

楊士奇曰：「宋元祐中，秘書省著作郎兼侍讀范祖禹淳夫經筵所進，刊板在成都。」

趙氏克孝**孝經傳**

宋志：「一卷。」

佚。

楊傑曰：「克孝中上科，任越州管内觀察使。神宗朝，著孝經傳上進，賜詔稱諭。」

張氏元老**孝經講義**

宋志：「一卷。」

佚。

吕氏惠卿**孝經傳**

宋志：「一卷。」

佚。

李氏公麟孝經圖

一卷。

未見。

公麟自述曰：「鳳閣舍人楊公雅言：『孝經關鍵六藝，根本百行，在世訓所重。』謂龍眠山人李公麟曰：『能圖其事以示人，爲有補。』元豐八年六月，因摭其一二，隨章而圖之。」

范沖跋曰：「孝者，自然之理，天地之所以大，萬物之所以生，人之所以靈，三綱五常之所以立。學，然後知之。心不苟慮，必依乎道；足不苟動，必依乎禮。行之以不息，守之以至誠，造次必於是，顛沛必於是。及乎習與性成，是謂純孝，不然，無以立身矣。豈不見夫諸侯車服之美，儀物之盛，尊榮如此。國公以幼學之年，享寵禄之厚，盍思所以保富貴之道乎！故沖以諸侯之事爲獻，曰：『戰戰兢兢，如臨深淵，如履薄冰。』周之諸侯，其入而居於王所，則皆爲之卿士，故沖又欲以卿大夫之事爲獻，曰：『夙夜匪懈，以事一人。』國公其勉之。」

按：中興聖政録：「紹興五年，建國公初出資善堂，沖書李公麟孝經圖以進。」

陸完曰：「龍眠居士圖孝經，雖曰隨章摭其一二，然自天子以至於庶人，威儀動作之節，與夫郊廟之規模、閭里之風俗、器物之制度、畜産之性情，亦略備矣。」

文徵明曰：「李伯時畫孝經一十八事，蓋摘其中入相者而圖之。按畫譜所載御府伯時畫一百有七，中有孝經相。此卷蓋宣和所藏，然無當時印識，而有紹興小璽，豈南渡後又嘗入祕府耶？伯時喜畫古賢故事，每簿著訓誡，則孝經相當非特一本，此殆别本也。伯時之畫，論者謂出於顧、陸、張、吴，集衆善以爲己有，能自立意，不蹈習前人，而陰法其要。其成染精緻，俗工或可學，至於率略簡易處，終不及也。此昔人定論，余不容贅言。若其文學人品，在東坡、山谷之間，而博學精識，出劉貢父之上。官京師數年，不一跡權貴之門，佳時勝日，載酒出遊，坐石臨流，翛然終日。山谷謂其風流文雅，不減古人，而爲畫所掩，然而卒亦不能掩也。」

項元汴曰：「龍眠孝經圖，載雲烟過眼録，藏西人王芝子慶所。後三百餘年，余獲覩之，何多幸也。」

何氏執中**孝經解**

佚。

江氏杞**孝經注**

佚。

閩書：「杞，字堅老，建陽人。政和二年①進士，以御史致仕。里居十五年，講學著書不倦。郡守魏

① 「二年」，文淵閣四庫本作「三年」。

珏見其所著孝經，歎曰：『他日變此邦人爲曾、閔，必是書也。』」

吉氏觀國**孝經新義**

佚。

家氏滋**孝經解義**

宋志：「二卷。」

佚。

王氏悱**孝經解義**

宋鑑：「紹興八年四月，徽州布衣王悱獻孝經講義，詔賜帛三十疋。」

佚。

程氏全一**孝經解**

玉海：「紹興十年十二月，程全一進孝經解，命爲太學職事。」

林氏獨秀**孝經指解**

佚。

玉海：「紹興十一年十一月，林獨秀進孝經指解，賜束帛。」

王氏文獻**孝經詳解**

宋志：「一卷。」

佚。

玉海：「紹興中，王文獻孝經詳解一卷。」

閩書①：「晉江人。」

林氏椿齡**孝經全解**

宋志：「一卷。」

佚。

---

① 「閩書」，四庫薈要本誤作「閔書」。

趙氏湘**孝經義**

宋志：「一卷。」

玉海：「紹興中進。」

佚。

沈氏處厚**孝經解**

宋志：「一卷。」

玉海：「紹興中進。」

佚。

何氏俌**孝經本説**

括蒼彙紀：「何俌，字德輔，龍泉人。紹興戊辰進士，累官工部侍郎，兼直學士院。」

佚。

王氏絢**孝經解**

五卷。

佚。

盧熊曰：「王絢，字唐公，審琦五世孫。建炎初，爲御史中丞參知政事，晚寓崑山之薦嚴寺，卒謚文恭。」

胡氏銓**讀孝經雜記**

一篇。

存。載澹菴集。

洪氏興祖**古文孝經序贊**

一卷。

未見。一齋書目有。

張氏師尹**孝經通義**

宋志：「一卷。」或作「三卷」。

佚。

張氏九成**孝經解**

宋志：「四卷。」

未見。

唐氏仲友**孝經解**

一卷。

佚。

仲友自序曰：「孔子爲曾參言孝道，門人録之爲書，謂之孝經。更秦滅學，漢河間獻王得之顏芝家，凡十八章。古文孔氏一篇二十二章，本出屋壁，劉向校書，定著十八章。至於唐，諸儒説者且百家。孝明皇帝詔諸儒集議，劉知幾詆鄭注，請行孔傳，司馬貞非之，力伸鄭説。帝乃采集六家，自爲之注，頒之天下，以十八章爲定，元行沖爲之疏。本朝邢昺增損之，曰正義，訓詁證引詳矣。先正司馬公、范公皆爲古文指解，所發明益以通暢。夫孝，百行之本，學者所當先。聖人之言，簡嚴易直而天人備，固非一家所能究其説，故拾諸儒遺意，相與講貫，務通理而不飾文，學者以筌蹄觀之，庶幾不悖先聖人之意云爾。」

楊氏簡**古文孝經解**

宋志：「一卷。」

未見。

中興藝文志：「解中如『德性無生，何從有死』之語，蓋近於禪矣。」

王氏炎**孝經解**

未見。

經義考卷二百二十六

孝經五

朱子熹孝經刊誤

宋志：「一卷。」

存。

朱子後序曰：「熹舊見衡山胡侍郎論語説，疑孝經引詩非經本文，初甚駭焉，徐而察之，始悟胡公之言爲信，而孝經之可疑者，不但此也。因以書質之沙隨程可久丈，程答書曰：『頃見玉山汪端明，亦以爲此書多出後人傅會。』於是乃知前輩讀書精審，其論固已及此。又竊自幸有所因述，而得免於鑿空妄言之罪也。因欲掇取他書之言可發此經之旨者，别爲外傳，顧未敢耳。淳熙丙午八月十二日記。」

中興藝文志：「刊誤謂今文六章、古文七章以前爲經，後爲傳。經之首，統論孝之終始，乃敷陳天子、諸侯、卿、大夫、士、庶人之孝。而其末曰：『故自天子至於庶人，孝無終始而患不及者，未之有也。』

其首尾相應，文勢聯貫，實皆一時之言，而後人妄分爲六七，又增『子曰』及詩、書之文，以雜乎其間。今乃合爲一章，而刪去『子曰』者二，引書者一，引詩者四，凡六十一字，以復經文之舊。又指傳文之失，刪去『先王見教』以下凡六十七①字，『以順則逆』以下凡九十字，餘從古文。」

〔補正〕

中興藝文志條内「凡六十七字」，「七」當作「九」。（卷九，頁九）

陳振孫曰：「抱遺經於千載之後，而能卓然悟疑辨惑，非豪傑特起獨立之士，何以及此？後學所不敢倣傚，而亦不敢擬議也。」

趙希弁曰：「右朱文公所定也，皆以古文爲正，惟傳之六章，或從今文。廬山胡泳叙於後。」

黄震曰：「晦庵朱先生因衡山胡侍郎及玉山汪端明之言，就古文孝經作孝經刊誤，以『天子』至『庶人』五章，皆去『子曰』與引『詩云』之語，而併五章爲一章，云疑所謂孝經者，本文止如此，而指此爲經，其餘則移置次第，而名之爲傳，並刊其用他書竄入者，如『孝天之經，地之義』至『因地之利』，爲春秋左氏傳載子太叔爲趙簡子道子産之言。如『以順則逆』以下，爲左氏傳所載季文子、北宫文子之言。如『進思盡忠，退思補過』，亦左氏所載士貞子之言，遂以孝經爲出於漢初左氏傳未盛行之前，且云不知何世何人爲之。愚按：孝經視論語雖有衍文，其每章引詩爲斷，雖與劉向説苑、新序、列女傳文法相類，而孝爲百行之首，孔門發明孝之爲義，自是萬世學者所當拳拳服膺。他如文義之細而不容不考，至晦

① 「六十七」，依補正、四庫薈要本、文淵閣四庫本應作「六十九」。

庵疏剔瞭然矣。『嚴父配天』一章，晦庵謂『孝之所以爲大者，本自有親切處，使爲人臣子者，皆有今將①之心，反陷於大不孝，此非天下通訓，而戒學者詳之』，其義爲尤精。愚按：中庸以追王太王、王季爲達孝，亦與此章嚴父配天之孝同旨。古人發言，義各有主，學者宜審所躬行焉。若夫推其事之至極，至於非其分之當言，如晦庵所云者，則不可不知也。」

陸秀夫後序曰：「孝經一書，古文不可得而考見矣，所可考者，漢世藝文志、顏氏、劉氏、司馬氏編次之文而已，要之，皆古文之舊也。秀夫幼而讀之，莫覺其非，長而疑焉，涉獵載籍，罔非是是，莫敢有所與。既入仕，濫次西藏勾當，得朱元晦刊誤一編②而玩味之，夫然後心目之開朗，欣然若有所得，於是在館諸同志，因元晦之議，從而删削次第之。然而敢以粟絲己意，妄有所參涉於其間，以得罪於先正，庶幾是經燦然可復，而元晦刊正之功不泯。聖世以孝治天下之化，或不能無少助云。」

朱鴻曰：「朱子刊誤，經一章，傳十四章，删去古文二百二十三字。」

按：自漢以來，説經家鮮有移易經文片言者，移之自二程子大學始也。自漢以來，注疏家莫能删削經文隻字者，删之自朱子孝經刊誤始也。曰：費直以彖、象、文言附卦辭，非移易乎？曰：直受之於師則然，非直自移之。曰：李林甫承詔定月令，非删削乎？曰：月令知爲吕不韋書，非經文也。

---

①「今將」，文津閣四庫本作「稍懈」。

②「編」，文淵閣四庫本作「篇」。

項氏安世**孝經説**

宋志：「一卷」。

佚。

黄氏榦**孝經本旨**

宋志：「一卷。」

未見。

中興藝文志：「榦繼熹之志，輯六經、論、孟之言孝者爲一書，釐爲二十四篇，名爲孝經本旨。」

陸元輔曰：「朱子嘗欲掇取他書之言可發孝經之旨者，别爲外傳，未及屬草，勉齋繼其志，輯孝經本旨二十四篇。」

馮氏椅**古孝經輯注**姓譜作「章句」。

宋志：「一卷。」

佚。

中興藝文志：「椅祖朱氏，刊經文所引詩、書之妄，而傳則盡删其所託曾、孔答問與其增益之辭，爲古孝經輯注，並引蔡氏證①。」

〔補正〕

中興藝文志條内「並引蔡氏證」，「證」當作「注」。（卷九，頁九）

龔氏栗**孝經集義**

一卷。

佚。

真德秀序曰：「孝經一書，其行於世久矣。至子②朱子乃始分别經傳，去後儒之所傅益者而經復完，然未暇發揮其義也。予友龔君栗，篤志好學，乃本朱子之意，采衆説之長而折衷之，又以生事葬祭之禮見於他書者，彙而輯之，以爲此經之羽翼。學者所疑，則設爲問難，曲而暢之。於是聖門教人之微指，始瞭然無餘藴矣。夫孝者，人心之固有也，古先聖王命冢宰降德於民者，不過以節文度數示之，而未嘗言其義也。言其義，則始於孔子。蓋三代以前，理道明，風俗一，人皆曉知孝之爲孝。聖王在上，設禮教以範防之，俾勿失而已。至孔子時則異矣，觀其告游、夏者，猶恐以服勞能養爲孝，則下乎游、夏者可知，故不得不詳其義，以曉學者。今之時視孔子之時，則又異矣，雖名爲士君子，有不知孝之爲孝

① 「蔡氏證」，依補正、四庫薈要本、文淵閣四庫本應作「蔡氏注」。

② 「子」，文津閣四庫本作「予」。

者，服勞能養，且有愧焉，況其大者乎？況先民之狃於敝俗者乎？龔君之爲此書，欲爲士者知孝之爲孝，俛焉以盡其力，而無不能孝之士。凡民有所觀發，亦知孝之爲孝，俛焉以盡其力，而無不能孝之民。其用心豈不至矣乎！予謂長人者，宜以此書頒之庠序，布之鄉黨，使爲士者服習焉，而力行以先乎民，則吾邑之俗可變。推而達之，將天下之俗，無不可變者，豈小補云哉？顧龔君於此用力甚勤，辭義之間，雖若小有未瑩，而其大指則炳然矣。故爲之序而切磋講究之，庶以永其傳云。」

按：是序亦見劉壎雲莊集。

史氏繩祖**孝經解**

一卷。

未見。

魏了翁跋曰：「朱文公嘗著孝經刊誤，公之子在嘗舉元稾以遺予，予既鋟梓，與學士共之。史慶長又以告予曰：『昔者繩祖嘗集先正名賢孝經注解，今願得刊誤爲之章指。』予舉以畀之，俾得彙次成編，則又以黄直卿孝經本旨及其所輯洙、泗論孝，合爲一書。嗚呼！此民生日用之常，后王降德之本，而由之不知。觀是書者，其亦知所發哉！」

袁氏甫**孝經説**

宋志：「三卷。」

佚。

陳振孫曰：「廣微爲鄱憲，日爲諸生説孝經，旁及諸子，諸生録之爲此①編。」

戴表元後序曰：「右袁正肅公廣微孝經説三卷，前一卷已刊，在宣州學宫，有知州王侍郎附注行於世。餘二卷引②論語、孟子而發者，予未之見也。正肅於余爲鄉先生，先伯大父雲臺府君託同甲戌進士第，爲通家，尊行餘言緒論，講問爲多。蓋正肅公之父正獻公叔和學於象山陸文安公，正肅公雖不逮事象山，而家庭承襲，深有源委。豈惟正肅公，自洛學東行，諸大儒各以所聞，分門授徒：晦庵朱文公在閩，東萊吕成公在浙，南軒張宣公在湘，象山文安公在江西，其徒又皆各有所授，往往散布遠近，殊途同歸。而象山之傳，獨盛於四明，正獻、正肅父子，若文元楊公敬仲、文靖舒公元質、端獻沈公晦叔，其尤著者也。正肅公既貴，嘗持江東憲節，數數爲士大夫講象山之説。行部之貴溪，乃爲象山改創祠塾。故江東之人，自正肅公而尊象山之道益嚴。貴溪姜翔仲之先世，故當時講下士大夫一人之數。翔仲今又爲侍祠諸生，能取家藏是書，並刊之塾中，可謂鶴鳴而子和之矣。予實不敏，區區家世亦有與翔仲通者，遂不得讓，而繫名其編末云。大德十年丙午歲後正月既望識。」

---

① 「此」，文淵閣四庫本作「之」。

② 「引」，四庫薈要本作「因」。

俞氏觀能**孝經類鑑**

宋志：「七卷。」

佚。

方氏逢辰**孝經章句**

一卷。

佚。

劉氏元剛**孝經衍義**

佚。

江西通志：「劉元剛，字南夫，吉水人。嘉定進士，官至韶州守。理宗嘗立廉、貪①二碑，元剛居廉碑第四。」

---

①「廉、貪」，文津閣四庫本作「貪、廉」。

胡氏佺**孝經釋**

一卷。

佚。

金華志：「胡佺，字子先，永康人。寶慶丙辰進士，官監察御史。歸，累召不起。人稱雲岫先生。」

劉氏養晦**孝經解**

佚。

黄震序曰：「人生而知愛其親，是良心莫先於孝也。親親而後仁民，仁民而後愛物，是百行莫先於孝也。孩提之童即授之以孝經之書，是講學莫先於孝也。孝無一日而可忘，則孝經亦豈容一日忘。然今之世，諸子百家訓釋演説者汗牛充棟，甚至淫詞曼曲亦然。獨孝經自司馬公指解、朱文公刊誤之外，未有繼焉。何哉？非新之求而舊之忘歟？句讀之習而義理之弗考歟？借之爲啓蒙之筌蹄，未嘗體之爲躬行之根柢歟？嗚呼！年至慮易，境變心移，齠齔之所咿啞而習讀，祖父之所保抱而教誨，棄若土梗，漫不復省。於孝其親之書如此，於其親爲何如？尚何望其孝弟興行而民用和睦，如吾聖人之云耶！予友劉君養晦，粹德之士也，博取諸書之嘗及於孝者，萃而爲孝經解，寧多而毋敢略，寧淺而毋敢深，雖爲童子設，而關其終身也；雖爲家庭設，而關乎天下也。繼自今人皆以養晦之心爲心，而暢然自反，無一日而忘孝經，亦將無一日而忘孝，世道其庶矣乎！」

董氏鼎**孝經大義**

一卷。

存。

熊禾序曰：「孔門之學，惟曾氏得其宗。曾氏之書有二：曰大學、曰孝經。經傳章句頗亦相似，學以大學爲本，行以孝經爲先，自天子至庶人，一也。堯典一篇，大學、孝經之本也，自克明峻德以至親睦九族，而百姓之昭明，萬邦之於變，大學之本也。孝之爲道，蓋已具於親睦九族之中矣。何也？一本故也，自是舜以克孝而徽五典，禹以致孝而叙彝倫。伊尹述成湯之德，一則曰立愛惟親，二則曰奉先思孝，人紀之修孰大乎？是文、武、周公帥是而行，備見於紀禮①所載。上而宗廟之享，下而子孫之保，其爲孝蔑有加焉。功化之盛，至使四海之内，人人親其親，長其長，一鱗毛、一芽甲之微，無不得所。嗚呼！二帝三王之教，可謂大矣！孝經一書，即其遺法也。世入春秋，皇綱紐解，孔子傷之，三復昔者明王孝治之言，思之深，望之切，壹是以孝爲本，則②斯道也，固天性之自然，人心之固有，誠使天子公卿躬行其上，凡禮樂刑政之具，一轉移間，王道顧不易易乎！惜也徒託之空言，而僅見於門人紀録之書也。書成而道可舉，雖不能行之一時，猶可詔之來世。今此經之可考者，不過漢藝文志而已，而其篇

① 「紀禮」，四庫薈要本作「詩、禮」。
② 「則」，文淵閣四庫本作「爲」。

次，則顏注古文二十二章，孔壁所藏本也；今文一十八章，河間王所得顏芝本，而劉向之所參校者也。要之，出於諸儒傅會，皆非曾氏門人所記舊文矣。唐玄宗開元敕議，意非不美，而司馬貞淺學陋識，並以閨門一章去之，卒啓玄宗無禮無度之禍，而其所製序文，至以禮爲外飾之所資，仁義爲後來之漸，有不知所謂因心之孝者，果何所因，而又何自而萌乎？學之不講，德之不修，一至於此。桓桓文公，特起南夏，平生精力，用諸易、四書爲多，至此書則僅成刊誤一編，注釋大義，猶有所未及。噫！人子不可斯須忘孝，則此經爲天子至庶人一日不可無之書，章句已明，而文義猶闕，顧非一大欠事乎！蓋嘗有志彙集諸家傳注以明一經而未果。一日，余友胡庭芳挈其高弟董真卿訪予雲谷山中，手攜孝經大義一書，取而閱之，則其家君深山先生董君季亨父所輯也。其書爲初學設，故其詞皆明白而切實。熟玩之，則義趣精深，又有非淺見謏聞所能窺者。族兄明仲敬爲刊之書塾，以廣其傳。此豈惟學者修身齊家之要，而有國有天下者，亦豈能外是而有化民成俗之道哉！噫！滕五十里小國耳，其君一用之，至於四方草偃風動，一時行事，猶班班有三代之風，學問之功用固如此。晉武、魏文亦天資之美者，惜諸臣無識，不能有以啓導而充大之。悠悠天壤，此經之廢，蓋千五百餘年，人心秉彝，極天罔墜，豈無有能講而行之者？誠有以二帝三王之心爲心，則必以二帝三王之教爲教矣。仁，人心也，學所以求仁，而孝則行仁之本也。語曰：『如有王者，必世而後仁。』愚何幸，身親見之。」

徐貫後序曰：「右孝經一書，乃孔子、曾子授受之要旨也。經秦火後，頗多錯簡，至宋大儒朱文公始取古文爲之考訂，刊其繆誤，次其簡編，而後經傳各有統紀。董季亨氏又從而注釋之，而其旨益明。讀者誠能因其言以求其心，因心之同然而推之家、國、天下，則天下之道盡在是矣。惜乎是書板行者少，而窮鄉下邑之士不得盡觀也。予近按臬，偶於蔡介甫進士家，得是書舊本，遂命工鋟梓以傳，將使四方得以家傳人誦，各興其親愛之心，而篤夫仁孝之道，庶或少補於風教之萬一云爾。」

陸元輔曰：「鼎注朱子刊誤，名曰大義。」

朱氏申**孝經注解**

一卷。

存。

〔校記〕

四庫存目作孝經句解。（孝經，頁五八）

王氏行**孝經同異**

宋志：「三卷。」

佚。

俞氏浙**孝經審問**

佚。

姓譜：「浙，字季淵，新昌人。開慶乙未進士，除監察御史，改大理少卿，不就。」

胡氏子實**孝經注**

二卷。

未見。一齋書目有。

温州府志：「胡子實，一名希孟，字醇子，永嘉人。咸淳末，史館編校。」

陳氏合**孝經正文**

一卷。

未見。

蔡氏子高**孝經注**

佚。

姜氏融**孝經釋文**

佚。

陳氏鄂**孝經釋文**

佚。

胡氏一桂**孝經傳贊**

未見。

李氏應龍**孝經集注**

一卷。

未見。

季氏名未詳**古文孝經指解詳説**

一卷。

佚。

樓鑰序曰：「古文孝經實吾夫子之舊，秦火之後，出於屋壁，而顏芝所藏十八章已先行於世。翼奉、張禹等五人各自名家，古文惟孔安國、馬融爲之傳而又不顯。隋開皇中，劉炫爲作稽疑一篇，已多譏笑。唐陸德明亦云古文世既不行，隨俗用鄭康成注十八章本，獨劉知幾議行孔而廢鄭，諸儒争辨蠭起。明皇亦以今本注而習之，書以八分刻之，經臺猶在長安，童而習之皆此也。司馬文正公得古文於秘閣之藏，爲之指解，嘗以進仁宗、哲宗，而范太史祖禹繼爲之説。意自漢以來，何好者之寡也？故信州使君季公，天資純孝，篤學好古，尊敬此書，又爲詳説，不惟發明夫子之旨，又以文正公之解隨文演暢，用意甚勤，辭亦詳備。如『愛敬可行於匹夫，而惡慢不可行於天子』；如論忠順之不可失，如『不敢遺之，機甚微而其效甚大』。又曰『「要道」云者，言所敬者寡，所説者衆也』。曰『「至德」云者，言所敬者廣，而所行者本也』。皆有所證發，非漫然者。紹興五年七月，皇上踐阼，有詔求言。公以八月進此書，未幾，中書舍人陳公傅良又爲之繳進於今經筵。初度刻於廣信而不及。公之子洪念此書之未行，將刊於家，永爲後序。繼曰：『故自天子至於庶人，孝無終始，而患不及者，未之有也。』明皇注云：『始自天子，終於庶人，尊卑雖殊，孝道同致。而患不能及者，未之有也，言無此理，故曰未者。』此説非也。古文本異，故自天子以下至於庶人，文正公則曰：『始則事親也，終則立身行道也。患謂禍敗，言雖有其始而無其終，猶不得免其禍敗而羞及其親，未足以爲孝也。』季使君文①以明王②之事證之，是矣。某竊以爲猶未爲詳且明，敢申言之：夫聖人一經可謂詳矣，而其立教之要，專在此數語。孩提之童，無不知愛其親也，是人知於孝，本③有無其始者，夫子所以爲曾子諄諄言之，正欲人之有終也。夫子首則總言孝

---

① 「文」，依補正、四庫薈要本、文淵閣四庫本、文津閣四庫本應作「又」。
② 「王」，依補正、四庫薈要本、文津閣四庫本應作「皇」。
③ 「本」，依補正、四庫薈要本、文淵閣四庫本應作「未」。

道，次分天子、諸侯、卿、大夫、士、庶人之孝，大小之分，固自不同，而又於此謂孝道有始而無終，未有不及於禍患，此則無有貴賤之别，後雖具述孝治聖治之效以至終篇，然其教人之最切，無過於此，上下一體，俱當盡心焉。明皇惟不知此，所以不克其終，可不戒哉！篇末云①『孝子之事親終矣』，正爲祭之終，猶未爲孝之終也。若所謂②孝之終也若此，孝無終始之終，蓋謂立身行道，死而後已者也。故雖曾子既啓手足，以其能全而歸之，自以爲知免矣，然而易簀一節，猶在其後，蓋大夫之簀，猶非其正也。嗚呼！聖人之言，可謂深切而能有終者，亦豈易易乎？某餘生無幾，深知兢懼，得正而斃，所願加勉，故以告有志之士，且以補二公之說云。」

〔補正〕

樓鑰序内「季使君文以明王之事」，「文」當作「又」，「王」當作「皇」。「本有無其始者」，「本」當作「未」。

（卷九，頁九）

---

① 「云」，文淵閣四庫本作「曰」。

② 「謂」，文津閣四庫本作「爲」。

經義考卷二百二十七

孝經六

白氏賁**孝經傳**

佚。

元好問曰：「賁，汴人，自號決壽老。自上世以來，至其孫淵，皆以經學顯。」

按：中州集載賁詩一首，題曰：「客有求觀予孝經傳者，感而賦詩。」其詩句云：「跋涉經險阻，鑽研閱寒温。仰觀及俯察，萬象入見聞。不勞施斧鑿，筆下生煙雲。高以君唐虞，下以覺斯民。」蓋高自矜詡若是，惜乎其不傳也。

許氏衡**孝經直說**

一卷。

未見。

按：連江陳氏一齋書目有之，作「孝經注」。

吴氏澂**孝經章句**

一卷。

存。

〔校記〕

四庫本作「孝經定本」。（孝經，頁五八）

澂自序曰：「夫子遺言，惟大學、論語、中庸、孟子所述，醇而不雜，此外傳記諸書所載，真僞混淆，殆難盡信，孝經亦其一也。竊詳孝經之爲書，肇自孔、曾一時問答之語，今文出於漢初，謂悉曾子門人記録之舊，已不可知。武帝時，魯恭王壞孔子宅，於壁中得古文孝經，以爲秦時孔鮒所藏。昭帝時，魯國三老始以上獻，劉向、衛宏蓋嘗手校。魏、晉以後，其書亡失，世所通行，惟今文孝經十八章而已。隋時有稱得古文孝經者，其間與今文增減異同，卒不過一二字，而文勢曾不若今文之從順，以許慎説文所引及桓譚新論所言考證又皆不合，決非漢世孔壁中古文也。宋大儒司馬公酷尊信之，朱子刊誤亦據古文，未能識其何意。今觀邢氏疏説，則古文之爲僞審矣。又觀朱子所論，則雖今文，亦不無可疑者焉。疑其所可疑，信其所可信，去其所可去，存其所可存，朱子意也。故今特因朱子刊誤，以今文、古文校其同異，定爲此本，以俟後之君子云。」

張恆後序曰：「吳先生隱居臨川山中，大臣薦之，授文翰之職。未行，促命下驛遣上京師。會有求爲代者，先生即南還。今年夏次，廣陵郡學訪道，諏經者日至，恆往受業焉。恆嘗問：『孝經何以有今文、古文之别？』先生曰：『古文孝經二十二章，與今文孝經爲二，魏、晉而後不存。隋人以今文孝經增減數字，分析兩章，又僞作一章，名之曰古文孝經，其得之也，絶無來歷左驗。隋經籍志及唐開元時集議顯斥其妄，邢昺正議①具載，詳備可考。司馬温公有古文孝經指解，蓋温公資質厚重，於孝經今文尚且篤信，則謂古文尤可尊也，而不疑後出之僞。朱子見識高明，孝經出於漢初者，尚且致疑，則其出於隋世者，何足深辨也！而刊誤姑據温公所注之本，非以古文優於今文而承用之也。』恆又問：『孝經果可疑乎？』先生曰：『朱子云孝經出於漢初左氏未盛行之時，不知何世何人爲之也。竊謂孝經雖未必是孔門成書，然孔鮒藏書時已有之，則其傳久矣。禮家有七十子後弟子所記，二戴禮記諸篇多取於彼，其間純駁相雜，公、穀、左氏等書稱道孔子之言者亦然。孝經殆此類也，亦七十子之後之所爲耳。中有格言，朱子每於各章注出，而小學書所纂孝經之文，其擇之也精矣，朱子曷嘗盡疑孝經之爲非哉！學者豈可因後儒之傅會，而廢先聖之格言也。』他日，先生之子文，謂小年讀孝經時，先生整齊諸說，歸於至當，附入己見，補其不足，畀文□②之。恆於是借觀舊稾，就欲筆受，請於先生。先生曰：『此往年以訓穉子，不欲傳之，故未嘗示人也。』恆再三請，乃許。既得録本，而求者沓來，應之不給。同門諸友，

① 「正議」，依補正、四庫薈要本、文淵閣四庫本、文津閣四庫本應作「正義」。
② 「□」，四庫薈要本作「録」、文津閣四庫本作「誦」、備要本作「讀」。

請爲鋟木，以公其傳，而所聞師説，並記於其後。」

楊士奇曰：「吳文正公考定孝經，刊於新淦劉氏，卷首有吾鄉劉雲莊先生序。此書因朱子刊誤，而以古、今文校定之，訓釋明切，賢於舊注遠甚。」

〔補正〕

朱鴻曰：「吳子章句，經一章，傳十二章，其内合五刑一章，去閨門一章，删去古文二百四十六字。」

張恆後序内「邢昺正議」，當作「正義」。（卷九，頁九）

江氏直方**孝經外傳**

二十二卷。

未見。

張萱曰：「元至元中，南充江直方摘孝經中指示切要，條爲之説，仍集經、史、子、集中嘉言善行合經義者，依經分類，爲之羽翼，凡二十二卷。」

程氏縣道**孝經衍義**

佚。

陳櫟跋曰：「吾友婺源松谷程君孝經衍義載經文五孝，而采堯、舜、禹、湯、文、武之孝，以次及於歷代明君、賢卿大夫、士、庶人之孝，著其行事以實之，庶幾人知仁孝非徒空言，聖賢的有實事，而不懈於取法也，此意古矣。文公既成孝經刊誤，又欲掇取他書可發此經之旨者，別爲外傳而未之及。勉齋黄公嘗繼公志編之，松谷想未之見，而所采有暗合者。尹和靖謂伊川躬行皆是易，其作易傳，只是因而寫成耳。松谷，予同門友也，丙寅、丁卯間，松谷學於草牕黄先生之門時，服其先君子之服，予目覩其書『銜恤』二字於扇，蔬食終三年，平生心敬心服之。今讀其從孫之跋，謂松谷嘗刲股救親；執喪，水漿不入口三日；哭哀於墓，有虎食吠犬事。予爲松谷心友，今甫聞之，松谷不言而躬行，尤可敬也。松谷此編，發明士之孝，拳拳有望於吾黨之士，謂講之明則知之真，知之真則行之力，固然矣。愚猶謂知之既至，行猶當力，降而庶人之孝，人雖庶也，行則士也。詩云『釐爾女士』，謂女而有士行者。庶人能孝，非庶人而有士行乎！庶人未嘗學問，天性之美，自能行之；士嘗學問，必能考聖賢之成法，而或有愧於庶人之孝行，且不可以名人，矧可以名士乎？愚嘗欲松谷采真文忠公孝友堂記，不知孝者不論，知孝而不知友，非孝；妻子具而孝衰於親，異姓婦人入門，而賊同氣之愛，以戚其親，世之犯此者，尤可痛也。由此類推，凡虧行辱親等，以次著之，庶有益乎！松谷長予五年，今行年七十有七矣，夫婦偕老，賢子孫滿前，且見曾孫若干人矣，一家一宗，蒸蒸仁孝，抑又生理優裕於前，人間全福，幾備膺之，天之報仁孝君子，端不誣也。松谷此編，以實躬行，發實議論，盍刊布之，使家得置一通，講明躬行之，其於興仁興孝之風，豈無小補云！」

錢氏天祐**孝經直解**

佚。

程鉅夫序曰：「孝者，百行之源，五常之本，自天子至於庶人，罔不由之以成德。述之有經，衍之有傳，釋而通之有義疏，至近代司馬文正公，洎晦庵朱先生，各明備其辭焉。聖天子以孝治天下，篤意是書，表章尊顯，圖鏤以行，自家而國，自國而天下，將使家曾、閔而人參、騫，德至盛也。太子淑性天與，懿學日新，問安視膳之暇，尤孳孳於此。乃一日傳教，示以錢氏直解，俾某爲之序，謂欲傳之板本，以廣斯文。某承命伏讀，義訓詳明，質而不野，坦然切近，易知易行，信可尚也。太子不徒歷之於目，抑必著之於心，不惟善於其身，又將推以教人。詩云『孝子不匱，永錫爾類』，太子可謂能錫類者矣。記曰『孝者，善繼人之志，善述人之事』，太子可謂善繼述者矣。某文墨雖荒，敢勿敬承而爲之序。夫言近而指遠者，善言也，後之讀直解，毋以淺近而忽之。」

楊士奇曰：「元延祐中，錢天祐著。蓋以朱子刊誤爲主，其黜閨門章及合五行章①與上章爲一，則從草廬吳氏考定本。此書當時已板行，有程文海序。」

〔補正〕

楊士奇條内「五行章」，「行」當作「刑」。（卷九，頁一〇）

小雲石海涯孝經直解

一卷。

① 「五行章」，依補正、四庫薈要本、文淵閣四庫本、文津閣四庫本應作「五刑章」。

佚。

元史：「小雲石海涯，以貫爲氏，以酸齋自號。仁宗踐阼，拜翰林侍讀學士、中奉大夫、知制誥，同修國史。卒，追封京兆郡公，謚文靖。」

張氏㘽**孝經口義**

一卷。

佚。

吴師道曰：「導江張㘽達善，魯齋高弟。其學行於北方，故魯齋之名，因導江而益著。」

林氏起宗**孝經圖解**

一卷。

未見。一齋書目有。

蘇天爵碣曰：「内邱林君，諱起宗，字伯始。嘗作志學指南圖，以爲學道之標準；心學淵源圖，以爲入聖之極功。又作中庸、大學、論語、孟子諸圖，孝經圖解、小學題辭，發明魯庵家説，共數十卷。大抵以程、朱之言爲主。」

楊氏少愚**續孝經衍義**一作孝經衍孝編，楊或作陳。

佚。

姓譜：「少愚，青陽人。」

余氏芑舒**孝經刊誤**

一卷。

佚。

陳氏樵**孝經新説**

佚。

吴氏迂**孝經附録**

一卷。

未見。

李氏孝光**孝經義疏**

一卷，又圖一卷。

未見。一齋書目有。

陸元輔曰：「李季和隱居雁宕山，至正七年應詔，進孝經圖説。」

沈氏易**孝經旁訓**

一卷。

未見。

王逢曰：「沈易之，名易，松江人。嘗爲淮安分省幕吏，擢理問所知事，授徒淇上。河南失守，由青齊浮海舶以歸。」

陳繼儒序曰：「吾鄉沈翼之先生，自號蔬食野人，當元至正間，喜節俠，負奇才，公卿不能用，退而與廬陵權公游，得濂、洛真傳。隱居授書，出入必依於名教。所著述甚衆，孝經旁訓其一也。此書久祕家塾，垂二百餘年。後有孫茂才士楝梓之，而録蔬食先生傳附焉。昔者孔子孝經與春秋相表裏，後世分爲古、今文。今文十八章，出於顔芝，而鄭玄爲之注；古文二十二章，出於魯恭王之壞壁，而孔安國爲之注。其後唐玄宗箋，今文流行，而古文幾至中絶。司馬涑水氏專重古文，撰爲指解，朱紫陽、吴臨川重加訂訓，而辭義深奥，讀者輟焉。此蔬食野人旁訓之所由作也。余嘗觀六朝高人名士，崇信孝經，或以殉葬，或以薦靈，病者誦之輒愈，鬭者誦之輒解，火者誦之輒止，蓋孝經之不可思議如是。若使家誦户讀，童而習之，白首而不已焉，上非此無以舉，下非此無以學。孝感所至，能令醴泉出，異草生，犬豕同乳，烏鵲同巢，盜賊弛兵過，而不敢犯孝子鄉，則孝經一卷，未必非吾儒極靈極變之書，何至令①浮屠、老子旁行禍福之説於天下？經正則庶民興，其惟孝經乎？若旁訓者，下頒學官制科，不可一日不習，上進朝廷經筵，不可一日不講，此聖王以孝治天下之大權輿也。惜此書不廣傳，僅以之教家學士度、大理粲、侍御時來，相繼成名士，而士楝又以教士，聲籍甚。孝經何負於人哉！詩有云：『君子有穀，詒孫子。』蔬食先生可謂得所詒矣。」

王氏勉孝經

佚。

危素序曰：「古文孝經出秦火之餘，而顔芝子貞所獻今文孝經十八章已行於世。孔安國、馬融爲古文傳，長孫氏、江公、后蒼、翼奉、張禹乃説今文。劉向校書，不以古文爲是，故不列於學官。劉炫作稽疑，不以今文爲是。陸德明謂古文世既不行，隨俗用鄭玄所注今文。司馬貞力主玄注。惟劉知幾主安國傳。於是黨同伐異，争論蠭起。唐玄宗遂注今文，刻石長安，仍詔元行沖撰疏。自是以來，祖述者幾百人。宋司馬文正公言壁藏之時，去聖未遠，作古文孝經指解。范太史季、信州袁正肅公、近世導江

① 「令」字，文淵閣四庫本脱漏。

張氏，皆宗司馬氏，而不從顏芝之本，惟朱文公及會稽俞氏、臨川吴氏兩存之。王緬之勉注書甚夥，晚乃用力於孝經，章分句析，條紀粲然，博考諸家之説，擇其要者，梓而録之，而大要以朱氏爲宗。嗟乎！以此書觀之，千載之下，而欲臆度縣斷於衆説紛紛之中，非篤信精察者不能然也。孝之爲行大矣，推而行之，其道溥矣，王君其善錫爾類者乎！王君，曹南人，仕至太醫丞，老而勤學，尤可嘉已。」

〔補正〕

危素序内「江公」，漢書藝文志作「江翁」，此從漢書儒林傳。（卷九，頁一〇）

姜氏失名**孝經説**

一卷。

佚。

亡名氏孝經管見

一卷。

未見。

朱鴻曰：「萬曆庚寅季春望後三日，過南屏山村肆中，偶獲孝經管見一卷，乃至正三年隱士釣滄子撰也。其語意梗概，率以孝治爲先，不分章第經傳。」

釣滄子自序曰：「説者曰二帝三王之治本於道，二帝三王之道本於身。愚以爲二帝三王之建極於身者，立心極也；立心極者，端極於孝也。孝者，良心之切近精實者也。以其所切近精實者推之，則爲惻隱、爲辭讓、爲羞惡、爲是非。又推之爲齊家、爲治國、爲平天下，何莫不是出也已。舍是而求適於治，無由也。故齋慄底豫矣，而風動四海；視膳三朝矣，而汝墳遵化；善繼善述矣，而四海永清。若分羹忍而終成雜霸，劫父謀而竟至雜夸①，其功效成驗，可知梗概哉。是孝立而心極建②，心極建③而身極端，身極端而治化美。大矣哉，孝之道乎！全之可以淑身心，擴之可以淑民物，根之於惟淵惟默之中，賦之於形生神發之際，不離於須臾之頃，恆完於方寸之間，自生民以來無改也。奈之何一廢嬴火，再廢曲學，竹編蝌蚪，錯雜謬誤，穿鑿考訂，臆説沸騰。是以荊公執政，卑視此經，大廷不以策士，史館不以進講，家之長老不以垂訓子孫，學之師傅不以課誨弟子。此經非特不爲治平之具，且蒙習亦弁髦之矣。嗟夫！聖人精神命脈之發，將爲淵沈覆土乎？豈人天性之良，古今之賦受者殊耶？殆不然。不灼其景，瞶者弗覩也；不裂其聲，聾者弗聽也；不翼其肱，跛者弗行也。性雖賦於固有，良雖具於本然，不有開示訓導，警覺提撕，安能復性返良而還其天哉？上無身先之教，下無向化之機，治不軼古無異也。孔子言治，未嘗不本諸德。德，仁之發也；仁，孝之端也。然慮天下後世君民者有昧乎此，故特因敦孝之人，以發孝旨。若專爲孝也，實指其化民成俗，天下之要也。不然，何獨於孝之一端，而諄諄詳告有如此乎？愚故曰：二帝三王之治本於道，二帝三王之道本於身，二帝三王之身極本於心，二帝三王之

① 「雜夸」，文淵閣四庫本作「雜夷」，文津閣四庫本作「竄荒」。

②③ 「極建」，文津閣四庫本俱作「建極」。

心極本於孝，孝乃齊治均平之準也，惜乎其經之湮泯於異端曲學之私也。愚不慧，讀經之次，稍有覺悟，敢舉①其一二而發明之，如測淵於蠡，窺天於管焉耳。後之君子，儻翻起而復振之，幸無哂其疵焉，幸何如哉！」

又後序曰：「夫粟菽②非可以甘脣，乃其所常食也；布帛非可以華躬，乃其所常服也。然常食之中有至味，常服之中有至美，但人莫不食且服也，而喜膏粱，好文繡，知其味與美者，豈不鮮哉？孝經廢弛日久，士尚奇詭之學，視此若土苴，談而及之，反脣而譏，掩口而笑，不以爲迂，則以爲腐，冰炭蕕薰，兩不相合。愚雅嗜讀書，不求仕進，退居山僻，蒐究典墳，然不喜襲陳説。間閲孝經，少參一二，名之曰管見，猶云坐井觀天也。但其間有自得之趣，輒注輒喜。甫成，即函之笈笥以自珍，非欲私之己而不公之人也。苟不在孝道中用力，與不達孔、曾之旨者，持而語之，是强以菽粟③易膏粱，布帛奪錦繡，烏乎能哉？故寧秘之而不發也。雖然，卞氏之璧，不終於塵埋；趙氏之珠，豈久爲淵沒；聖人之經，安得竟廢而不行哉？五百年必有王者興，其間必有名世者。嗣是而後，有以孝治天下之明④王在上，而四海仁人孝子興起而振作之，則必輯録是經，發明奧蘊，將蒐羅而纂集之，愚言幸存，或亦爲芻蕘之采，得備籠中之藥物，未可知矣，今日之言，寧非他日之用哉！若或言悖於道，不印聖心，不合經意，則亦俟後之仁

---

①「舉」，文淵閣四庫本作「居」。
②「粟菽」，四庫薈要本作「菽粟」。
③「菽粟」，文淵閣四庫本作「粟菽」。
④「明」，文津閣四庫本作「聖」。

人孝子教我而已，我又何得自知乎！」

孝經集説

一卷。

未見。

王禕序曰：「孝經有古文、今文之異。當秦燔書時，河間顏芝藏其書，漢初，芝子貞出之，河間獻王得而上諸朝，長孫氏、江翁、后蒼、翼奉、張禹之徒皆名其學，凡十八章，所謂今文也。武帝時，魯恭王壞孔子宅，得孝經與尚書於壁①中，以爲秦時孔鮒所藏，昭帝時，魯國三老始以上獻，孔安國爲之傳，凡二十二章，所謂古文也。劉向典校經籍，實據顏本以比古文，除其繁惑，以十八章爲定。鄭衆、馬融、鄭玄皆爲之注，專從今文，故古文不得列於學官，而安國之本亡於梁。隋開皇中，王劭始訪得之，以示河間劉炫，炫遂分庶人章爲二，曾子敢問章爲三，又多閨門一章，以足二十二章之數，且序其得喪，講於人間。時議皆疑炫所自作，而古文非復孔氏之舊矣。唐開元間，詔諸儒集議，劉知幾請行孔傳，司馬貞力非之，獨主鄭説。玄宗自爲之注，用十八章爲正。先是，自天子至庶人五章，惟皇侃標其目，冠於章首，至是用諸儒議，章始各有名，如開宗明義等類。爲之疏者，元行沖也。至宋邢昺爲正義，訓詁益復加詳，而當世大儒司馬温公、范蜀公，則皆尊信古文。司馬公爲古文指解，謂始皇三十四年始燔書，距漢

① 「壁」，文淵閣四庫本誤作「璧」。

興僅七年，孔氏子孫豈容悉無知者，必待恭王然後乃出？蓋始藏之時，去聖未遠，其書最真，與歷世疏遠，轉相傳授者不侔。且孝經與尚書同出孔壁，世知尚書之真，而疑孝經之異，何也？迨朱文公爲刊誤，亦復多從古文，以古文七章、今文六章已前合而爲經，删『子曰』者二，引書者一，引詩者四，凡五十七①字。以餘章爲傳，删『先王見教』以下六十九字，『以順則逆』以下九十字。凡其章之次第，文之異同，皆用古文爲據。謂經一章者，孔子統論天子、諸侯、卿、大夫、士、庶人之孝，蓋一時之言，而後人妄分之。其傳十四章，則或者雜引傳記，以釋經文者也。而近時臨川吴氏，復以謂隋時所得古文，與今文增減異同，率不過一二字，文勢曾不若今文之順，以許慎説文所引、桓譚新論所言考證，皆不合，決非漢世孔壁中古文，爰因刊誤，重以古文、今文，較其同異焉。夫今文最先出，自劉向、鄭玄等，以及唐世君臣，皆知表章之，其書固已通行。古文出稍後，而安國之傳既亡，劉炫之本又以爲非真，至宋二三大儒始知尊信，而其書以顯，豈其顯晦各繫於時之好尚哉？今行中書右丞公以古文、今文及刊誤三書，雖皆行世，而學者皆習而不察，乃與儒者議，彙次其先後，且删漢、唐、宋諸家訓注，附於古文之下，刻本以行，於是孝經之爲書，本末具矣。嗚呼！孝者，天之經，地之義，而百行之原也，自天子達於庶人，尊卑雖有等差，至於爲孝，曷有間哉！五經四子之言備矣，而教孝必以孝經爲先，則以聖言雖衆，而孝經者實總會之也。是書大行，其必人曾參而家閔損，有關於世教甚重，豈曰小補而已！」

〔補正〕

① 「五十七」，依補正、四庫薈要本、文淵閣四庫本應作「六十一」。

王禕序内「凡五十七字」，當作「六十一字」。（卷九，頁一〇）

孝經明解

一卷。

佚。

按：是書見國子監書目，不著撰人。

成齋孝經説

一卷。

佚。

經義考卷二百二十八

孝經七

宋氏濂**孝經新説**

一卷。

未見。

朱氏升**孝經旁注**

一卷。

未見。

孫氏賁孝經集善

一卷。

未見。

宋濂序曰："孝經一也，而有古、今文之異者，蓋遭秦火之後，出於漢初顔芝之子貞者，爲今文，凡十八章，而鄭玄爲之注；至武帝時，得於魯恭王所壞孔子屋壁者，爲古文，凡二十二章，而孔安國爲之注。後世諸儒，各騁己見，尊古文者，則謂孔傳既出孔壁，語其①詳正，無俟商搉，揆於鄭注，雲泥致隔，必行孔廢鄭，於義爲允。況鄭玄未嘗有注，而依倣託之者乎？尊今文者，則謂劉向以顔芝本參校古文，省除繁惑，而定爲今文，無有不善。爲之傳者，縱曰非玄所作，而義旨實敷暢。若夫古文，並安國之注，其亡已久，世儒欲崇古學，妄撰孔傳，又僞爲閨門一章，文氣凡鄙，不合經典，將何所取徵哉？二者之論，雖莫之有定，然皆並存於時，各相傳授。自唐玄宗注用今文，於是今文盛行，而古文幾至廢絶。宋司馬温公始專主古文，撰爲指解上之，且憫流俗信僞疑真，諄諄見於言辭之間。以予觀之，古、今文之所異者，特辭語微有不同，稽其文義，初無絶相遠者，其所甚異，惟閨門一章耳。諸儒於經之大指，未見有所發揮，而獨斷斷②然致其紛紜若此，抑亦末矣。自伊、洛之學興，子朱子實起而繼之，於是因衡山胡

① "其"，四庫薈要本、文淵閣四庫本俱作"甚"。

② "斷斷"，依補正、四庫薈要本、文淵閣四庫本、文津閣四庫本應作"齗齗"。

氏、玉山汪氏之疑，而就古文考定，分爲經、傳，去其衍文及不合經旨者，千載是非，遂定於一。元室之初，吴文正公出於臨川，又以今文爲正，頗遵刊誤章目，重加訂定而爲之訓解，其旨益明而無遺憾矣。東廣孫君蕡讀而悦之，因增以諸家所注，名曰孝經集善，而其大義則以朱子及吴公爲之宗。蕡通經而能文辭，采擇既精，而又發以己意，其書當可傳誦，故予爲疏歷代所尚之異同，序於篇端。蕡，字仲衍，洪武壬寅鄉貢進士，今爲織染局使云。」

〔補正〕

宋濂序内「而獨斷斷然」，「斷」當作「斷」。（卷九，頁十）

葉氏瓚**孝經衍義**

佚。

廣信府志：「葉瓚，字贊玉，貴谿人。元末爲月泉書院山長。太祖取婺州，被召，欲用之，以疾辭。著孝經衍義。」

何氏初**孝經解**

一卷。

佚。

黄虞稷曰：「初，字原明，常山人。洪武中，與修書傳會選，後官開化教諭。」

孫氏吾與**孝經注解**

一卷。

未見。

黄虞稷曰：「洪武初，吾與爲太常博士，命授静寧侯葉昇孝經，因爲直説以訓之。」

吴氏從敬**古文孝經集義**

一卷。

佚。

廣信府志：「吴從敬，貴谿人。洪武初，以薦授晉府長史。」

方氏孝孺**孝經誡俗**

一卷。

佚。

晏氏璧**孝經刊誤**

一卷。

未見。

曹氏端**孝經述解**①

一卷。

未見。

端自序略曰：「性有五常，而仁爲首；仁統萬善，而孝爲先。蓋仁者，孝所由生；而孝者，仁所由行者也。是故君子莫大乎盡性，盡性莫大乎爲仁，爲仁莫大乎能孝。」

劉氏實**孝經集解**

一卷。

未見。

薛氏瑄**定次孝經古今文**

二卷。

未見。

① 「孝經述解」，四庫薈要本作「孝經直解」。

費氏希冉**孝經解**

二卷。

未見。

楊氏守陳**孝經私抄**

八卷。

未見。

陳氏選**孝經注**

一卷。

未見。

俞汝言曰：「選，字士賢，臨海人。天順庚辰進士，歷官左布政使，卒謚恭敏。」

應氏綱**孝經刊誤集注**

一卷。

未見。

黄虞稷曰：「綱，字恆道，永康人。成化中貢士，歸德訓導。」

周氏木**考定古今孝經節文**「文」或作「次」。

一卷。

未見。

朱鴻曰：「松江周木以漆書韋編時有滅絶，錯簡闕文殆或不免，於是考古文、今文，合爲新考定孝經一書，不分章第傳釋，似亦可觀。但以閨門章第内『嚴父嚴兄』之下，擅補『猶君長也』四字，非闕文之史矣。」

陸元輔曰：「周木，常熟人，成化乙未進士。」

晏氏鐸**增注孝經**

一卷。

未見。

潘氏府**孝經正誤**

一卷。

未見。

〔校記〕

四庫存目著録尚有附録一卷。（孝經，頁五八）

朱鴻曰：「上虞潘府疑孝經與中庸文體相類，首章孔子極言孝道之大以告曾子，其下十二章，皆推明首章未盡之旨，斷非孔子先自作經，又自作傳以釋之也。因作孝經正誤，效中庸章第，其序次①亦多牽强。」

繆泳曰：「潘府，字孔修，上虞人。成化丁未進士，歷官太常卿。」

童氏品**重定孝經傳注**

一卷。

未見。

王氏守仁**孝經大義**

一卷。

未見。

---

①「序次」，文津閣四庫本作「次序」。

余氏本孝經集注

三卷。

存。

姓譜：「本，字子華，鄞人。正德辛未進士，授翰林編修。出爲廣東提學副使，官終南京通政。」

郎氏瑛訂正孝經

一卷。

未見。

汪氏宇孝經考誤集解

一卷。

未見。

朱鴻曰：「祁門汪宇孝經考誤集解，亦效中庸章第次序，固爲可觀。但其傳皆隨文訓解，惟釋字義，未悟夫子作經大旨。」

蔡氏烈孝經定本

一卷。

未見。

陳氏深孝經解詁

未見。

余氏息孝經刊誤説

未見。

柯氏遷之考定孝經古文

未見。

褚氏相孝經本文説

未見。

陳氏曉孝經問對

未見。

余氏時英孝經集義

未見。

黄虞稷曰：「字景淳，婺源人。浙江布政使一龍之父，從學於鄒守益。」

時英自序曰：「昔者夫子與群弟子論求仁者，不一而足。而於論語首篇，直以孝弟爲爲仁之本。孟子七篇所撰，無非仁義，要其實，總歸於事親從兄。大學以孝者所以事君，爲治國平天下之要。中庸亦以爲政在於修身，而歸之親親爲大。由是而觀，則知四書固道德之藴奥。若孝經一書，又所以立其本而養正焉者也。英自童而習之，既長，而益釋其義，見其理博而條分，言近而旨遠，服之靡敢失焉。然考其中，似猶有增加離析及多參差之語，不可以思。最後有得於朱文公先生刊誤一書，爲之分經分傳，及上下諸家傳注，互有發明，於是始知先儒讀書之精，先有得我心於數十百載之上者。輒不自量，竟將先儒諸説之已成者，蒐而輯之。其大綱一宗文公刊誤及余氏本，再序章次爲定。内之細釋，則收諸家傳注，略爲隱括，名之曰集義，藏之家塾，以訓子弟。然予每念之，往昔事二先人，日能盡其歡愛，勉加祇慎，則推之今日所以接人與物者，往往亦由此出。而嚴威儼恪，一有未除，則病根亦種種著見。此其一源千派，不可誣者。今欲即我所能，以達吾之所未能，而親已不在矣。烏乎痛哉！後之爲子弟者，其尚體予之意，以讀是經，則知孝爲百行之首，而竭力於因嚴致敬、因親致愛二者，引而伸之，觸類而長之，於以盡天經地義之懿，篤始終之義，以安其親。則一孝既立，百行自開，庶有以行仁義，施於政，而達諸天下，豈徒爲口耳之習也夫！」

趙鏜後序曰：「予童子時，初入家塾，先君授以孝經一帙，俾塾師授之章句而口誦之，時漫不知省也。及長，稍知問學，取而心惟之，始悟是書關涉世教，與大學相表裏。然大學自二程表章之後，朱子爲之注釋，今與諸書並列於學官，不知此書何以獨闕如也。蓋嘗沈潛反覆而竊疑之，夫聖人吐辭爲經，立言爲訓，無枝辭，無蔓説。今詳經文，首統論孝之終始，中分論孝之散殊，而總結之於末。文勢脈絡與大學同，固無俟於旁引曲證也。而乃參之於詩、書之文，析之爲間斷之語，遂使聖言『潔静精微』之全體，不獲見於後世。乃若傳文，則其語尤多可疑，如所釋『至德要道，嚴父配天』之類，甚非聖經之本旨。擬之大學十傳，其醇疵疏密，又何其天淵懸隔也。豈秦火之後，漢儒掇拾煨燼，而傅會以成之者與？久懷此疑，又恐其無從考證，而不免於妄言之罪也。及讀中秘書，偶得朱子孝經刊誤一編，不覺躍然曰：『此足以破千古之疑，而孔、曾當時問答之藴，昭昭乎若發矇矣。』甚哉！朱子之有功於聖門也。然竊聞朱子於刊誤之外，更欲掇取他書，別爲外傳，以發此經之旨，而乃竟不果焉，使至今讀者不能無爲山一簣之歎。予近舉以質諸謝君文谷，文谷即出見田公乃翁寒塘先生所著集義示予，曰：『此不足爲孝經外傳耶？』予受而讀之，宏綱大要，一以刊誤爲宗，間出己見，爲之更定大義，以附於後。中間注釋，則取諸家傳注而折衷之，亦如諸書之集注然。乃知朱子之所未及①爲者，先生固已爲之，真可謂上繼其志，而庶幾於外傳之作者矣。然則朱子固有功於孔門，而先生不有功於朱子哉！鐣不敏，童而習之，至白首而其疑始釋，又得藉是以自逭妄言之罪，詎非先生之功哉？然先生之自叙也，戚然有感於親之不在。鐣之情與先生無以異者，故因文谷之授簡也，特詳著其説於後，而因重有感焉。」

① 「及」字，文淵閣四庫本脱漏。

經義考卷二百二十九

孝經八

沈氏淮**孝經會通**

一卷。

未見。

淮自序曰：「竊聞孝者，百行之本；經者，萬世不易之常道也；會通者，會諸家之説而求其通也。夫聖言，言之至也，天下後世之準也，何俟於會而通之也？以晦於秦也，鑿於漢也，襲於唐也，至宋朱子始正之也，而猶未經注釋也。元草廬吴氏又一正之，而未廣其傳也。我太祖高皇帝首頒教民榜文，成祖文皇帝集孝順事實，垂示模範，即古先哲王以孝治天下之心也，列聖繼承，有隆勿替。第孝經雜出，行者今文一十八章，童子誦習，余懼其久而愈失其真也，乃與博士弟子朱生鴻、費生浩然共繹之，冒爲訂次，列凡例、目録以見意。嗟乎！聖言具在也，無增損也，以聖言明聖言，記述者意也。啓其晦，去其鑿，而無所於襲也，夫亦求其通也。經成矣，再得陶潛集讀之，其作五等孝傳，贊至明也，附於聖經，猶醫之有案也。蓋欲人敦本窮原，是則是效，同臻至理也。」

繆泳曰：「淮，仁和人，嘉靖丁未進士。」

羅氏汝芳**孝經宗旨**

一卷。

未見。

〔四庫總目〕

朱彝尊經義考以爲未見，而陳繼儒秘笈中實有此本，彝尊殆偶然失考。（卷三二，頁一九）

〔校記〕

四庫存目著録。（孝經，頁五八）

鄒元標傳略曰：「先生字維德，南城人，學者稱明道先生。嘉靖甲辰舉會試，曰：『吾學未信，不可以仕。』遂歸，尋師問友，周流四方者十年。學既通，乃赴殿試。癸丑，賜同進士出身。初任太湖令，陞刑部主事，歷郎中，出守寧國，再守東昌，遷雲南副使，歷參政歸。先生惟道是慕，功名富貴不入其心。逢人必誨，貴賤賢愚，不知其類。由其學以衆人之立達，爲學勿執己見也。」

程氏廷策**孝經訂注**

一卷。

未見。

繆泳曰："程氏，名廷策，休寧人。嘉靖癸丑進士。"

蔡氏悉**孝經孝則**

未見。

繆泳曰："蔡氏，名悉，合肥人。嘉靖己未進士。"

李氏材**孝經疏義**

二卷。

未見。

張維樞後序曰："乙未冬，謁見羅先生於東山之麓。見先生教後學，如大地挹泉，隨分而滿。自孝經疏義出，而信愚夫愚婦、孩提赤子，人人皆可爲孔、曾也。書列十八章於前，疏爲『敬養』、『慎終』、『敬享』、『慎行』四局於後。著小序以會歸，採經傳以摭實。細而盥漱抑搔，鉅而至於通神明，塞天地，横四海。蓋一開卷，而性命之奧，修身爲本，躍如也。學者誠即疏明義，反身立本，無形而僾然如見，無聲而愾然如聞，舉足跬步而兢兢然如臨履。姑胥張公曰：『疏義一出，宜與大學並立學官。』張公可謂知言者也。」

歸氏有光**孝經敘録**

一卷。

存。

有光自序曰：「孝經一篇十八章，河間顏芝所藏，子貞出之。孝經古孔氏一篇二十二章，孔氏壁中所藏，魯三老獻之。漢世傳孝經有長孫氏、江氏、后氏、翼氏四家，而古文絶無師授，至劉向校定並除，卒以十八章爲定。魏、晉以後，王肅、韋昭、謝萬、徐整之徒，注者無慮百家，莫有言古文者。蓋古文並於十八章，而孔氏之别出者，廢已久矣。隋劉炫始自離析增衍，以合二十二章之數，著稽疑一篇，當時遂以爲孔傳復出，而儒者固已譁然，謂炫自作。炫又僞造連山、魯史等百卷，則炫之書又可信哉？故嘗以古文孝經與古文尚書俱自孔氏，而廢興隱見於漢、隋之際，其跡略同，而其可疑一也。晉穆帝永和十一年及光武①文元②元年，再聚群臣共論經義，荀昶撰進孝經諸説，以鄭氏爲宗。其後陸澄謂爲非玄所注。唐開元七年，詔群臣集議，史官劉子玄遂請行孔廢鄭。夫子玄以爲非鄭之注可矣，因欲以廢經而用劉炫之古文，豈不過哉？當是時，儒者盡非子玄，天子卒自注，定從十八章，仍八分御札，勒於石碑，

---

① 「光武」，依補正、四庫薈要本、文淵閣四庫本、文津閣四庫本應作「孝武」。

② 「文元」，依補正、四庫薈要本、文淵閣四庫本、文津閣四庫本應作「太元」，備要本誤作「大元」。

世謂之石臺孝經。宋咸平中，詔邢昺、杜鎬等，依以爲講義。而司馬温公指解，猶尊用古文，其意詆今文爲他國疏遠之僞書，蓋見新羅、日本之別序，而近京兆之石臺也。元吴文正公始斥古文之僞，因朱子刊誤，多所更定。今予一從石本，獨其章名乃梁博士皇甫侃之①所標，非漢時之所傳，故悉去之。予又著其説曰：大哉！孝之道，非聖人莫之知也。昔孔子嘗不對或人之問禘矣，其言明王之以孝治天下，至於刑四海，事天地，言大而理約，豈非極萬殊一本之義。意其所以告曾子者如此哉。雖然，其書非孔氏之舊書，宋、元大儒固卓然獨見於千載之下，以破諸儒之惑矣。然其所去者是矣，而所存者又未必純乎孔氏之舊也，則莫若俱存之。自秦火之後，諸儒區區掇拾，而文藝之全者尠矣，非孔子復生，莫之能復也。今世所存，如孝經、家語、大、小戴之記，要以爲有聖人之微言，故莫若俱存之，而待學者之自擇也。」

〔補正〕

自序内「及光武太元元年」，「光」當作「孝」。「其章名乃梁博士皇甫侃之所標」，杰按：梁書、隋、唐經籍志、經典釋文俱作『皇侃』。（卷九，頁十）

方氏學漸**孝經繹**

一卷。

未見。

---

①「皇甫侃之」，備要本誤作「皇甫之侃」。

劉氏子立**孝經注疏**

未見。

韓氏世能**孝經解**

未見。

吴璵曰：「敬堂韓氏，長洲人。隆慶戊辰進士，歷官禮部左侍郎，兼侍讀學士。所著孝經解，萬曆丙戌進於朝。」

黄氏金色**編定古文孝經**

一卷。

未見。

繆泳曰：「新陽黄氏，錢塘人。隆慶戊辰進士，歷官陝西布政參議。」

方氏揚**孝經句義**

未見。

徽州府志：「方揚，字思善，歙縣人。隆慶辛未進士，歷杭州知府。」

胡氏時化**孝經注解**

一卷。

未見。

孝經列傳

七卷。

佚。

繆泳曰：「龍涯胡氏，餘姚人。隆慶辛未進士，歷官廣東布政司參議。」

吴氏撝謙**重定孝經列傳**

七卷。

未見。

繆泳曰：「文臺吴氏，臨川人。隆慶辛未進士，官嘉興知府，謫陝西布政司理問。」

鄧氏以誥**孝經全書**

未見。

劉氏閔孝經刊誤

一卷。

佚。

應天府志：「劉閔，字子賢，六合人。以薦授本縣儒學訓導。」

黄虞稷曰：「正德中處士。」

楊氏起元孝經外傳

一卷。

未見。

孝經引證

二卷。

未見。

鄒氏元標孝經説

未見。

孟氏化鯉《孝經要旨》

一卷。

未見。

李氏槃《孝經别傳》

一卷。

存。

繆泳曰：「李氏，名槃，餘姚人。萬曆庚辰進士。」

李氏廷機《孝經注》

一卷。

存。

虞氏淳熙《孝經邇言》

九卷。

未見。

孝經集靈

二卷。

存。

今文孝經説

一卷。

存。

馮氏從吾**孝經義疏**

未見。

繆泳曰："少墟馮氏，長安人。萬曆己丑進士，官至工部尚書。謚恭定。"

吴氏炯**孝經質疑**

一卷。

存。

陳氏堯道**孝經攷注**

未見。

繆泳曰：「心源陳氏，福清人。萬曆己丑進士，萬安縣知縣。有孝經攷注。」

曹氏于汴**補正孝經本義**

未見。

繆泳曰：「真予曹氏，安邑人。萬曆壬辰進士，歷官左副都御史掌院事。卒贈太子太保。」

畢氏懋康**孝經大全**

未見。

繆泳曰：「東郊畢氏，歙縣人。萬曆戊戌進士，歷官總督倉場，户部右侍郎。」

蔡氏毅中**古文孝經注**

一卷。

存。

毅中進表曰：「聖主承乾百行，惟先於立孝；明王保養萬幾，莫要於尊經。衍孔壁之真傳，證唐皇所謬尚，事如有待，道不虛行。臣誠惶誠恐，稽首頓首。竊以孝經一篇，乃六經總會，而分章十八，則諸子傳訛。蓋自秦火既灰，原經藏於孔壁，迨漢初弛禁，今文先出，顏芝、孔惠繼來，方獻全經之寶。后蒼已誤，謬稱玄、晏之疏；顏、孔並行，魚珠無辨。及魯恭得古文於孔壁，與惠隻字僉同，而安國注惠本以正顏，則闕閨門一節，且乖引證，更妄分章，人遂遵古而非今。世將行孔以廢鄭，未幾，安國與難，其注未行。嗣後劉向校讎，惟鄭是尚，相沿六朝五代，鄭、孔注並立學官。比及大建貞觀科目，家獨尊孔氏，奈何明皇自稱稽古，命諸儒攷正異同，而馬貞排嫉子玄，以分章定爲繩尺。尊唐一序，流贗三朝，司馬光曾進呈古文，而阻於新法；朱仲晦晚爲刊誤，而未逮先資。故高皇表章六經，謂孝經非孔壁全書，學校未以設官，科貢不行取士。固彼時天開草昧，亦諸臣日昃未遑。茲蓋伏遇皇帝陛下，敦孝格天，橫經馭世，順德洽兩宮。五十年九有①，慶雍熙之治盛，年當萬曆四十載，八荒濟仁覆之休，萃尊富享保於聖人。重華再見，凝祿位名壽於大德，歷代希聞，皆本大孝之推，實是尊經所致。然教民孝，須令天下咸覩孝經大全；廣布孝經，當進壁傳與六經爲伍。慨遺經淹没，自炎漢至斯，本初劉向群儒之差，終歸開元諸臣之罪也。臣世頌古文，家傳繕本，生平所學，惟在此書。前叨詞館四禩，加意編摩，即放丘壑。入秋，更加改定，證今文之謬誤，加古義以注疏，經文自有後先，古本原無脱落。首五言孝引起，原以詩、書，次三發端隨問，咸歸旨趣，各因諸家之注，裁成易簡之章，庶古義粲然復明，聖經靡有闕失矣。伏願皇上悉加電覽，統賜聖裁，如果壁經當尊，臣注當採，乞勅詞林儒碩，令之廣博攷稽，俾經筵日以進

---

① 「有」，文淵閣四庫本作「月」。

呈，而科貢用之取士。仍希宸翰題序永傳，則皇上錫類之孝，上塞天而下塞地，正經之功，前無古而後無今矣。臣無任瞻天仰聖，激切屏營之至。謹以孝經集注一部，隨表上進以聞。」

繆泳曰：「中山蔡氏，光山人。萬曆辛丑進士，歷官禮部右侍郎，兼侍讀學士。所注孝經，於萬曆四十年十二月進，時官行人司副。」

呂氏維祺**孝經本義**

二卷。

未見。

〔校記〕

經苑刊孝經本義二卷，孝經翼一卷。（孝經，頁五八）

孝經大全

二十八卷。

存。

孝經或問

三卷。

存。

孝經衍義

存。

維祺自序曰：「愚既注孝經本義已，復櫛比諸家之同異出入。孔傳已亡，鄭説無徵，唐注浮譾，邢疏蘩蕪，學士莫知所宗。迨夫涑水指解、紫陽刊誤，庶幾學者之津筏，而疑非定筆。他如董廣川、程伊川、劉屏山、范蜀公、真西山、陸象山、釣滄子、宋景濂、羅近溪諸君子，亦各有所發明，而或鮮銓①釋。又如吴臨川、董鄱陽、虞長孺、蔡宏甫、朱周翰、孫本、朱鴻諸家，各有注行世，然或是古非今，分經列②傳，牽合附會，改易增減，亦失厥旨。乃捃摭群書，又四年，成大全若干卷，冠以義例、羽翼引證、姓氏節略若干卷，附以孔曾論孝、曾子孝言、曾子孝行、曾子論贊及宸翰、入告、述文、紀事、識餘若干卷，蓋欲明孔子作經之意，爲明王以孝治天下而發其義理。乙亥履端，業已繕寫，爲表上之，會以恩放歸田，不果。深山之暇，間簡原草，重加箋訂，而孝經或問成。尚有續著衍義、圖説、外傳等若干卷，俱藏諸笥，以訓子弟及門之士云爾。崇禎戊寅端月。」

黄虞稷曰：「維祺，字介孺，河南新安人。萬曆癸丑進士，歷官南京兵部尚書。三書皆於崇禎十三

① 「銓」，文淵閣四庫本作「詮」。
② 「列」，四庫薈要本作「別」。

年進呈。」

呂氏維祜**孝經翼**

未見。

〔校記〕

經苑刊孝經正義二卷，孝經翼一卷。（孝經，頁五八）

吴氏甡**校訂孝經本義大全**

未見。

陸元輔曰：「甡，字鹿友，南直隸興化人。萬曆癸丑進士，累官兵部尚書，文淵閣大學士。」

鄭氏若曾**孝經闡注**

一卷。

未見。

陸氏山**孝經正義**

一卷。

未見。

經義考卷二百三十

孝經九

陳氏仁錫**孝經翼**

未見。

黄氏道周**孝經集傳**

四卷。

存。

道周自序曰：「臣觀孝經者，道德之淵源，治化之綱領也。六經之本，皆出孝經，而小戴四十九篇、大戴三十六篇、儀禮十七篇，皆爲孝經疏義。蓋當時師、偃、商、參之徒，習觀夫子之行事，誦其遺言，尊聞行知，萃爲禮論。而其至要所在，備於孝經。觀戴記所稱『君子之教也』及『送終時思』之類，多繹孝經者，蓋孝爲教本，禮所由生，語孝必本敬，本敬則禮從此起，非必禮記初爲孝經之傳注也。臣繹孝經微義有五，著義十二。微義五者：因性明教，一也；追文返質，二也；貴道德而賤兵刑，三也；定辟異端，四也；韋布而享祀，五也。此五者，皆先聖所未著，而夫子獨著之，其文甚微。十二著者：郊廟、明堂、釋奠、齒胄、養老、耕藉、冠、昏、朝聘、喪、祭、鄉飲酒是也。著是十七者以治天下，選士不與焉，而士出其中矣。天下休明，聖主尊經循是而行之，五帝三王之治，猶可以復也。」

〔補正〕

自序内「大戴三十六篇」，杰按：今大戴禮四十篇，此云三十六篇，疑因史記索隱「大戴禮三十八篇」之文，而誤「八」爲「六」耳。（卷九，頁十）

朱垣曰：「先生在白雲庫中手寫孝經百二十本，本本各別。今觀集傳，乃以孝經爲經，以禮記、孟子錯綜爲緯，與前日寫本絶不相同。」

陳有度曰：「先生嘗言聖賢學問只是一部孝經。今觀集傳，以一部禮記爲孝經義疏，以孟子七篇爲孝經導引，其他六籍皆肇是書，蓋鄭、孔所未發也。」

陳允元曰：「夫子以孝經綱領六經，而其文簡質，不若他經之崇閎。自劉、鄭以下，數百家所紬繹，章句耳，子輿不作，誰明其原？今讀集傳①，昭昭乎日月江河也。有聖人作，將修周公之業，於傳乎取之？將明孔子之道，於傳乎取之？先生嘗云孝經千七百七十三字，合乎天行。今觀大小傳，煩簡損益，

① 「集傳」，文淵閣四庫本脱「傳」字。

各有權度，後有達者，當有悟於斯文矣！」

孫承澤曰：「漳浦黄先生孝經集傳，以孝經爲經，以二戴禮、儀禮爲疏義，錯綜宏博，見其苦心讀書。」

鄭開極曰：「鄉先生石齋黄公考注經傳，其功甚偉，而孝經集傳一書，尤稱醇正。其分經别傳，則朱考亭之刊誤也；次第篇章，則劉中壘之今文也；儀禮、二戴記以爲疏義。則六家之同異，可無論也。小傳則公之所發明，大傳則兼采游、夏、思、孟之所闡述也。微義五、著義十二，則公之自序其節目也，旨該而義切，其爲集傳也若是，至德要道，不粹然明備也耶！」

沈珩曰：「紫陽朱子孝經刊誤，因文删定，無所增加，嘗欲掇取他書之言，别爲外傳，以發此經之義，而自謂未敢，蓋若有待焉。晚歲修明三禮，則以儀禮爲經，若二戴記及諸經史所載有及於禮者，各附本經之下。惟喪、祭二禮未就，屬門人黄幹續成之。漳海黄石齋先生，紹明紫陽之意，成孝經集傳一書，謂六經之本注皆出孝經，而儀禮、二戴記皆爲孝經疏義。他若游、夏諸儒，及子思、孟子所傳，亦備采之，謂之大傳。經傳各條之下，先生以窮理所得，暢厥發明，謂之小傳。此紫陽修儀禮之成法也。大傳字目二萬餘，小傳五萬餘，起草於崇禎戊寅，卒業癸未，釐然大成，非若紫陽儀禮喪、祭之有遺憾也。」

孝經本讚

一卷。

存。

龍氏文光孝經秋訂

一卷。

佚。

張氏鼎延校訂孝經大全

未見。

繆泳曰：「鼎延，字玉調，永寧人。天啓壬戌進士，官南京文選郎。」

張氏有譽孝經衍義

六卷。

未見。

陸元輔曰：「静涵張先生，江陰籍無錫人。天啓壬戌進士，歷官侍郎。後遯跡爲雲巖山僧。」

何氏楷考定古文孝經

三卷。

存。

孫氏本**古文孝經説**

一卷。

存。

孝經釋疑

一卷。

存。

黄虞稷曰：「本錢塘人。」

朱氏鴻**孝經質疑**

一卷。

存。

孝經集解

一卷。

存。

陸元輔曰：「鴻嘗輯孝經十書刊行之。」

張瀚曰：「朱君篤信是經，博求諸本，考訂異同，詳定釋義，採輯經語①，敷衍大義。其志意專，探索勤，體認切，造履堅，觀於所述，而其人可知已。」

馮氏夢龍**孝經彙注**

未見。

瞿氏罕**孝經貫注**

二十卷。

未見。

孝經存餘

三卷。

未見。

---

① 「語」，文淵閣四庫本作「義」。

孝經考異

一卷。

未見。

孝經對問

三卷。

未見。

黄虞稷曰：「黄梅人，瞿九思子，縣諸生。崇禎七年獻其書。」

陳氏咨範孝經求蒙

未見。

朱氏鼎材孝經攷注

未見。

張氏雲鸞**孝經講義**

未見。

繆泳曰：「張雲鸞，字羽臣，無錫人。」

陳氏三槐**孝經繹**

未見。

蔡氏復賞**編次孝經**

未見。

梅氏鼎和**孝經疏抄**

一卷。

存。

江氏元祚**孝經彙注**

三卷。

存。

江氏旭奇**孝經疏義**

未見。

孝經攷異

一卷。

未見。

黄虞稷曰：「崇禎二年正月進。」

旭奇進表略曰：「臣惟享祚之久，三代之中無如周，三代以下無如漢。周之文、武，止孝達孝，尚矣。漢之列宗廟號，皆有『孝』字。蓋立愛惟親，愛其親而愛他人，上下常相保之術也。孔子曰：『行在孝經。』漢孝宣時，疏廣、疏受以之訓儲。孝章時，介冑皆通孝經。孝靈時，向栩言北向讀孝經，賊自消滅。隋蘇威言：『惟孝經一卷，足以立身治國，何用多爲！』隋主納其言，以孝經賜。鄭譯孝經，原有閨門一章，唐司馬貞諱之，遂爲馬嵬之兆。周賓興六行，曰孝、友、婣、睦①、任、卹。齊内政公問卿子之鄉有孝於父母者，有則以告，有而不告，謂之蔽明。漢元朔間，有司議不舉孝以不敬論。唐制舉明經，孝

① 「婣、睦」，依補正、四庫薈要本、文淵閣四庫本應作「睦、婣」。

經爲九經之首。宋詔察孝弟、力田，而明經仍唐制。我太祖高皇帝諭俗，首孝順父母，亦有孝弟、力田、通經、孝廉等科。後來廣輯經書大全，發題試士，孝經偶遺，實有待於皇上也。臣敢以師説疏義進呈，伏乞勅下禮部，會集儒臣，補成孝經大全，考試發題，使萬世皆仰盛典，臣不勝惶悚待命之至。」

〔補正〕

進表内「孝、友、婣、睦、任、䘏」，當作「睦、婣」。（卷九，頁二）

繆泳曰：「旭奇以貢入太學。崇禎二年正月，車駕臨雍，旭奇進所著孝經疏義，得旨下部□①，許直省學臣命題試士，太傅襄城伯李國楨爲板行其書。會四譯館宴屬國遠人，有跽求孝經疏義者，曰：『外國知有是書久矣。』館卿乃移文翰林院取給之。」

鄒氏期相**孝經筆旨**

一卷。

未見。

蔡氏景默**孝經衍義**

三卷。

---

① 「□」，依四庫薈要本、文淵閣四庫本、文津閣四庫本、備要本應作「議」。

存。

錢龍錫曰：「孝經有今文、古文二本，歷代師授不同。吾友蔡伯緘氏研精歲月，著古文衍義一編，陳臥子見而激賞，謂當授鋟以廣其傳，是經當從古本無疑，而學官所頒，黨塾所肄，不當外此者也。」

李茹春曰：「伯緘古文衍義，根極理要，每傍①繫辭立解。嘗爲論以駁作忠經擬孝經者，曰：『春秋固忠經也。孔子曰：「資於事父以事君，而敬同。」曾子曰：「事君不忠，非孝也。」人臣委身事主，凡經國子民之業，盡在無忝所生之中，豈必求端於孝經外哉！』識者韙之。」

許譽卿曰：「伯緘兼通九經，其教授子弟，進退以禮。出其門者，皆有法度。近以孝經注疏未詳，網羅漏逸，博存衆説，旁引曲達，務合源流，豈不爲草莽功臣乎！」

何萬化曰：「吾鄉蔡伯緘氏，每謂易傳、春秋與孝經相表裏。春秋繼易傳而作，孝經繼春秋而成，以天地之經，挽人倫之變也。會今上表章孝經，頒布學官，伯緘出所著衍義公諸同志，既詳擇於古注之内，復博採於古注之外。是經無多字句，移晷可畢，今讀衍義，令人尋味累日莫竟，何其纏緜弘遠，洵泗水之功臣矣。」

景默自序曰：「孝經一篇，孔、曾傳道之書，文全義洽，原自貫通。但或引其端，或廣其説，或申前旨，或發别義，故並冠以『子曰』。乃後儒武斷，妄列章目，强分經傳，殊失聖賢本旨。憶昔萬曆庚辰，默方六歲，先君子首授古孝經，耳提面訓，朝夕被服，口誦心惟，習與性成，因著衍義三卷。今上表章是

---

① 「傍」，文淵閣四庫本作「旁」。

經，頒布學官，甚盛典也。然宇内承訛已久，將從石臺注疏，恐閨門闕而遺關雎、麟趾之意；將從紫陽刊誤，恐字句芟而非孔壁家藏之舊。謹遵司馬温公秘閣古本，繕寫鐫行，俾留心聖學者静參潛玩，自可通其意義所在。時崇禎庚辰歲春王正月。」

宫氏偉鏐**孝經緒箋**

二卷。

存。

李延昰曰：「泰州人，字紫元，崇禎癸未進士。」

薛氏正平**孝經通箋**

未見。

錢謙益曰①：「正平，字更生，華亭人。晚以字行，更字那谷。少爲儒，長爲俠，老歸釋氏。死石頭城下，葬於方山之陽。作孝經通箋，取陶靖節五孝傳附焉。謂靖節在晉、宋間，不忘留侯五世相韓之義，古今之通孝，不外乎此。其用意之深如此。」

---

① 「錢謙益曰」，四庫薈要本作「錢陸燦曰」，文淵閣四庫本作「江南通志」，文津閣四庫本作「黄虞稷曰」。

張氏夏**孝經問業**

一卷。

存。

梅文鼎曰：「夏，字秋紹，無錫諸生，隱居講學。」

葉氏鈖**孝經注疏大全**

一卷。

存。

錢枋曰：「鈖，字潛夫，嘉善人。」

姜氏安節**孝經正義**

一卷。

存。

李延昰曰：「萊陽人，字兹山。」

王氏復禮**孝經備考**

二卷。

存。

毛奇齡曰："復禮，山陰人，文成公五世孫，人稱爲草堂先生。"

顧氏蘭**孝經箋注**

一卷。

存。

高兆曰："蘭，字芝侶，杭州人。"

吴氏之騄**孝經類解**

十八卷。

存。

吴氏從周**父母生之章衍義**

一卷。

存。

經義考卷二百三十一

孟子一

孟子

漢志:「十一篇。」

存七篇。

司馬遷曰:「孟軻,騶人也。受業子思之門人。道既通,游事齊宣王,宣王不能用。適梁,梁惠王不果所言,則見以爲迂遠而闊於事情。當是之時,秦用商君,富國彊兵;楚、魏用吴起,戰勝弱敵;齊威王、宣王用孫子、田忌之徒,而諸侯東面朝齊。天下方務於合從連衡,以攻伐爲賢,而孟軻乃述唐、虞、三代之德,是以所如者不合。退而與萬章之徒,序詩、書,述仲尼之意,作孟子七篇。」

揚雄曰:「古者楊、墨塞路,孟子辭而闢之,廓如也。」又曰:「孟子勇於義而果於德,知言之要,知德之奥,非苟知之,亦允蹈之。」

應劭曰：「孟子作書，中外十一篇。」

趙岐曰：「孟子幼被慈母三遷之教，長師孔子之孫子思。」又曰：「孟子以儒術游於諸侯，莫能聽納其說，於是退與弟子公孫丑、萬章之徒，疑難問答。又自撰法度之言，著書七篇，凡二百六十一章，三萬四千六百八十五字。秦焚經籍，其書號爲諸子，得不泯絶。」

王肅曰：「學者不知孟軻字。按：子思書及孔叢子有孟子居，則是軻也。軻少居坎軻，字子居也。」廣韻注：「孟子居貧轗軻，故名軻，字子居。」

〔補正〕

王肅曰：「學者不知孟子字。按：子思書及孔叢子有『孟子居』，則是字『子居』也。」杰按：顔師古漢書注作「子車」，玉海引傳子作「子輿」，此從廣韻。（卷九，頁二）

姚信曰：「孟子驅世事於仁義之域，使行者步中正之途。」又曰：「孟子之書將門人所記，非自作也，故其志行多見，非惟教辭而已。」

韓子曰：「孔子之道，大而能博，門弟子不能徧觀而盡識也，故學焉，而皆得其性之所近。其後離散，分處諸侯之國，又各以其所能授弟子，源遠而末益分。惟孟軻師子思，而子思之學出於曾子，自孔子没，獨孟軻氏之傳得其宗。故求觀聖人之道者，必自孟子始。」又曰：「讀孟軻書，然後知孔子之道尊。」又曰：「斯道也，堯以是傳之舜，舜以是傳之禹，禹以是傳之湯，湯以是傳之文、武、周公，文、武、周公傳之孔子，孔子傳之孟軻。軻之死，不得其傳焉。」又曰：「孟子，醇乎醇者也。」又曰：「孟子之功，不在禹下。」又曰：「軻之書，非自著。既没，其徒萬章、公孫丑記其言耳。」

林慎思曰：「孟子七篇，非軻自著，乃弟子共記其言。」

皮日休曰：「聖人之道，不過乎經；經之降者，不過乎史；史之降者，不過乎子。子不異乎道者，孟子也。孟子之文，粲若經傳，繼乎六籍，光乎百氏，真聖人之微旨也。」

程晏曰：「孟子大達，遠盜蹊而遵正路者也。」

賈同曰：「孟子十四篇者①，孟軻之述也。」

按：賈氏責荀篇所云「十四篇」，蓋析七篇上下言之。

歐陽修曰：「孔子之後，惟孟子最知道。」

蘇洵曰：「孟子語約而意盡，不爲巉刻斬絶之言，而其鋒不可犯。」

司馬光曰：「荀子好禮，揚子好易，孟子好詩、書。」

徐積曰：「孔子言其略，孟子言其詳。」

蘇轍曰：「不觀於詩，無以知王道之易；不觀於春秋，無以知王政之難。若孟子，可謂深於詩，而長於春秋者矣。」

程伯子曰：「論心術，無如孟子。」

程子曰：「孟子有大功於世，以其言性善也。」又曰：「孟子性善、養氣之論，皆前聖所未發。」又曰：「孟子未敢便道他是聖人，然學已到至處。」又曰：「知易者，莫如孟子。知春秋者，亦莫如

---

① 「者」字，文津閣四庫本、備要本俱脱漏。

孟子。」

黄庭堅曰：「由孔子以來，求其是非趨舍與孔子合者，惟孟子一人。」

晁説之曰：「按此書，韓愈以爲弟子所會集，非軻自作。今攷其書，則知愈之言非妄發也。書載孟子所見諸侯，皆稱謚，如齊宣王、梁惠王、梁襄王、滕定公、滕文公、魯平公是也。夫死然後有謚，軻著書時所見諸侯，不應皆死。且惠王元年至平公之卒，凡七十七年。孟子見惠王，王目之曰叟，必已老矣，決不見平公之卒也。故予以愈言爲然。」

楊時曰：「孟子一書，只是要正人心，教人存心養性，收其放心。至論仁、義、禮、知，則以惻隱、羞惡、辭遜、是非之心爲之端。論邪説之害，則曰『生於其心，害於其政』；論事君，則曰『格君心之非，一正君而國定』。千變萬化，只説從心上來，人能正心，則事無足爲者矣。大學之修身、齊家、治國、平天下，其本只是正心、誠意而已。心得其正，然後知性之善，故孟子遇人便道性善。歐陽永叔卻言『聖人之教人，性非所先』，可謂誤矣。」

胡舜陟曰：「孔子之後，深知聖人之道者，孟子而已。」

洪邁曰：「唐世未知尊孟子，故馬總意林亦列其書而有差不同，如『伊尹不以一介與人，亦不取一介於人』之類。」

施德操曰：「孟子有大功四：道性善，一也；明浩然之氣，二也；闢楊、墨，三也；黜五霸而尊三王，四也。是四者，發孔氏之所未談，述六經之所不載，遏邪説於横流，啓人心於方熾。嗚呼！堯、舜之道，自孔子傳之曾子，曾子傳之子思，子思傳之孟子。孟子得其傳，然後孔子之道益尊，而曾子、子思之道益著。其所以發明斯人，開悟後世者，至深矣。」

劉昌詩曰：「孟子題辭外，又有書四篇①：性善辨、文説、孝經、爲正。予鄉新喻謝氏多藏古書，有性善辨一帙，則知與文説、孝經、爲正，是謂四篇。」

〔補正〕

劉昌詩條内「孟子題辭外，又有書四篇」，「外」字當在「有」字之下。（卷九，頁二）

朱子曰：「孟子七篇，觀其筆勢，如鎔鑄而成，知非綴輯所就也。」又曰：「孟子疑自著之書，故首尾文字一體。」又曰：「孟子要熟讀。」又曰：「讀孟子，非惟看他義理，熟讀之，便曉作文之法。首尾照應，血脈通貫，語意反覆，明白峻潔，無一字閒。人若能如此作文，便是第一等文章。」

張栻曰：「孟子當戰國横流之時，發揮天理，遏止人欲，深切著明。」

陳文蔚曰：「孟子，每段自有一二句綱領，其後只自解此一二句。」

輔廣曰：「子思之門人，無有顯名於世者，而孟子真得子思之傳，則疑親受業於子思者爲是。」

董銖曰：「史記謂孟子之書，孟子自作，趙岐謂其徒所記。今觀七篇文字，筆勢如此，決是一手所成，非魯論比也。然其間有如云『孟子道性善』，『言必稱堯、舜』，亦恐是其徒所記，孟子或曾略加删定也。」

陳淵曰：「孟子七篇，專發明性善。」

---

①「孟子題辭外，又有書四篇」，依補正、四庫薈要本、文淵閣四庫本應作「孟子題辭，又有外書四篇」。

高似孫曰：「士生戰國之間，其能屹主中流，一掃群異，學必孔氏，言必六經者，孟子一人而已。」

王應麟曰：「孟子羽翼孔氏，七篇垂訓，法嚴義精。知性知天，易之奥也；以意逆志，詩之綱也；言稱堯、舜，書之要也；井田爵禄之制，可以知禮；王霸義利之辨，可以知春秋。故儒者稱之曰通五經。」又曰：「孟子學伊尹者也。當今之世，舍我其誰也？是亦聖之任。」又曰：「論語終於堯曰篇，孟子終於堯、舜、湯、文、孔子，而荀子亦終堯問，其意一也。」又曰：「孟子字未聞，孔叢子云『子車』，注一作『子居』，居貧坎軻，故名軻，字子居，亦稱字子輿，疑皆傅會。」

黄震曰：「孟子尊孔氏而闢楊、墨，明王道而黜霸功，卓然有功萬世，而世猶或譏之。夫李泰伯以富國彊兵爲學，其譏孟子，宜也。如司馬公大儒，亦譏之，豈非孟子説誘時君，變化百出，温公守樸，意見所不合與？吁！此可與權之難也。」又曰：「晦庵謂孟子以伐燕爲宣王時事，與史記、荀子等書不合。按：史記，齊伐燕有二事。齊宣王先嘗伐燕，燕文公卒，易王初立，齊宣王因燕喪伐之，取十城，是即孟子梁惠王篇所載問答稱齊宣王者也，此一事也。稱宣王者，孟子作於宣王已没之後，故以謚稱，而趙岐注亦稱齊宣王也。齊湣王後又伐燕，燕王噲以燕與子之，齊伐燕，下燕七十城，是即孟子公孫丑篇所載『沈同問燕可伐與』者也，此又一事也。止稱齊王者，作孟子時，湣王尚在，未有謚之可稱，趙岐注亦止稱王也。燕噲遜國，在齊宣卒後九年，湣王伐燕，在齊宣卒後十年，以此見伐燕噲非齊宣王甚明。湣王在位四十年，孟子不及見湣王卒，故孟子書自公孫丑篇後，凡涉齊事，皆止稱王。陳賈作周公未盡仁智論，終篇止説齊王，近世師儒援爲王留行事，謂有區區齊宣，不足爲聖世道説者，遂亦誤指伐噲爲齊宣王事矣，此係鄉人蔣監簿曉之説。」

馬端臨曰：「前史藝文志俱以論語入經類，孟子入儒家類，直齋陳氏書録解題始以語、孟同入經類。其説曰：『自韓文公稱孔子傳之孟軻，軻死，不得其傳。天下學者，咸曰孔、孟。孟子之書，固非荀、揚以降所可同日語也。今國家設科，語、孟並列於經，而程氏諸儒訓解二書，常相表裏，故合爲一類。』今從之。」

趙悳曰：「孟子言書凡二十九，援詩凡三十五。」

何異孫曰：「孟子是軻自作之書。」

薛瑄曰：「孟子七篇，乃洙、泗之正傳，經千餘載，世儒例以子書視之。知孟子者，韓子一人而已。」

王鴻儒曰：「孟子之學，明在於事親事長，而幽極於知性知天，上下本末，一以貫之，此所以爲醇乎醇之儒也。」

胡居仁曰：「孟子求放心，集義，養氣，内外本末交盡。」

郝敬曰：「戰國處士横議，楊朱、墨翟、鄒衍、鬼谷子、公孫龍之輩，百家簧鼓，竽濫不可勝聽。而孟子生當斯時，獨能守仁義、性善、孝弟、中庸之教，發明顯微博約、下學上達之旨，斬然歸於一。七篇之辭，彰明較著，而其旨精融渾化，使當世由之而不知，後世習之而不察，嗚呼微已！」又曰：「趙岐謂孟子通六經，尤長於詩、書。程正叔謂：『孟子云：「可以仕則仕，可以止則止，可以久則久，可以速則速。」知易莫如孟子。又云「王者跡息而詩亡，詩亡然後春秋作」、「春秋無義戰」，知春秋莫如孟子。』按：孟子言『四端』，即易之四德也。『仁義』，即易『立人之道』也。『性善』，即易『繼善成性』也。『知性、知天』，即易『窮理盡性至於命』也。『兵貴人和』得諸師，『養大體』得諸頤，『聖人於天道』得諸乾，

『收放心、養夜氣』得諸復,『寡欲』得諸无妄。與王驩、稷下諸人處包荒,不失其正得,諸否。學孔子聖之時,得諸先、後天。他可類推。則是知易誠未有如孟子者矣。其於書也,曰『盡信書,不如無書』,其後張霸之武成、孔安國之古文,皆以魚目亂珠,乃知孟子取二三策,其辨精矣。其言道德必稱堯、舜,言征伐必稱湯、武,則知書誠未有如孟子者矣。詩三百,古序其來已舊,後儒以辭害志,如咸丘蒙、高叟之輩,孟子教之不以文害辭,不以辭害志,以意逆志,此千古學詩心法,孟子①與賜、商言詩意正同,然則知詩未有如孟子者矣。世儒説春秋,謂仲尼獎五霸,率諸侯事盟主,此無稽之言,諸傳皆紛紛語夢。而獨孟子謂『五霸,三王之罪人』,春秋與檮杌同。然則知春秋,孰有如孟子者乎!至於先王之禮,巡守、述職、班爵禄、井田、學校,皆治天下大經大法,其説明徵典要,可信可傳。其言曰:『非禮之禮,大人弗爲。』其論禮,惟恭敬辭讓,入孝出弟。『禮之實,節文斯二者;樂之實,樂斯二者』云云。故達禮、樂之情,又孰有如孟子者乎?是故有六經不可以無孟子也。」又曰:「孟子器宇正自寬平,言語行事極近人情。不見諸侯,而齊宣好士,未嘗不往仕;不受禄,而宋、薛之餽,未嘗不受。道不苟合,而不爲小丈夫之悻怒,故去齊必三宿;廉不苟取,而不爲陳仲子之矯情,故交際不辭。匡章得罪於父,不以人言而不加禮貌;夷之受學於墨者,不以爲異端,吝其教誨。其告君也,園囿亦可,臺池鳥獸亦可,好樂亦可,好貨好色亦可,故曰人不足責,政不足閒,惟格君心之非而已。是故以臧倉之謗,不遇於魯,而未嘗怨其沮己。以王驩之佞倖,出弔於滕,而未嘗不與之朝暮。雖往返不言,而終不激小人之怒。嘗不悦於

① 「孟子」,依四庫薈要本、文淵閣四庫本應作「孔子」。

公行子之家，而從容片辭，嫌疑立解，宛然孔子待陽貨、公伯寮氣象，豈非願學之深有得於温、良、恭、儉、讓之遺範者歟！是故以伯夷爲隘，以柳下惠爲不恭，以仲尼爲不爲已甚，其所向慕可知。而世儒猶謂鋒芒太露，然則必如小人之無忌憚，而後可者矣？」又曰：「孟子言性善，原於孔子。孔子贊易，曰：『繼之者善，成之者性。』又曰：『無思也，無爲也，寂然不動，感而遂通天下之故。非天下之至神，其孰能與於此？』此性善之淵源也。子思作中庸，曰：『天命之謂性，率性之謂道。』『喜怒哀樂之未發，謂之中；發而皆中節，謂之和。中也者，天下之大本；和也者，天下之達道。』此子思之受指於夫子者也。孟子因夫子、子思之説，故曰：『天下之言性，則故而已矣。故者，以利爲本。』『乃若其情則可以爲善矣，乃所謂善。』即寂然不動，感而遂通，大本達道之旨也。」又曰：「論語多言『仁』，孟子多言『義』。論語道廣而大，仁爲至。七篇法嚴而精，義爲至。惻隱之心，雖禽獸亦有；羞惡之心，惟聖賢能充，小大之分也。論語與群賢論學，故包羅大；孟子與世人勵廉恥，故切劘精。」又曰：「論語章法簡短，故是後人記録。孟子文章長展，非他人可代，正是孟子手筆。蘇明允謂孟子之文『不爲巉刻斬絶之言，而其鋒不可犯』，朱元晦謂『七篇筆勢如鎔鑄，非綴緝可就』，斯爲知言。」又曰：「史稱孟子受業於子思之門人，而不言門人姓名，甚無根柢。據七篇中義理文字，多與子思中庸合，其言性命，原本中庸。如『居下位不獲乎上』一章，文字義理全與中庸同。又禮記檀弓載子思對魯繆公問『舊君反服』，與孟子對齊宣王『舊君有服』意同。而孟子又自謂未得爲孔子徒，私淑諸人，故或謂受業於子思之門人，近似。王劭解史記，以『人』字爲衍，趙岐注孟子及孔叢子書，遂謂孟子親受業於子思，非也。按：孟子言『由孔子而來至於今，百有餘歲』、『予未得爲孔子徒』，又言『魯繆公時，子思爲臣』。今按：孔子①生伯魚，伯魚生子思，而伯魚先孔子卒，則是子思猶及親事夫子，與夫子同時。後此百餘年，孟子長受業，安得子思尚在？夫子卒於魯哀公十六年，又十一年哀公卒，悼公立，三十七年元公立，二十一年繆公乃立，上距孔子殁時，已七十一年矣。而子思爲繆公臣，計其時年已老，故告繆公，語多質直。蓋年高爲繆公所嚴事，故曰：『繆公無人乎子思之側，則不能安子思。』孟子譜謂孟子卒於周赧王二十六年，則是魯文公之六年也，上距魯繆公元年凡②一百二十一年，去子思時遠矣，故謂親受業者誤。」

楊豫孫曰：「孟子，前史皆在儒家，至宋始列於經。其七篇、外書四篇：性善辨、文説、孝經、爲政，趙岐云僞書也，漢文帝常置博士。其後王充、林慎思、馮休、李覯、司馬光、鄭厚叔之徒，與孟子異者六家，故世儒又有翼孟、尊孟等書。」

---

① 「孔子」，文淵閣四庫本作「孔氏」。
② 「凡」，文津閣四庫本誤作「几」。

經義考卷二百三十二

孟子二

揚氏雄等**四註孟子**

宋志：「十四卷。」

佚。

中興藝文志：「題揚雄、韓愈、李翺、熙時子四家註，旨意淺近，蓋依託者。」

王氏充**刺孟**

一卷。

存。

後漢書：「王充，字仲任，會稽上虞人。師事扶風班彪，好博覽而不守章句，通衆流百家之言。仕郡爲功曹，不合，去。刺史董勤辟爲從事，轉治中。同郡謝夷吾上書薦其才學，肅宗特詔公車徵，病不行。永元中卒。」

邵博曰：「大賢若孟子，其可議乎？後漢王充乃有刺孟，近代何涉有删孟。刺孟出論衡，韓退之贊其『閉門潛思，論衡以修』矣。則退之於孟子醇乎醇之論，亦或不然也。」

按：刺孟計六篇。

趙氏岐**孟子註**

隋志：「十四卷。」

存。

岐題辭曰：「孟子題辭者，所以題號孟子之書，本末、指義、文辭之表也。『孟』，姓也。『子』者，男子之通稱也。此書孟子之所作也，故總謂之孟子，其篇目則各自有名。孟子，鄒人也，名軻，字則未聞也。鄒本春秋邾子之國，至孟子時，改曰鄒矣。國近魯，後爲所并。又言邾爲楚所并，非魯也，今鄒縣是也。或曰孟子，魯公族孟孫之後，故孟子仕於齊，喪母而歸葬於魯也。三桓子孫既以衰微，分適他國，孟子生有淑質，夙喪其父，幼被慈母三遷之教，長師孔子之孫子思，治儒術之道，通五經，尤長於詩、書。周衰之末，戰國縱横，用兵爭强，以相侵奪，當世取士，務先權謀，以爲上賢。先王大道，陵遲隳廢，異端並起，若楊朱、墨翟放蕩之言，以干時惑衆者非一。孟子閔悼堯、舜、湯、文、周、孔之業將遂湮微，正塗壅底，仁義荒怠，佞僞馳騁，紅紫亂朱，於是則慕仲尼，周流憂世，遂以儒道游於諸侯，思濟斯民。

然由不肯枉尺直尋，時君咸謂之迂闊於事，終莫能聽納其說。孟子亦自知遭蒼姬之訖錄，值炎劉之未奮，進不得佐興唐、虞雍熙之和，退不能信三代之餘風，恥沒世而無聞焉，是故垂憲言以貽後人。仲尼有云：『我欲託之空言，不如載諸行事之深切著明也。』於是退而論集所與高第弟子公孫丑、萬章之徒難疑答問，又自撰其法度之言，著書七篇，二百六十一章，三萬四千六百八十五字，包羅天地，揆叙萬類，仁義道德，性命禍福，粲然靡所不載。帝王公侯遵之，則可以致隆平，頌清廟；卿大夫士蹈之，則可以尊君父，立忠信；守志厲操者儀之，則可以崇高節，抗浮雲。有風人之託物，二雅之正言，可謂直而不倨，曲而不屈，命世亞聖之大才者也。孔子自衛反魯，然後樂正，雅、頌各得其所，乃刪詩定書，繫周易，作春秋。孟子退自齊、梁，述堯、舜之道而著作焉，此大賢擬聖而作者也。七十子之疇，會集夫子所言以爲論語，論語者，五經之錧鎋，六藝之喉衿也。孟子之書，則而象之。衛靈公問陳於孔子，孔子答以俎豆。梁惠王問利國，孟子對以仁義。宋桓魋欲害孔子，孔子稱『天生德於予』。魯臧倉毀鬲孟子，孟子曰：『臧氏之子，焉能使予不遇哉！』旨意合同，若此者衆。又有外書四篇：性善辨、文說、孝經、爲正，其文不能弘深，不與内篇相似，似非孟子本真，後世依倣而託之者也。孟子既歿之後，大道遂絀。逮至亡秦焚滅經術，坑戮儒生，孟子徒黨盡矣，其書號爲諸子，故篇籍得不泯絶。漢興，除秦虐禁，開延道德，孝文皇帝欲廣遊學之路，論語、孝經、孟子、爾雅皆置博士。後罷傳記博士，獨立五經而已。迄今，諸經通義得引孟子以明事，謂之博文。孟子長於譬喻，辭不迫切，而意已獨至。其言曰：『說詩者，不以文害辭，不以辭害志，以意逆志，爲得之矣。』斯言殆欲使後人深求其意以解其文，不但施於說詩也。今諸解者，往往摭取而說之，其說又多乖異不同。孟子以來，五百餘載，傳之者亦已衆多。余生西京，世尋丕祚，有自來矣。少蒙義方，訓涉典文，知命之際，嬰戚於天，遘屯離蹇，詭姓遁身，經營八紘之內，十有餘年，心勤形瘵，何勤如焉。嘗息肩施擔①於濟、岱之間，或有温故知新，雅德君子，矜我劬瘁，睠我皓首，訪論稽古，慰以大道，予困吝之中，精神遐漂，靡所濟集，聊欲係志於翰墨，得以亂思遺老也。惟六籍之學，先覺之士釋而辨之者，既已詳矣，儒家惟有孟子閎遠微妙，緼奥難見，宜在條理之科。於是乃述已所聞，證以經傳，爲之章句，具載本文，章别其旨，分爲上下，凡十四卷。究而言之，不敢以當達者，施於新學，可以寤疑辨惑。愚亦未能審於是非，後之明者，見其違闕，儻改而正諸，不亦宜乎！」

後漢書：「趙岐，字邠卿，京兆長陵人。初名嘉，生於御史臺，因字臺卿。後避難，故自改名字，示不忘本土也。少明經，有才藝，娶扶風馬融兄女。永興二年，辟司空掾，舉理劇，爲皮氏長。中常侍唐衡兄玹爲京兆虎牙都尉，岐數爲貶議，玹深毒恨。延熹元年，玹爲京兆尹，岐懼禍逃避之，玹果收岐家屬，以重法盡殺之，岐遂逃難四方，江、淮、海、岱，靡所不歷。自匿姓名，賣餅北海市中。後諸唐死滅，因赦乃出，拜并州刺史。遭黨錮十餘歲。中平元年，徵拜議郎。舉燉煌太守，後遷太僕，終太常。年九十餘卒。」

〔補正〕

後漢書内「年九十餘卒」，「卒」上脱「建安六年」四字，「卒」下當補云「岐多所述作，著要子章句、三輔決録，傳於時」。案：劉攽兩漢刊誤云：「趙岐傳『要子章句』，『要』當作『孟』。古書無要子，而岐所

① 「施擔」，四庫薈要本、文淵閣四庫本俱作「弛儋」。

作孟子章句傳至今，本傳何得反不記也？」（卷九，頁二）

張鎰曰：「題辭即序也。趙注尚異，故不謂之『序』，而謂之『題辭』也。」

馬總曰：「蜀郡趙臺卿作章句。章句曰指事。」

晁公武曰：「臺卿，後漢人，爲章指，析爲十四篇。其序云：『軻，戰國時以儒術干諸侯，不用，退與公孫丑、萬章之徒難疑答問，著書七篇，三萬四千六百八十五字。秦焚書，以其書號諸子，故得不泯絶。又爲外書四篇，其書不能洪深，似非孟子本真也。』按：韓愈以此書爲弟子所會集，與岐之言不同。今考其書，載孟子所見諸侯皆稱謚，如齊宣王、梁惠王、梁襄王、滕定公、滕文公、魯平公是也。夫死然後有謚，軻無恙時所見諸侯，不應皆前死。且惠王元年至平公之卒，凡七十七年，軻始見惠王，目之曰叟，必已老矣，決不見平公之卒也，後人追爲之明矣。則岐之言非也。荀子載孟子三見齊王而不言，弟子問之，曰：『我先攻其邪心。』揚子載孟子曰：『夫有意而不至者有矣，未有無意而至者也。』今書皆無之，則知散軼也多矣。岐謂秦焚書得不泯絶，亦非也。或曰：豈見於外書耶？若爾，則岐又不當謂其不能洪深也。」

〔補正〕

案：此條下所引晁公武説「韓愈以此書」云云，已見前卷第三頁，似一説兩見。而前作晁説之語，此作晁公武語。檢通考但稱晁氏，未知孰是。（卷九，頁二）

陸九淵曰：「古注惟趙岐解孟子文義多略。」

黄澈曰：「孟子七篇，論君與民者居半。欲得君，蓋以安民也。」

王應麟曰：「黄霸之受尚書，趙岐之注孟子，皆在患難顛沛中。」又曰：「滕定公、文公，趙氏注云『古紀世本滕國有考公麋①、元公弘』，即定公、文公也。世本今無傳，此可備參考。」又曰：「曹交，趙氏注云『曹君之弟』。按：左傳哀公八年，宋滅曹。至孟子時，曹亡久矣。曹交蓋以國爲氏者。」又曰：「趙氏孟子章指引論語曰『力行近仁』，誤以中庸爲論語。」

〔補正〕

王應麟條内「考公麋」，「麋」當作「麇」，是近刻趙注之訛。（卷九，頁二）

何異孫曰：「六經、論語、孟子，前後凡經幾手訓解，宋諸儒不過集衆説以求一是之歸。如説易，便罵王弼；講周禮，便責鄭玄、賈公彦；解尚書，便駁孔安國，傷乎已甚！畢竟漢儒亦有多少好處。趙岐在夾柱中三年，注一部孟子，也合亮他勤苦。」

鄭公曉曰：「孟子至漢後始盛傳於世，注有趙岐、陸善經。自善經以降，訓説雖小有異同，而共宗趙氏。七篇各有上下，趙所分也。」

陳士元曰：「趙氏謂孟子七篇，二百六十一章；今七篇，二百六十章。趙謂三萬四千六百八十五字，今實有三萬五千四百一十字，較趙説多七百二十五字。詳考趙注孟子文，與今本不差，趙蓋誤算也。」

按：宋鄭耕老説，亦與趙氏同。

① 「考公麋」，依補正、四庫薈要本、文淵閣四庫本應作「考公麇」。

程氏曾**孟子章句**

佚。

〔校記〕

馬國翰有輯本。（孟子，頁五九）

後漢書：「程曾，字秀升，豫章南昌人。著書百餘篇，皆五經通難。又作孟子章句。建初三年舉孝廉，遷海西令。」

高氏誘**正孟子章句**

佚。

〔校記〕

馬國翰有輯本。（孟子，頁五九）

鄭氏玄**孟子注**

隋志：「七卷。」

佚。

〔校記〕

馬國翰有輯本。（孟子，頁五九）

劉氏熙**孟子注**

隋志：「七卷。」

佚。

按：劉熙注孟子，李善文選注凡三引之。

〔校記〕

馬國翰有輯本。劉熙注又有葉德輝輯本。（孟子，頁五九）

綦毋氏邃**孟子注**

七録：「九卷。」唐志：「七卷。」

佚。

〔校記〕

馬國翰有輯本。（孟子，頁五九）

按：李善注文選引綦毋邃孟子注「秋陽以暴之」，釋曰：「周之秋，於夏爲盛陽也。」「驅蛇龍而放之菹」，釋曰：「澤生草言菹。」

陸氏善經孟子注

唐志：「七卷。」

佚。

〔校記〕

馬國翰有輯本。（孟子，頁五九）

崇文總目：「善經，唐人，以軻書初爲七篇，因删去趙岐章指與其注之繁重者，復爲七篇。」

按：孟子「爲長者折枝」，趙注云：「折枝，按摩折手節解罷枝也。」陸云：「折草樹枝。」朱子集注從之。「有私龍斷焉」、「龍斷」義，趙注未詳，陸云：「有岡隴斷而高者。」集注亦從之。「性猶湍水也」，趙注云：「湍，水圜也，謂湍水湍縈水也。」陸云：「湍，波流也。」集注兼從之。餘若「配義與道」，陸言「以道義配之，則能充塞爲之」。「詭遇」，陸言「詭計以要禽也」。「所過者化，所存者神」，陸言「君子所過人者在於政化，存其身者在於神明」。「盎於背」，陸言「如負之於背」。「子莫執中」，陸言「子等無執中」。「有達財者」，陸言「達財周恤之。一本作才，以有善才就開其性理也」。「變其彀率，至能者從之」，陸云「彀率，法也，躍如心願中也。能者從之，當勤求也」。「被袗衣」，陸言「衣之美者」。「近聖人之居，若此其甚也。然而無有乎爾，則亦無有乎爾」，陸本作「然而無乎爾，則亦有乎爾」，注云：「鄒、魯相鄰，故云近聖人之居。無乎爾，有乎爾，疑之也。孟子意自以當之，以況絶筆於獲麟也。」是書舊唐書經籍志失載，今已無存，見孫宣公音義。

張氏鎰孟子音義

唐志：「七卷。」宋志：「三卷。①」

佚。

〔補正〕

按：唐志作三卷。（卷一〇，頁一三）

〔校記〕

馬國翰有輯本。（孟子，頁五九）

舊唐書：「張鎰，蘇州人，朔方節度使齊丘之子也。大曆五年，除濠州刺史，爲政清静，州事大理，乃招經術之士，講訓生徒，撰三禮圖九卷、五經微旨十四卷、孟子音義三卷。尋拜中書侍郎平章事。集賢殿學士盧杞忌鎰名重道直，無以陷之，以方用兵，因薦鎰，以中書侍郎爲鳳翔隴右節度使。李楚琳作亂，鎰出鳳翔三十里，爲候騎所得，楚琳殺之。贈太子太傅。」

姑蘇志：「鎰，字季權，一字公度。」

按：張氏音義云：「『睊睊胥讒』，側目視貌，言睊睊然怒目相嫉而相讒也。」「『徒杠成』，杠，方橋也，可通徒人行過者。」「『桮棬』，屈木爲之。」「『其趨一也』，趨讀趣，言其趣而正道無異也。」朱子集注從

① 「三卷」，四庫薈要本、文津閣四庫本作「二卷」。

之。「『鄒與魯閧』，閧，鬭聲從門下者。」朱子從而節之。餘若「『善爲説辭』，説音税。」「『捆屨』，捆作稛。」「『子噲』，燕易王子。」「『訑訑』，蓋言辭不正，欺罔於人，自誇大之貌。」與諸家詮釋差别，舊唐書經籍志亦失載，僅見孫氏音義。

丁氏公著孟子手音

宋志：「一卷。」

佚。

〔校記〕

馬國翰有輯本。（孟子，頁五九）

按：丁氏手音，今亦無傳。其見於孫氏音義者：「『願比死者一洒之』，音洗，謂洗雪其耻也。」「『獨樂樂』，上音岳，下音洛。」「『從獸無厭』，厭，平聲。」「『反其旄倪』，旄，老也。倪謂繄倪，小兒也。」「『乃屬其耆老』，屬，會聚也。」「『爾何曾比予於是』，曾音憎，則也、乃也。」「『悻悻然見於其面』，悻悻作婞婞，狠①也、直也。」「『舍皆取諸其宫中而用之』，舍音赦，止也。」「『勞之來之』，勞、來皆去聲。」「『門人治任將歸』，治任謂擔任之具。」「『虆』，土籠也。」「『梩』，土轝也。」「先儒説五霸不同，有以夏霸昆吾，商霸大彭、豕韋，周霸齊桓、晉文爲五霸者。」「『訑訑』，自足其智，不嗜善言之貌。」「『兩馬之力與』，古人

① 「狠」，文淵閣四庫本作「恨」。

駕車以兩馬。軌謂限之轍迹也。孟子意，言城門限迹切深，以日久遠，爲車所轢多故也，豈是一時兩馬駕車而過之使然？」以上皆爲朱子集注所取。其文異者①：「『是罔民也』，罔作司。」「『止或尼之』，尼作屔。」「『相與輔相之』，相作押，音甲，輔也，義與夾同。」「『使民盻盻然』，盻盻作肹肹。」「『師死而遂倍之』，倍作偝。」「『蠅蚋姑嘬之』，蚋作蟉。云蟉，未詳所出，或以蟉與蜹同，謂蜉蝣也。音由。一説蟉姑即螻姑也。」「『摶而躍之』，摶音團。」「『一匹雛』，匹作疋，音節疋。雛，小雛也。」「『是以言餂之』，按字書及諸書並無此餂字，郭璞方言注云：『音忝，謂挑取物也，其字從金。』今此字從食，蓋傳寫誤也。」又有音異者：「『汙』，音蛙，不平貌。」「『恔』，音皎，憭也。」「『許行』，行音衡。」「『張朕』，張音彫，義與弴同。」「『掊克在位』，掊，薄侯切，深也、聚斂也。」「『貉稽曰』，貉，貊、鶴二音，既是人姓，當音鶴。」又有義異者：「『龍斷』，龍與隆聲相近。隆，高也。蓋古人之言耳，如胥、須之類也。」「『媒妁之言』，謂媒氏酌二姓之可否，故謂之媒妁。」「『晉之乘、楚之檮杌』，云晉名春秋爲乘者，取其善惡無不載；楚謂春秋爲檮杌者，在紀惡而興善也。」「『播種而耰之』，耰，壅苗根也。」「『有梏亡之矣』，謂悔吝利害也。利害之亂其性，猶桎梏之刑其身，故喻之。」「『變其彀率』，率，循也。謂彀張其弩，又當循其射道，令必中於表。」「『躍如』，猶言『卓爾』。」「『虎賁』，先儒言如猛虎之奔。」

① 「其文異者」，文津閣四庫本作「取其音義者」，備要本作「取其文異者」。

劉氏軻翼孟

三卷。

佚。

□□□①曰：「劉御史軻上京師，白樂天以書介紹於所知，若庚補闕、杜拾遺、元員外、牛侍御、蕭正字、楊主簿兄弟，謂其『開卷慕孟軻爲人，所著翼孟三卷，於聖人之旨、作者之風，往往而得』。惜乎所著書，散佚無存也。」

① 「□□□」，文津閣四庫本作「黄虞稷」。

經義考卷二百三十三

孟子三

孫氏奭孟子正義

十四卷。

存。

晁公武曰：「皇朝孫奭等，采唐張鎰、丁公著所撰，參附益其闕。古今注孟子者，趙氏之外，有陸善經。奭撰正義，以趙注爲本，其不同者，時時兼取善經，如謂『子莫執中』爲『子等無執中』之類。大中祥符中書成，上於朝。」

〔補正〕

按：此條下所引晁公武之說，不見于讀書志，而王深甯亦云讀書志無孫奭正義之目，此據通考所引。

（卷九，頁十一）

朱子曰：「孟子疏乃邵武士人假作，蔡季通識其人。其書全不似疏體，不曾解出名物制度，只繞纏趙岐之説爾。」

王應麟曰：「孫奭正義，崇文總目、館閣書目、讀書志皆無之，朱文公謂邵武士人作。」

宋史：「孫奭，字宗古，博州博平人，九經及第。大中祥符初，天下争言符瑞，奭上疏諫。仁宗即位，召爲翰林侍講學士，判國子監，遷兵部侍郎、龍圖閣學士。以太子少傅致仕。卒贈左僕射，謚曰宣。」

按：趙岐注孟子，多引舊事以證之。如曰：「殀若顔淵、壽若召公。」「『有不虞之譽』，尾生本與婦人期于梁下，不度水之卒至，遂至没溺，而獲守信之譽。」「『有求全之毁』，陳不瞻將赴君難，聞金鼓之聲，失氣而死，可謂欲求全其節，而反有怯弱之毁者也。」「『非禮之禮』，若禮而非禮，陳質娶婦而長拜之也。」「『非義之義』，若義而非義，藉交報仇是也。」「『其爲人也寡欲，雖有不存焉者，寡矣』，雖有少欲而亡者，謂遭横暴，若單豹臥深山而遇饑虎之類也，然亦寡矣。」「『其爲人也多欲，雖有存焉者，寡矣』，謂貪而不亡，蒙先人德業，若晉國欒黶之類也，然亦少矣，不存者衆。」岐之所引書偶失傳，使正義出於宣公，必能元元本本。即或不然，亦當云「未詳」爲是，乃不曰；據史記之文而言之，則曰「此蓋史傳之文而云然」，未免疏矣。至詮西子，按史記云「西施，越之美女，越王句踐以獻之吴夫差，大幸之。每入市，人願見者，先輸金錢一文」，攷史記並無其文，不知何所依據？朱子謂正義是邵武士人作，似有可疑，不若音義之真也。「不瞻」，劉向新序作「不占」。

孟子音義

存。

宋志：「二卷。」

奭撰進序曰：「夫總群聖之道者，莫大乎六經；紹六經之教者，莫尚乎孟子。自昔仲尼既没，戰國初興，至①化陵遲，異端並作，儀、衍肆其詭辨，楊、墨飾其淫辭，遂致王公納其謀以紛亂於上，學者循其踵以蔽惑於下，猶洚水懷山，時盡昏墊，繁蕪塞路，孰可芟夷？惟孟子挺名世之才，秉先覺之志，拔邪樹正，高行厲辭，導王化之源以救時弊，開聖人之道以斷群疑，其言精而贍，其旨淵而通，致仲尼之教，獨尊於千古，非聖賢之倫，安能至於此乎？其書由炎漢之後盛傳於世，爲之注者，則有趙岐、陸善經；爲之音者，則有張鎰、丁公著。自陸善經已降，其所訓説雖小有異同，而共宗趙氏。今既奉勅校定，仍據趙注爲本，惟是音釋，宜在討論。臣今詳二家撰録，俱未精當，張氏則徒分章句，漏略頗多，丁氏則稍識指歸，譌謬時有，若非刊正，詎可通行？謹與尚書虞部員外郎司判國子監臣王旭、諸王府侍講太常博士國子監直講臣馬龜符、鎮寧軍節度推官國子監説書臣吴易直、前江陰軍江陰縣尉國子學説書臣馮元等推究本文，參考舊注，采諸儒之善，削異説之煩，證以字書，質諸經訓，疏其疑滯，備其闕遺，集成音義二卷，雖仰測至言，莫窮於奥妙，而廣傳博識，更俟於發揮。謹上。」

---

①「至」，備要本作「王」。

陳振孫曰：「舊有張鎰、丁公著爲之音，俱未精當。奭方奉詔校定，撰集正義，遂討論音釋，疏其疑滯，備其闕遺。」

鄭公曉曰：「孟子音釋，有張鎰、丁公著。至宋孫奭作音義二卷，以糾正二氏之説，又因趙氏注爲正義，於是孟子有趙注、孫疏行於世。」

馮氏休**删孟子**

宋志：「一卷。」玉海：「二卷。」

未見。

晁公武曰：「皇朝馮休撰。①休觀孟軻書，時有叛違經者，疑軻没後，門人妄有附益，删去之，著書十七篇以明其意。前乎休而非軻者，荀卿；刺軻者，王充；後乎休而疑軻者，温公；與軻辨者，蘇東坡；然不若休之詳也。」

〔補正〕

晁公武條内「馮休撰」，下脱「其序云」三字。（卷九，頁十二）

---

① 「撰」字下，依補正應補「其序云」三字。

李氏覯常語

一卷。

存。

葉紹翁曰：「揮麈録載張咸，漢州人。應制，初出蜀，過夔州，郡將知名士也，一見，遇之甚厚。因問曰：『四科優劣之差，見於何書？』張無以對，守曰：『載孟子注中。』因閲示之，且曰：『不可不牢攏之也。』張道中漫思索，著論成篇。至閣試六題，以此爲首。主文錢穆父覽而異之，爲過閣第一。咸即浚父也。紹翁竊考揮麈所載，參以本朝六題之制，必先經題注疏而後子史，以孟子注爲首，殆恐不然。曾慥序李賢良泰伯詩云：『嘗試六題，已通其五，惟四科優劣之差，不記所出，曰：「吾於書無所不讀，惟平生不喜孟子，故不之讀，是必出孟子。」拂袖而出，人皆服其博。』泰伯自序其文曰『舉茂才，罷歸。其明年，慶曆癸未秋，科所著文』云云，則是張公咸與泰伯同試於慶曆壬午，張遂中選，李遂報罷。區區科目，亦有幸不幸焉。以揮麈録考之，則黜泰伯者，錢穆父也。南康祖無擇取泰伯之文，門人陳次翁爲撰墓銘，初未嘗及『不讀孟子』之説。惟盱江集中有常語非孟子，其文意淺陋，且非序者所載，疑附會不讀孟子之説者爲之勦入，非泰伯之文明甚。按：登科記慶曆二年壬午歲八月，固嘗召試才識兼茂科，時閣下六題，其一曰左氏義崇君父，其二曰孝何以在德上下，其三曰王吉貢禹得失孰優，其四曰經正則庶民興，其五曰有常德立武事，其六曰序卦雜卦何以終不同，初無四科優劣一題，不知曾慥序泰伯之詩，何以鑿空立爲此題？當時六題中，惟經正庶民興出孟子，然非孟子注之文。」

周密曰：「李泰伯著論非孟子，後舉茂才，論題出經正則庶民興，不知出處，曰：『吾無書不讀，此必孟子中語也。』擲筆而出。晁説之亦著論非孟子，建炎中，宰相進擬除官，高宗以孟子發揮王道，説之何人？乃敢非之！勒令致仕。鄭叔友亦非孟子，曰：『軻，忍人也，辨士也，儀、秦之流也。戰國縱橫捭闔之士，皆發冢之人，而軻能以詩、禮著也。』余曰孟子何可非？泰伯所以非之者，謂不當勸齊、梁之君以王耳。昔武王伐紂，舉世不以爲非，而伯夷、叔齊獨非之。東萊先生曰：『武王憂當世之無君者也，伯夷憂萬世之無君者也。』予於泰伯亦然。至於説之、叔友，拾其遺説而附和之，吾無取焉。」

蘇氏洵**孟子評**

一卷。

存。

〔校記〕

四庫本作蘇評孟子二卷。（孟子，頁六〇）

孫緒曰：「相傳批點孟子爲蘇老泉筆，然其批語内卻引洪景盧語，景盧後老泉六七十年，傳者未之察也。」

司馬氏光**疑孟**

通考：「一卷。」

存。

晁公武曰：「光疑孟子書有非軻之言者，著論是正之，凡十一篇。光論性，不以軻道性善爲然。」

司馬氏康等孟子節解

通考：「十四卷。」

佚。

范祖禹進劄子曰：「臣等準入内供奉官徐湜傳宣，奉聖旨，令講讀官編修孟子節解一十四卷進呈，臣司馬康、吳安詩、范祖禹、趙彦若、范百禄。」又志司馬康墓曰：「司馬康公休奉對邇英閣，言孟子爲書最醇正，陳王道尤明白，所宜觀覽。上尋詔講筵官編修孟子節解爲十四卷以進，康力疾解孟子二卷。」

姚福曰：「温公平生不喜孟子，以爲僞書，出於東漢，因作疑孟論。而其子康乃曰孟子爲書最善，直陳王道，尤所宜觀，至疾甚革，猶爲孟子解二卷。司馬父子同在館閣，而其好尚不同乃如此。然以父子至親而不爲苟同，亦異乎阿其所好者矣。」

晁公武曰：「皇朝范祖禹、孔武仲、吳安詩、豐稷、吕希哲，元祐中同在經筵，所進講義，貫穿史籍，雖文辭微涉豐縟，然觀者咸知勸講，自有體也。」

〔補正〕

按：通考作五臣解孟子十四卷，據晁氏所引姓氏，范祖禹、孟武仲、吳安詩、豐稷、吕希哲，並無司馬康之名。經義考此條下所引范祖禹進劄子五臣姓名，則司馬康、吳安詩、范祖禹、趙彦若、范伯禄，與

通考不同，恐是二書，而竹垞誤合爲一耳。（卷九，頁十二）

王氏安石**孟子解**

十四卷。

佚。

晁公武曰：「王介甫素喜孟子，自爲之解，其子雱與其門人許允成皆有注釋。崇、觀間，場屋舉子宗之。」

〔補正〕

按：通考作王安石、王雱、許允成孟子解共四十二卷。此處引晁公武語，與通考合，而卷數異。（卷九，頁十二）

王氏令**孟子講義**

宋志：「五卷。」

未見。

令自序曰：「自孔子没，百家之説興，而聖人之道始散。逮至於今，而天下之説亂矣，故學者求其有知而無所從焉。自堯、舜、三代之書既缺，先王之言亡於世者幾半，而異端之説日興，則天下之學者，幾希不去先王以從夷狄也。夫五經雖存，而説者謬異，學者安所取信哉？昔孔子没，群弟子各取所聞集於書，今之論語是也。幸而聖人嘗言之，幸而弟子能存之，今其書財此耳，不幸言之不及，言及而不存者固多矣。有如仁，有如性，有如命，皆一時之罕問，問而習不及之，皆孔子所不對也，故語以謂孔子罕言。然則論語之載亦略矣。世之傳論語者多矣，少而讀之，壯而不知其義，老且忘之，終不察其何用。故世通以此書爲習，而未聞篤信好學、守死善道者，則其於五經之學可知矣。令嘗自孔子之後，考古之書合於論語者，獨得孟子，以其言信其人，與孔子不異，惜古之人學是書者稀矣。自戰國荀卿、劉漢揚雄、隋末王通，皆有書以配孟子稱於世，而荀卿之非孟子見於書，王通蓋未嘗道也。夫不知而非之，與不知而不言，其爲雖殊，要皆不知孟子者也。就三家之中，獨揚雄以謂孟子知言之要，知德之奥，非苟知之，亦允蹈之，其言雖不多見，然亦足以發雄之知言也。彼孟子之所爲，直與聖人者並信，夫二子，亦何預之哉！昔韓愈有言曰：『夫沿河而下，苟不止，雖有疾遲，必至於海。如不得其道，雖疾不止，終莫幸而至焉。故學者必慎其所道。求觀聖人之道，必自孟子始。』雖愈斯言則然，今其書具存而可考，其他亦多與孟子不合。然則愈之視楊、墨以排釋、老，此愈之得於孟子者也；至於性命之際，出處致身之大要，則愈之於孟子異者固多矣。故王通力學而不知道，荀卿言道而不知要，韓愈立言而不及德，獨雄其庶乎！夫學亦難矣哉，是其能力學名世，如此三子者，亦稀矣。然或失如此，使孟子而在，三子者同時，固應有辨也。假孟子而出其後，於其書固應有所取舍，惟雄切近之，庶幾取合焉。令嘗考求古書之當否，以聖人折之，蓋所見如此。令於孟氏，嘗願學焉，猶病其不能，故於所疑皆闕之。今其所言，皆令所已信者，然亦不敢自以謂必與孟氏合，諸君盍去其不肖而加擇焉。夫道豈難能哉？顧其力行何如耳，苟聽之於耳以存於心，用會於行事，則古之好學者皆然也。不然，亦何爲出入於口耳之間，徒以爲煩耶！孔子曰：『知之者不如好之者；好之者不如樂之者。』學者可不勉乎！」

陳振孫曰：「所講纔盡二篇，其第三篇，盡二章而止。」

程子頤**孟子解**

宋志：「十四卷。」通考同集止一卷。

未見。

康紹宗曰：「晁氏讀書志載程氏孟子解十四卷，大全集止載一卷，近思録及時氏本無之。校之閣本，又止載『盡信書，不如無書』一章。及反覆通考，則皆後人纂集遺書、外書之有解者也。」

〔補正〕

按：宋志作四卷，下云程頤門人記。（卷九，頁十二）

張子載**孟子解**

通考：「二十四卷。」

存。

晁公武曰：「張子載撰。并孟子統説附於後。」

蘇氏轍**孟子解**

宋志：「一卷。」

存。

陳振孫曰：「次公少時所作，凡二十四章。」

蔣氏之奇**孟子解**

宋志：「六卷。」

佚。

龔氏原**孟子解**

宋志：「十卷。」

佚。

鄒氏浩**孟子解義**

宋志：「十四卷。」

佚。

〔補正〕

案：宋志作孟子解。（卷九，頁十三）

浩自序曰：「孔子没，世衰道喪。百有餘歲，以及孟子之時，其害尤甚，以湯、武爲弑君，以周公爲未智，以匡章爲不孝，以仲子爲廉士……。非特此也，不動心如告子，猶外義而莫悟事，豪傑如陳相，猶倍師而自若，則道之不明可知矣。以利國爲先務，以殃民爲可爲，以戰必克爲良臣，以逢君惡爲無罪。非特此也，可與有爲如齊宣王者，其所問惟威、文之事，可與有言如公孫丑者，其所冀惟管、晏之功，則道之不行可知矣。孟子於此時上下無知，而信之者操不售之具以周遊其間，不少貶焉，非以道自任而能若是乎？其道則自古以①固存，而孔子之所傳者也。孔子之於道，不得已而載之，後世君子，孰不可以得之哉？然而有目同視而所見者近，有耳同聽而所聞者淺，有心同思而所得他而不正，則争以自取勝，而大道斯爲天下裂矣。然則孔子之後，能紹其傳者，孟子一人而已也。與太和爲一，而充塞於兩間，上足以配道，下足以配義，其所養之氣有如此者。由父子之仁而極於天道，由可欲之善而極於神，其所造之妙有如此者。於詩則以意逆，於書則取二三策，其通經有如此者。敷陳於齊宣、梁惠之間，訓告於萬章、樂克之徒，曲而中，多而類，其出言有如此者。見與不見，皆不以人枉己，受與不受，皆不以利廢②義，其制行有如此者。以其所養之氣，發其所造之妙，無施而不可，則其爲通經也，出言也，制行

① 「以」字，文淵閣四庫本作「所」。

② 「廢」，文淵閣四庫本誤作「發」。

也，皆餘事耳。奈何天未欲平治天下，而舍我其誰之志終不獲伸，是以其功止於距楊、墨，以承三聖而已矣。雖然，使楊、墨之道息，孔子之道著，天下後世咸知父子有仁，君臣有義，不淪胥而爲禽獸，則其志雖不伸於當時，固已伸於後世矣。以道論功，如之何其可及也？其後名世之士，有出於漢而能知之者，莫如揚子，故論其道則曰『不異』，論其功則曰『廓如』；有出於唐而能知之者，莫如韓子，故論其道則曰『醇乎醇』，論其功則曰『不在禹下』。非苟知之也，竊自比焉，則庶幾孟子之道；攘斥佛、老，則庶幾孟子之功。夫二子之不如孟子易見也，有所庶幾且無與並，況孟子乎！故韓子曰：『學者必謹於其所道，求觀聖人之道，必自孟子始。』浩嘗聞之於師曰：『誦孟子之書非難，深明其意之所在爲難。深明其意之所在非難，能以其所以自任者矜式而行之爲難。昔孔子之門人，如仲弓之有聞於仁，則請事斯語；如子張之有聞於行，則必書諸紳。今孟子七篇之所載，非直孔子答問之際，一二言耳。學者或尚媿於仲弓、子張之賢。則以其所以自任者，矜式而行之，其可忽乎！』浩不敏，敬受此言久矣，願與諸君子共之，勿徒誦其書，明其意，資以爲速化之術而已也。顏淵曰：『舜何人也，予何人也，有爲者亦若是。』嗚呼！豈獨顏淵之於舜爲然哉。」

王氏雱孟子注

宋志：「十四卷。」

佚。